Stéphane Etrillard

Prinzip Souveränität

Als souveräne Persönlichkeit sicher entscheiden und handeln

Ausführliche Informationen zu weiteren Büchern des Autors sowie zu jedem unserer lieferbaren und geplanten Bücher finden Sie im Internet unter www.junfermann.de – mit ausführlichem Infotainment-Angebot zum **JUNFERMANN**-Programm ... mit Newsletter und Original-Seiten-Blick ...

Besuchen Sie auch unsere e-Publishing-Plattform www.active-books.de – mittlerweile mehr als 300 Titel im Angebot, mit zahlreichen kostenlosen e-Books zum Kennenlernen dieser innovativen Publikationsmöglichkeit.

Übrigens: Unsere e-Books können Sie leicht auf Ihre Festplatte herunterladen!

Eine Auswahl von e-Books bei www.active-books.de:

Seiwert, Lothar J.: „Life Leadership“ (kostenlos)
Etrillard, Stéphane: „Charisma“ (kostenlos)
Rückerl, Thomas: „NLP in Stichworten“ (€ 10,00)
Metzler, Albert: „Selbst-Coaching durch alternatives Denken“ (€ 6,95)
Rückerl, Thomas & Fiolka, Eckart: „Kreatives Konflikt-Management“ (€ 6,50)
Grochowiak, Klaus: „Vom Glück und anderen Sorgen“ (€ 6,50)
Birkenbihl, Vera F.: „Sprache als Instrument des Denkens“ (€ 6,00)
Fiolka, Eckart & Rückerl, Thomas: „Positive Gesprächsführung“ (€ 5,00)
Etrillard, Stéphane: „Gekonnt gekontert“ (€ 5,00)
von Münchhausen, Marco: „Von sauren Zitronen und süßer Erkenntnis“ (€ 3,00)
Kraus, Mario: „Wisse immer, was du sagst“ (€ 3,00)
Betz, Roland: „Menschen motivieren: Die 18 wichtigen Erfolgsgesetze“ (€ 2,00)

Stéphane Etrillard

Prinzip Souveränität

Als souveräne Persönlichkeit sicher entscheiden und handeln

Junfermann Verlag • Paderborn
2006

Covergestaltung/Reihenentwurf: Christian Tschepp

Satz: JUNFERMANN Druck & Service, Paderborn

Bibliographische Information der Deutschen Bibliothek

Die Deutsche Bibliothek verzeichnet diese Publikation in der Deutschen Nationalbibliographie; detaillierte bibliographische Daten sind im Internet über http://dnb.ddb.de abrufbar.

ISBN 3-87387-633-7
Ab 1.1.2007: 978-3-87387-633-0

Inhalt

Vorwort

Für ein Land wie Liechtenstein wird etwas abfällig auch der Begriff Zwergstaat verwendet. Aufgrund der territorialen Geringfügigkeit sind gerade solche kleinen Länder immer ganz besonders darauf bedacht, ihren Nachbarstaaten selbstbewusst gegenüberzutreten. Im Jahr 2003 standen in Liechtenstein diverse wichtige politische Entscheidungen an, bspw. wurde über einen Standpunkt zur Erweiterung des Europäischen Wirtschaftsraumes debattiert. Die Diskussion wurde im besagten Zwergstaat ungleich kontroverser geführt als vergleichsweise in Deutschland. Im Umfeld dieser und einiger anderer Diskussionen wurde immer wieder das Wort Souveränität als zentrales Argument benutzt. Weil es nun für ein Land mit territorialer Marginalität weitaus schwieriger ist, seine Souveränität zu wahren als für Länder, die um ein Vielfaches größer und also mächtiger sind, wundert es nicht, welches Wort bei der Wahl zum Wort des Jahres 2003 den ersten Platz in Liechtenstein belegte: Souveränität.

Ein Wort des Jahres spiegelt wider, was für eine Gesellschaft in einem bestimmten Zeitraum von besonderem Interesse ist. (In Deutschland wurde zeitgleich, man erinnere sich an die viel kritisierte Formulierung des amerikanischen Verteidigungsministers Rumsfeld, „Das alte Europa" zum Wort des Jahres gekürt.) Obwohl auch die staatliche Souveränität ein nicht ganz eindeutiger Begriff ist, der schon mehrfach zu philosophischen und politologischen Überlegungen führte, ist leicht nachvollziehbar, warum in Liechtenstein die Wahl 2003 auf den besagten Begriff gefallen ist.

Kleine Länder stehen, wie andere Staaten auch, im Spannungsfeld der miteinander vernetzten internationalen Interessen, nur ist der Druck, der dabei auf ihnen lastet, besonders groß. Sich hier zu behaupten, erfordert diplomatisches Verhandlungsgeschick, Beharrlichkeit und damit auch ein selbstbewusstes Auftreten der entsprechenden Repräsentanten. Es gilt, die eigenen Interessen sehr verbindlich, mit großer Überzeugungskraft und mit einer tüchtigen Portion Selbstsicherheit zu verdeutlichen. Zuweilen ist dabei auch zu beobachten, dass Kleinststaaten mit ihren Forderungen über das eigentliche Ziel hinausschießen, wofür sie dann ein süffisantes oder auch verärgertes Kopfschütteln von Vertretern der mächtigeren Staaten ernten. Gerade im vereinten Europa lässt sich eindrucksvoll beobachten, dass es immer wieder zu Machtkämpfen und Rangeleien kommt, wenn wichtige Vorhaben oder Reformprojekte am Widerstand gerade der kleineren Staaten zu scheitern drohen. Jedes Land hat ein ausgeprägtes Interesse daran, seine Souveränität zu wahren und ist dabei bemüht, sich auch möglichst souverän zu präsentieren. Schon hier zeigt sich die Mehrdimensionalität des Begriffs: Ein souveränes Auftreten ist zugleich immer auch eines der wirkungsvollsten Mittel, um die eigene Souveränität zu verteidigen.

In diesem Buch geht es nicht (oder nur ganz am Rande) um die staatliche oder völkerrechtliche Souveränität, sondern um Souveränität als menschliche Eigenschaft. Nun verhält sich der Mensch in vielen Bereichen seines Lebens ganz ähnlich wie ein kleiner Staat, der sich gegenüber den Interessen der Mächtigen behaupten muss, um die eigene Autonomie zu wahren. Auch wir wollen uns innerhalb eines komplexen Gefüges behaupten, müssen dabei den unterschiedlichsten Kräften entgegentreten und die eigenen Interessen verteidigen. Jeder Mensch stößt dabei unweigerlich auch auf Widerstand, den es zu überwinden gilt. Wer sich nun diesem Druck beugt, ihm nichts oder nur wenig entgegenzusetzen hat, sich unaufhörlich in die Enge getrieben fühlt, der ist von persönlicher Stagnation und einer unerwünschten Entfernung von den eigenen Zielsetzungen bedroht. Andererseits kommt kein mündiger Mensch daran vorbei, zuweilen auch selbst Widerstand zu leisten und beharrlich für die eigene Sache einzutreten und dafür zu kämpfen. Hierbei wird nicht selten die Substanz einer Persönlichkeit auf eine harte Probe gestellt. Halten wir dem Druck nicht stand und sind wir also allzu bald bereit, uns zu beugen und Zugeständnisse zu machen, werden wir dadurch schnell zum Spielball der Forderungen unserer Außenwelt. Und wer diesem Dilemma zu entgehen versucht, indem er sich kategorisch unnachgiebig zeigt, macht es nicht nur sich selbst, sondern auch seiner Umwelt unnötig schwer. Zu einem effektiven Lebensweg gehört demnach ein Gespür für die richtige Dosis, was wiederum ein gesundes Selbstbewusstsein jenseits von Arroganz oder Überheblichkeit erfordert. Kurz: Es sind souveräne Persönlichkeiten, die sich einer Fremdbestimmung erwehren können, die zugleich jedoch auch über einen ausgewogenen Pragmatismus verfügen.

Souverän zu sein und persönliche Souveränität auszustrahlen, scheint einem Königsweg im eigenen Dasein zu entsprechen. Doch ist damit weder erklärt, was Souveränität nun überhaupt ist, noch wie man selbst zu einer souveränen Persönlichkeit werden kann. Dieses Buch widmet sich daher ganz der Souveränität als menschliche Eigenschaft, die sich wie ein Puzzle mit vielen Einzelteilen aus den individuellen Facetten eines Individuums zusammensetzt. Was genau verbirgt sich nun hinter Souveränität, wenn wir dieses Wort mit Blick auf die Persönlichkeitsmerkmale eines Menschen gebrauchen? Hier sind ebenso viele Missverständnisse wie Falschaussagen im Umlauf, und meist wimmelt es vor Ungenauigkeiten, wenn versucht wird, den Begriff konkret zu definieren. Genau genommen bleibt eine echte aussagekräftige Definition sogar ganz aus. So wird uns Souveränität bspw. als Erfolgsfaktor nahe gelegt oder Souveränität wird zu einem Attribut, einer nicht sehr genau bestimmten Größe erklärt, über die man doch bitteschön verfügen sollte. Auch wird der Begriff zuweilen gerne synonym verwendet mit Charisma, Ausstrahlungskraft, Integrität, Selbstsicherheit oder auch Durchsetzungsvermögen usw. Souveränität gilt gemeinhin als etwas Gutes, Erstrebenswertes, als etwas, das eine echte und wahre Persönlichkeit erst ausmacht. Doch nicht einmal dies ist klar, denn zuweilen vermittelt der Begriff beinahe egozentrische Momente, womit dann die Grenze zur Überheblichkeit und zur versnobten Arroganz überschritten wäre.

Wie auch immer Erklärungs- und Deutungsversuche aussehen, oft reichen sie nicht sehr weit, und meist wird Souveränität wieder nur als Phrase eingesetzt, die irgendein Klischee bedient. Hier kommen dann mit Vorliebe schwammige Formulierungen zum Einsatz, manchmal sind es auch nur Anhäufungen beliebiger und austauschbarer Schlagwörter, mit denen man sich geschickt wieder aus der Affäre ziehen kann. Der Begriff Souveränität klingt erst einmal ganz gut, so gut, dass weitere Erklärungen gar nicht weiter notwendig erscheinen. Allenfalls heißt es manchmal recht lapidar, Souveränität sei ein Zustand von Eigenständigkeit und Selbstbestimmtheit. Dem wollen wir absolut nicht, zumindest nicht leichtfertig, widersprechen. Doch was heißt das nun genau? Was ist Souveränität außerdem, und was nicht?

Souveränität zählt zu jenen schicken Wörtern, die wir gerne hören, die wir auch gerne verwenden – Souveränität ist zugleich ein Begriff, der, eben aufgrund seiner weit dehnbaren Spannbreite und weil sich unter seinem Deckmantel so viele positive Eigenschaften versammeln, mit einer gewissen Nachlässigkeit eingesetzt wird. Weil es in der Literatur noch immer an einer eingehenden Untersuchung zum Thema Souveränität mangelt, soll hier nun versucht werden, diese Lücke zu schließen. Hierbei werden Missverständnisse aufgeklärt und neue, bisher nur selten bedachte Aspekte berücksichtigt. Es wird gar nicht erst versucht, Souveränität – oder besser eine souveräne Persönlichkeit – auf eine schlichte Formel zu bringen und diese Formel dann als omnipotentes Patentrezept zu propagieren. Auch lässt sich gelebte Souveränität ganz gewiss als zweckdienliches Mittel für den beruflichen und privaten Erfolg, gar als Mittel zur bewussteren, erfüllten und somit zufriedeneren Lebensführung empfehlen, sie lässt sich jedoch nicht einfach verordnen. Niemand kann sich Souveränität wie einen neuen Hut einfach überstülpen und sich dann zu einer souveränen Persönlichkeit erklären. Denn Souveränität ist grundsätzlich authentisch und fest in der eigenen Person verankert – oder aber leider nicht vorhanden.

Nehmen Sie sich etwas Zeit und prüfen Sie geduldig, wie sich die hier ermittelten Puzzelteile zu Ihrer eigenen Persönlichkeit verhalten. Nach und nach wird ein Gesamtbild entstehen, das dem weit verzweigten Begriff gerecht wird. Sie werden sehen, dass sich die einzelnen Elemente einer souveränen Persönlichkeit zwar nicht erzwingen, mit etwas Geduld jedoch durchaus ausbilden lassen. Damit ist Souveränität nicht nur einigen wenigen, elitären Ausgewählten wie vom Himmel gegeben – sie entsteht und entwickelt sich kontinuierlich und wächst unaufhaltsam weiter, wenn der individuelle Mensch selbst die Rahmenbedingungen dafür schafft. Dieser Prozess kann sehr früh oder auch erst im fortgeschrittenen Alter des eigenen Daseins einsetzen, entscheidend ist, dass er überhaupt begonnen wird.

Das vorliegende Buch behandelt die Facetten der Souveränität aus verschiedenen Blickwinkeln. Diese Untersuchung wird dabei durch Beispiele souveräner Persönlichkeiten ergänzt, die sich zwischen den eigentlichen Kapiteln befinden. Die hier getroffene Auswahl ist natürlich eine subjektive, leicht ließen sich andere Persönlichkeiten von nicht minder großer Aussagekraft finden. Dennoch scheinen gerade die hier vorgestellten Personen dem Thema besonders gerecht zu werden, handelt es sich doch nicht um aalglatte Menschen (dies wäre auch ein Widerspruch), sondern um einzigartige Persönlichkeiten, wozu auch Brüche und Ambivalenzen gehören. Es geht nicht um einen Mustermenschen aus der Retorte, sondern immer und einzig um Individuen aus dem echten und wahren Leben.

Stéphane Etrillard
Düsseldorf, April 2006

Kontaktadresse:

Management Institute S E C S
Stéphane Etrillard Communication & Sales
Schloss Elbroich
Am Falder 4
D-40589 Düsseldorf

Tel: +49 (0)211 7570740
Fax: +49 (0)211 750053
www.etrillard.com
info@etrillard.com

1. Persönliche Souveränität: Konstante in einer komplexen Welt

Der Begriff Souveränität beschreibt ein Phänomen, das in verschiedenen Grundformen in Erscheinung tritt: Im Bereich des Völkerrechts bezeichnet Souveränität die prinzipielle Eigenständigkeit eines Staates, der unabhängig von anderen Staaten die Belange seiner inneren Verfassung selbstbestimmt gestaltet. Auf dem Gebiet des Staatsrechts und der politischen Theorie beschreibt Souveränität die Macht ausübende Instanz im Inneren des Staates, die sowohl die Staatsform und die Regierung bestimmt als auch den staatlichen Machteinsatz legitimiert. Souveränität ist überdies ein Bestandteil der klassischen Definition des Staates, nach der sich ein Staat zusammensetzt aus den drei Elementen Staatsvolk, von anderen Staatsgebieten abgegrenztes Staatsterritorium und eben Souveränität. – Eine weitere Bedeutung von Souveränität findet sich außerhalb der staatlich-politischen Zusammenhänge: Sie betrifft die Persönlichkeit eines Menschen und charakterisiert Souveränität als bestimmte Eigenschaft einer Person, die Ausdruck von Selbstbestimmung und Eigenständigkeit ist.

Die Wichtigkeit persönlicher Souveränität scheint in unserer Zeit stetig anzuwachsen. Grund dafür sind die rasanten Entwicklungen und Veränderungen in der Welt, denen der Mensch angemessen begegnen muss, um an den immer neuen Bedingungen und steigenden Herausforderungen des Lebens nicht zu scheitern. Denn der Mensch sieht sich konfrontiert mit ungeheuren Mengen an Informationen und Handlungsmöglichkeiten bzw. -spielräumen sowie den gewaltigen Fortschritten in Wissenschaft und Technik. Diese Phänomene haben Dimensionen und Qualitäten erreicht, auf die sich der Mensch neu einstellen muss.

Eine wesentliche Eigenschaft, die solche Phänomene und unser gesamtes Leben in immer höherem Maße prägt, ist die zunehmende Komplexität der Welt. Das Leben der Menschen vollzieht sich heutzutage in zum Teil hochkomplexen Systemen, die mit althergebrachten Denk- und Herangehensweisen kaum noch zu bewältigen sind. Der einzelne Mensch droht von der Dynamik und Beschleunigung solcher Zusammenhänge hin und her gerissen zu werden, ohne noch selbst bestimmen zu können, was mit ihm geschieht. Die eigene souveräne Persönlichkeit avanciert hier zum notwendigen Ankerpunkt.

1.1 Komplexität als Phänomen unseres Alltags

Die Komplexität unserer Welt zeigt sich mittlerweile allerorten, und letzten Endes scheint alles mit allem und jeder mit jedem zu tun zu haben. Vielfalt, Unvorhersehbarkeit, Wandel, Bewegung, Vernetzung, Wechselwirkungen in immer neuen Konstellationen etc. – all das sind inzwischen gängige Größen unseres alltäglichen Lebens geworden. Angefangen bei den Vorgängen im menschlichen Körper oder der globalen Klimaentwicklung, dem Weltmarktgeschehen oder den Kommunikationsprozessen eines Unternehmens lässt sich Komplexität nahezu überall finden – sei es in der Psyche des Menschen, in den Strukturen einer Universität oder in der Entwicklung der Börsenkurse. Selbst lokal oder zeitlich begrenzte Erscheinungen wie die Veranstaltung eines Openairkonzertes oder eines kleinen Sportturniers entwickeln überaus komplexe Zusammenhänge, in denen die beteiligten Personen agieren und mit denen sie sinnvoll umgehen müssen. (Das betrifft hier z.B. die Organisation der Unterbringung der Teilnehmer bzw. der Zuschauer, die Abfallentsorgung, die Wasserversorgung, die Werbemaßnahmen im Vorfeld, die Finanzierung, die Verkehrsbedingungen bei der An- und Abreise, die Pressearbeit etc. Werden die Zuschauer eines Openairfestivals bspw. in einer Zeltstadt untergebracht, müssen dementsprechend Sanitäranlagen installiert sein, dazu braucht es eine hinreichende Wasserversorgung, für die Entsorgung der Sanitärabfälle muss das Gelände mit LKWs befahrbar sein, Umweltvorschriften müssen eingehalten und behördliche Genehmigungen eingeholt werden, der Transport und der Aufbau der Anlagen muss organisiert und durchgeführt werden, es braucht Reinigungspersonal und bei Bedarf Installateure, die auftretende Beschädigungen beheben, für mögliche Schäden werden evtl. Versicherungen abgeschlossen usw. usf. – und das alles kostet entsprechend viel Geld, was wiederum in der Finanzierung berücksichtigt werden muss. So ergeben sich aus einer einzigen Entscheidung weit verzweigte Zusammenhänge, die wiederum selbst komplexe Folgen nach sich ziehen können. – Für einen örtlichen Sanitärbetrieb kann so ein Festival z.B. ein sehr großer Auftrag sein, sodass sich seine Geschäftslage äußerst positiv entwickelt, er kann dann vielleicht seiner Tochter den Auslandsaufenthalt finanzieren, der ihr zu einem Studienplatz an einer renommierten Universität verhilft, wo sie einen sehr guten Abschluss macht ... Die Geschichte ließe sich ins Unendliche weiterdenken. Und verändert sich eines der Einzelelemente entscheidend, wirkt sich dies über die Verzweigungen letztlich auf das gesamte System aus.)

Kennzeichen komplexer Systeme ist das Fehlen von einfachen Ursache-Wirkung-Kausalitäten und linearen Wenn-Dann-Beziehungen. Vielmehr wirken die einzelnen Systemteile wechselseitig aufeinander ein, und es entsteht eine Eigendynamik, die das Gesamtgefüge beeinflusst und verändert. Komplexität wird verstanden als eine *Qualität* der Beziehungen zwischen den einzelnen Elementen des Systems im Gegensatz zum Begriff der Kompliziertheit, der die *Quantität* – die Zahl der Einzelteile – beurteilt. (Diese Beschreibung von Komplexität ist zwar recht vereinfacht und wird der

Vielfalt dieses Themas kaum gerecht, erfasst jedoch den kleinsten gemeinsamen Nenner, auf den sich verschiedene Darstellungen zur Komplexität im Wesentlichen einigen.)

Die Grundeigenschaften von komplexen Systemen stellen gleichzeitig auch einige der größten Schwierigkeiten im Umgang mit ihnen dar: Die Eigendynamik ist z.B. die Ursache dafür, dass die Weiterentwicklung des Systems durch Eingreifen von außen nicht verhindert werden kann. Überdies wirkt aufgrund der Vernetzung jeder Eingriff in das System auch auf eine Vielzahl anderer Systemteile, woraus Neben- und Fernwirkungen entstehen können, die unter Umständen nicht beabsichtigt und nur schwer einzuschätzen bzw. überhaupt nicht erkennbar sind. Denn die einzelnen Elemente und ihre Beziehungen sind oftmals gar nicht genau zu identifizieren oder zu beobachten, was eine zusätzliche Schwierigkeit darstellt. Hinzu kommt, dass durch die weitreichenden und subtilen Wirkungen der Eingriffe oder Einflüsse auf das System diese nicht rückgängig gemacht werden können. So ist es oft überaus schwierig, einmal geschehene Fehler zu korrigieren oder Fehlentwicklungen aufzuhalten. Der Umgang mit Komplexität wird erheblich erschwert, wenn diese besonderen Eigenschaften der bestehenden Systeme nicht ausreichend berücksichtigt werden.

Eindimensionales, kausales Denken wird den Strukturen und Zusammenhängen unseres Lebens nicht mehr gerecht, denn es kann Komplexität nicht sinnvoll erfassen. Ein differenziertes Verstehen und Begreifen der komplexen Welt, die uns umgibt, ist indes zwingend notwendig, um in dieser Welt überhaupt noch adäquat agieren und reagieren zu können. Weil die Einfachheit in der Welt verschwindet, kann auch das Denken nicht mehr einfach bleiben. Und so ist auch im Denken Vernetzung zur notwendigen Bedingung geworden.

1.1.1 Metaphern als Form des vernetzten Denkens

Eine Form des vernetzten Denkens ist die Metapher. Sie gilt inzwischen als viel versprechendes und sogar notwendiges Denkinstrument, um der allgegenwärtigen Komplexität angemessen zu begegnen. Dabei muss klar sein, dass Metaphern weit mehr sind als nur Ausschmückungen unserer Sprache. Sie sind vielmehr eine Denkweise, mit deren Hilfe wir einen bestimmten – uns bereits vertrauten – Bedeutungszusammenhang auf eine andere – uns bisher unbekannte – Konstellation übertragen können, um so zu einem Verständnis und Bewusstsein dieser neuen Zusammenhänge zu gelangen. So können wir die Bedeutung der neuen Situation durch den Bezug auf bereits gewonnene Erkenntnisse einer schon bekannten Situation erfassen. Mithilfe von Metaphern können wir in unser Denken die vielgestaltigen kognitiven, emotionalen sowie bildlichen Aspekte und Ausmaße komplexer Systeme einbinden und so ein Verständnis für die Wirkungszusammenhänge entwickeln.

Auf diese Weise unterstützen Metaphern eine Reihe von schwierigen Aufgaben, die sich uns immer wieder stellen und deren Schwierigkeit nicht zuletzt in der Komplexität liegt. Dazu zählen z.B. das Verstehen und Durchschauen von Konstellationen und Beziehungsgeflechten sowie deren Funktionsweise, das Formulieren von Prognosen oder das Lösen von konkreten Sachproblemen, ebenso wie die Organisation von Abläufen oder die Entwicklung neuer Methoden und dergleichen mehr.[1]

Ein Bereich, in dem (neben anderen Faktoren) hochkomplexe Systeme und Phänomene eine große Herausforderung darstellen, ist die Berufs- und Unternehmenswelt. Denn hier entscheidet der Umgang mit Komplexität unter Umständen über Erfolg und Misserfolg.

1.1.2 Anforderungen im Berufsleben

Wie nahezu alle Bereiche unseres Lebens entwickelt auch die Arbeitswelt immer komplexere Zusammenhänge und Systeme, auf die alle Beteiligten (Beschäftigte gleichermaßen wie das Management oder Selbstständige) entsprechend reagieren müssen, um auch auf lange Sicht den steigenden Anforderungen gewachsen zu sein.

Es ist in unserer Zeit nicht ausreichend, pures, abrufbares Faktenwissen anzuhäufen, das linear und rein kausal aufeinander aufbaut, um berufliche Aufgaben adäquat zu lösen. Wissen ist heutzutage weit mehr als eine Summe der einzelnen Fakten. Wirkliches Wissen entsteht nur, wenn die jeweiligen Kenntnisse und Erkenntnisse miteinander in Beziehung stehen und in Wechselwirkung treten. Denn die Entwicklung der Welt verläuft nicht mehr eindimensional, sodass neue Erkenntnisse alte, obsolet gewordene Einsichten ablösen. Vielmehr ergänzen sich die verschiedensten Elemente gegenseitig und fügen dem Gesamtbild neue Aspekte hinzu. Das Gesamtbild wächst nach und nach zu einem komplexen Beziehungsgefüge zusammen, in dem isolierte Einzelteile nur in ihrer Beziehung zu anderen Teilen und zum Ganzen selbst von Bedeutung sind.

Das gilt auch für berufliches Fach- und Methodenwissen, das mit linearem Denken nicht mehr bewältigt werden kann. Zu vielschichtig sind auch hier die Zusammenhänge und Wirkungsmechanismen, da die Welt, in der sie eingebettet sind, hochkomplex geworden ist. Nahezu jede Entscheidung wirkt über entstandene Beziehungsgeflechte oft in verschiedene (manchmal unüberschaubare) Richtungen und über einen langen Zeitraum. Nehmen wir ein Beispiel aus dem Arbeitsalltag: Die Stadtverwaltung einer mittleren Kleinstadt hat z.B. geplant, eine Straße umzubenennen. Die Umbenennung würde für die dort ansässigen Unternehmen jedoch einen überaus großen zeitlichen und finanziellen Aufwand bedeuten (Neuanfertigung von Briefbögen, Stempeln, Visitenkarten, Formularen oder Firmenschildern, Behördengänge, Informieren der Kunden und Partner, Anpassung der Werbemaßnahmen und Einträge in Datenbanken etc.), sodass sie sich zusammenschließen und in einer Initiative die Straßenumbenennung verhindern. Hier haben die Beteiligten erkannt, wie weitreichend die Auswirkungen dieser Maßnahme gewesen wären – wobei die anzunehmenden unkalkulierbaren Effekte noch gar nicht berücksichtigt wurden. Sämtliche einzelne Details konnte vermutlich letztlich niemand der Beteiligten in vollem Umfang überblicken, doch die Komplexität der Folgen ist jedem bewusst gewesen. Und wie diese konkret aussehen würden, konnten sie sich vorstellen, da jeder bereits (strukturell) ähnliche Situationen erfahren hatte und diese Erfahrungen auf die neuen Gegebenheiten übertragen konnte.

Das Beispiel offenbart einen zweiten Faktor, der in unserer heutigen Welt zur unverzichtbaren Größe geworden ist: die Fähigkeit und Bereitschaft, Eigenverantwortung zu übernehmen. Die Stadtverwaltung hatte sich wenig darum gekümmert, was eine Straßenumbenennung für die ansässigen Unternehmen bedeuten würde. Die Unternehmer mussten sich selbst um ihre Belange kümmern, denn es war klar, dass niemand sonst es tun würde. Sie mussten selbst Verantwortung übernehmen und dementsprechend handeln.

Genauso ist Eigenverantwortung eines der wichtigsten Stichworte für Beschäftigte im Unternehmen geworden. Die strukturellen Veränderungen in der Unternehmenswelt, die gleichfalls eindimensionale Ordnungen und ausgeprägte lineare Hierarchien zugunsten komplexer Beziehungssysteme mit flachen Hierarchien hinter sich lassen, haben zur Folge, dass es immer mehr auf jeden Einzelnen als Teil des Systems ankommt. Das Ganze kann nur funktionieren, wenn der Einzelne selbstständig und eigenverantwortlich handelt, da das dynamische Zusammenspiel der Teile das Ganze zusammenhält und vorwärts bringt.

Dieser Umstand bedeutet für den einzelnen Beschäftigten einen deutlichen Zuwachs an Möglichkeiten – zugleich jedoch auch eine Steigerung der Anforderungen und zunehmende Unsicherheit. Denn Arbeitsleben und Karriereverläufe haben sich mit diesen Entwicklungen grundlegend verändert. Herkömmliche stringente Lebensläufe gibt es nur noch in den seltensten Fällen. Kaum ein Beruf bietet noch die Sicherheit, ihn in ein und derselben Firma bis zum Rentenalter auszuüben. Der althergebrachte berufliche Aufstieg über die einzelnen Hierarchiestufen innerhalb des Unternehmens verliert immer mehr an Bedeutung: Erfolg zeigt sich inzwischen weniger in dem Erreichen einer bestimmten Position, sondern eher in dem Grad der Zufriedenheit, Eigenständigkeit und Verantwortlichkeit, den die Arbeit mit sich bringt. Die Erfüllung solcher Kriterien gestaltet sich überaus vielfältig und eröffnet schier unendliche Möglichkeiten. (Diese Wahlmöglichkeiten liegen allerdings ebenfalls auf Seiten der Arbeitgeber, denn für ein und dieselbe Aufgabe gibt es inzwischen oft verschieden qualifizierte Anwärter, die auf ihre spezifische Weise die Aufgabe gleichwertig erfüllen können. Nicht selten entwickeln z.B. so genannte Quereinsteiger derartige Qualitäten, dass sie einem ausgewiesenen Experten durchaus das Wasser reichen können.)

Die Arbeitsstellen werden überdies heutzutage viel häufiger gewechselt als in der Vergangenheit, und so fehlt es an Sicherheit, Vertrauen und Förderung, die durch jahrelange Zusammenarbeit und Beziehungspflege zwischen Vorgesetztem und Beschäftigtem entstehen. Viel mehr als früher liegt es jetzt in der Hand des Beschäftigten selbst, wie er sein Arbeitsleben gestaltet. Die Vielzahl der Möglichkeiten erfordert von ihm, Eigeninitiative zu zeigen und für seine Arbeit selbst Verantwortung zu übernehmen. Die persönliche berufliche Entwicklung, die Aktualisierung des notwendigen Wissens und der erforderlichen Fertigkeiten sowie die Motivation zu hohen Leistungen werden meist von keinem Vorgesetzten mehr angeregt, sondern unterliegen allein der Verantwortung des Beschäftigten selbst.

Wie in der Berufswelt zeigen sich in beinahe allen Bereichen unseres Lebens die Auswirkungen der drastischen Veränderungen und Entwicklungen, die unsere Gegenwart kennzeichnen. Und wenn der Mensch sich nicht auch verändert, wird er sich früher oder später nicht mehr zurechtfinden in der Welt, die ihn umgibt. Die Frage ist nur: In welche Richtung soll sich der Mensch verändern, wenn es in unserer komplexen Welt immer mehr Richtungen gibt, denen man folgen kann?

Gleichermaßen aussichtslos wie auch unsinnig ist der Versuch, so vielen Richtungen und Aspekten wie nur möglich zu folgen und der größtmöglichen Anzahl von Herausforderungen oder Anforderungen, die unsere Zeit bereithält, gerecht zu werden. So etwas kann nicht gelingen. Es braucht einen generellen Weg, sich den neuen Bedingungen in der Welt anzupassen. Und dieser kann letztlich nur in der vorläufig einzig uns verbleibenden Konstante liegen: in uns selbst.

1.2 Die individuelle Persönlichkeit

In unserer wandelbaren Zeit wird es zunehmend wichtiger, über eine starke und souveräne Persönlichkeit zu verfügen, denn die eigene Persönlichkeit kann in den unübersichtlichen und komplexen Zusammenhängen des Lebens, deren Entwicklung einem hohem Tempo und wachsender Eigendynamik unterworfen ist, zur sicheren und ruhigen Basis für unser Entscheiden und Handeln werden. Nur eine gefestigte Persönlichkeit kann aus sich selbst heraus Mittel und Wege entstehen lassen, um die entscheidenden Herausforderungen unserer Zeit zu bewältigen. Sie kann Kriterien und Prioritäten entwickeln, um im Gewirr der Möglichkeiten die Orientierung zu finden. Und sie ist sich selbst zentraler Orientierungspunkt, an dem Entscheidungen und Handlungen abgeglichen werden. Damit erhält die eigene Lebensführung einen konstanten Kern, der Dreh- und Angelpunkt für den eigenen Wirkungsbereich ist. So ist es möglich, von diesem festen Standpunkt aus, flexibel zu agieren, statt sich auf eine bestimmte Richtung festlegen zu müssen. Die souveräne Persönlichkeit ist die Rückversicherung, auf die wir immer wieder zugreifen können, wenn wir Gefahr laufen, uns im Durcheinander der Beziehungen und Gelegenheiten oder im weiten Spektrum der Aspekte und Aussichten zu verlaufen.

1.2.1 Die eigene Identität

Eine souveräne Persönlichkeit braucht für ihre Entstehung einen klaren Ausgangspunkt. Dieser liegt in der eigenen Identität. Denn die Identität ist der Schlüssel zum persönlichen Wachstum. Unter Identität versteht man in der Psychologie die als *Selbst* erlebte innere Einheit der Person. Sie beinhaltet die Überzeugungen und persönlichen Charaktereigenschaften, aufgrund derer wir uns von anderen Menschen unterscheiden und als Individuum erkennen. Identität lässt uns begreifen, wer wir sind und wo wir im Verhältnis zu unserer Umwelt und unseren Mitmenschen stehen. Unsere diesbezüglichen Auffassungen bestimmen – auch wenn sie nicht der Wahrheit entsprechen – über unser Entscheiden und Handeln, denn gewöhnlich streben Menschen danach, in Übereinstimmung mit ihrem Inneren zu agieren und so Konstanz in ihrem Leben zu erhalten und Widersprüche zu vermeiden.

Das Bewusstsein der eigenen Identität – sich selbst als Individuum zu erleben – ist Grundvoraussetzung für die Entfaltung der eigenen Persönlichkeit, die wesentliches Merkmal menschlichen Lebens ist. Nach Carl R. Rogers bewegt sich jeder *Organismus [...] in seinem Normalzustand in Richtung auf seine eigene Erfüllung, auf Selbstregulierung und Unabhängigkeit von äußerer Kontrolle*[2]. – *Man kann sagen, dass in jedem Organismus auf jedweder Entwicklungsebene eine Grundtendenz zur konstruktiven Erfüllung der ihm innewohnenden Möglichkeiten vorhanden ist. Auch der Mensch weist diese natürliche Tendenz zu einer komplexeren und vollständigeren Entfaltung auf. Der am häufigsten dafür gebrauchte Terminus ist die Selbstverwirklichungstendenz, die in allen lebenden Organismen vorhanden ist. [...] Diese Tendenz ist zu allen Zeiten am Werk. In der Tat ermöglicht uns nur das Vorhandensein oder Fehlen dieses zielgerichteten Gesamtprozesses die Feststellung, ob ein bestimmter Organismus lebendig oder tot ist. Diese Selbstverwirklichungstendenz kann natürlich gehemmt oder deformiert werden, aber man kann sie nicht zerstören, ohne den Organismus zu vernichten.*[3]

Doch der Mensch bleibt nicht bei sich selbst stehen. So sieht es Viktor E. Frankl: *Der Mensch ist immer schon ausgerichtet [...] auf etwas, das nicht wieder er selbst ist, sei es eben ein Sinn, den er erfüllt, oder anderes menschliches Sein, dem er begegnet. So oder so: Menschsein weist immer schon über sich selbst hinaus, und die Transzendenz ihrer selbst ist die Essenz menschlicher Existenz.*[4] Seiner Ansicht nach ist der Mensch *ein Wesen, das letztlich und eigentlich auf der Suche nach Sinn ist*[5].

1.2.2 Sinn

Wer sein eigenes Leben als sinnlos empfindet, ist nicht nur unglücklich, sondern auch kaum lebensfähig! – Albert Einstein

Viktor E. Frankls Beobachtungen und Analysen führten zu der Einsicht, dass der Mensch heutzutage konfrontiert ist mit existentieller Frustration, mit *einem abgründigen Sinnlosigkeitsgefühl [...], einem existentiellen Vakuum*[6]. Für den Menschen ist es nicht nur wichtig, im Leben glücklich zu sein, sondern er sucht auch einen Grund dafür, glücklich zu sein, da mit dem Vorhandensein eines Grundes das Glücklichsein selbst bereits einhergeht. Der Mensch stellt sich die Frage: Warum soll ich eigentlich glücklich sein? Welchen Sinn hat mein Leben? Menschen wollen also Sinn finden in ihrem Leben – und sie können es auch.

Sinn liegt für Menschen darin, etwas zu tun oder etwas zu schaffen, etwas zu erleben oder jemanden zu lieben. *Im Dienst an einer Sache oder in der Liebe zu einer Person erfüllt der Mensch sich selbst. Je mehr er aufgeht in seiner Aufgabe, je mehr er hingegeben ist an seinen Partner, um so mehr ist er Mensch, um so mehr wird er selbst.*[7] Die Bestimmung von Sinn ist unauflöslich verknüpft mit der individuellen Person und kann nicht allgemein gültig für verschiedene Menschen oder Situationen festgelegt werden. Sinn ist immer individuell und konkret. *Sinn ist also jeweils der konkrete Sinn einer konkreten Situation. Er ist jeweils die Forderung der Stunde. Sie aber ist jeweils an eine konkrete Person adressiert. Und genauso wie jede einzelne Situation etwas Einmaliges ist – genauso ist jede einzelne Person etwas Einzigartiges.*[8] Sinn ist eine Möglichkeit, die in jeder Situation steckt, die aber mit der Situation auch vergehen und unerfüllt bleiben kann. Der Mensch kann demnach Sinn nur selbst aktiv finden: Sinn kann ihm nicht von anderen gegeben werden und kann auch nicht erzeugt werden. Sinn ist immer schon da, ist allgegenwärtig, jede Situation bietet Sinnmöglichkeiten. Nur liegt es an jedem Menschen selbst, nach diesem Sinn zu suchen und ihn zu finden. Äußere Umstände, persönliche Prägungen oder Veranlagungen der Person spielen dabei keine Rolle. Der Intelligenzquotient oder der Grad der Bildung, das Geschlecht oder die Religion, auch persönliche Charaktereigenschaften und die Umwelt haben keinen Einfluss auf die Möglichkeit eines Menschen, in seinem Leben einen Sinn zu finden.

Das Leben hat einen Sinn und hält Sinn für jeden Menschen bereit. Man muss ihn nur entdecken. Dieser Sinn bleibt selbst unter schwierigen oder hoffnungslosen Bedingungen und Umständen erhalten, denn der Mensch ist in der Lage, auch im Leiden noch einen Sinn zu finden.[9]

Die selbstbestimmte Gestaltung eines sinnerfüllten Lebens wird in unserer Zeit für viele Menschen zu einem wirklichen Bedürfnis, da die äußeren Lebensumstände immer stärker werdende Ansprüche und immer vielfältigere Anforderungen an den Menschen stellen, die in Form von Komplexität, Tempo, Dynamik, Stress und (Zeit-)Druck sein Leben nachhaltig beeinflussen – und in extremen Fällen sogar beherrschen. Häufig wirkt sich dies sehr negativ auf die Lebensqualität und die Leistungsfähigkeit des Menschen, aber auch auf seine Gesundheit und seine Lebensfreude aus.

Viele Menschen erkennen inzwischen, dass die permanente Reizüberflutung, der Wettlauf mit dem technischen Fortschritt, Hektik und Stress, ständiges Entertainment, Leistungsdruck und das Verlangen nach Erfolg und materiellem Wohlstand ihrem Leben keinen Sinn geben, sondern stattdessen die wirklich wichtigen Dinge im Leben, die tatsächlichen Sinnmöglichkeiten, die ihr Leben für sie bereithält, verdrängen und unerfüllt verstreichen lassen.

Sie entdecken, dass sie ihr Leben einfacher und ausgeglichener leben wollen, Zeit und Muße brauchen, um sich den Dingen zu widmen, die sie zufrieden machen und in denen sie letztlich Sinn sehen: in der Partnerschaft und der Familie, in der eigenen körperlichen und seelischen Gesundheit, in persönlichen Interessen und Wünschen. Die entscheidende Entdeckung liegt jedoch in der Erkenntnis, dass jeder es selbst in der Hand hat, wie er sein Leben gestaltet, dass man die Entscheidung für ein gutes Leben selbst treffen kann und selbst treffen muss, dass man nur selbst den Sinn im Leben findet. Das eigene Handeln und Entscheiden bestimmt darüber, wie wir mit den Anforderungen der Zeit umgehen und welchen Einfluss sie auf uns haben, ob wir unsere Lebensführung letztlich souverän, eigenständig und sinnvoll gestalten.

Denn der Mensch ist den äußeren Umständen, seinen Trieben und Gefühlen, den Vorbedingungen durch erbliche Anlagen, Kindheit, Erziehung etc., Automatismen, Zwängen u.ä. nicht hilflos ausgeliefert. Obwohl vielfältig determiniert, bleibt dem Menschen die Freiheit, bewusste und willentliche Entscheidungen zu treffen, Stellung zu beziehen zur Außenwelt, zu seinen Mitmenschen und zu sich selbst, individuelle Werte und Ziele zu bestimmen, kreativ zu sein, Verantwortung zu übernehmen und nach Sinn zu suchen. Grundlage dafür ist eine gefestigte und souveräne Persönlichkeit.

Carl R. Rogers fasst in seinem stichpunktartigen Entwurf des *Menschen von morgen*[10] zusammen, welche wesentlichen Eigenschaften diejenigen Menschen gemein haben, denen er die Fähigkeit zuschreibt, in unserer veränderten und sich verändernden Welt ein gutes Leben zu führen. Er nennt zwölf Punkte:

- Offenheit
- Verlangen nach Authentizität
- Skepsis in Bezug auf Wissenschaft und Technologie
- Verlangen nach Ganzheit
- Wunsch nach Nähe und Intimität
- Prozessbewusstsein (Die einzige Gewissheit im Leben ist die der Veränderung.)
- Anteilnahme
- Einstellung zur Natur
- Ablehnung der Institutionen
- innere Autorität
- Unwichtigkeit materieller Dinge
- Sehnsucht nach dem Spirituellen

Mit diesen Eigenschaften wird der Mensch jedoch nicht geboren. Sie müssen ihm großteils vermittelt werden. Sei es durch Erziehung und Bildung oder durch eigene Anschauung und Reflexion. Gerade die Schul- bzw. Ausbildung nimmt im Leben von Kindern und jungen Erwachsenen – also zu einer Zeit im Leben, in der prägende Prozesse besonders große Auswirkungen haben – einen zentralen Stellenwert ein. Hier werden grundlegende Informationen und Fertigkeiten für den Umgang mit der Welt vermittelt.

1.2.3 Bildung, Schule und Selbsterkenntnis

In Schule und Bildung kann es heutzutage nicht mehr nur darum gehen, Faktenwissen und fachspezifische Fertigkeiten zu lehren, denn die Welt hält inzwischen Herausforderungen bereit, die damit allein nicht mehr zu bewältigen sind. Vernetztes Denken, Selbstständigkeit, Eigenverantwortlichkeit und bewusste Wertvorstellungen sind zu notwendigen Werkzeugen der eigenen Lebensführung und -gestaltung geworden und sollten deshalb bereits im Prozess des Heranwachsens und Erwachsenwerdens entwickelt werden. Junge Menschen müssen die Fähigkeit erlangen, aus den unüberschaubar vielen und komplexen Möglichkeiten, die das Leben bietet, eigenverantwortlich und sinnvoll auszuwählen. Es gilt zu erkennen, was Sinn hat und was nicht, was sich verantworten lässt und was nicht, worin das Wesentliche besteht. Erziehung und Bildung haben die Aufgabe, die Aufmerksamkeit der Heranwachsenden für Wichtiges zu schärfen und ihnen Orientierungs- und Hilfsmittel an die Hand zu geben, damit sie Sinn finden und (Eigen-)Verantwortung übernehmen können. Das macht deutlich, dass Bildung etwas vollkommen anderes ist als Gelehrtheit, als reines Verfügen über Wissen.

Bereits in der Bildungsauffassung des Humanismus finden sich Grundgedanken, die in eine ganz ähnliche Richtung weisen. In Jean-Jacques Rousseaus *Émile oder Über die Erziehung* antwortet der Erzieher auf die Frage *Worauf bereiten Sie diesen Jungen vor?* mit den Sätzen, die zum Ausdruck des humanistischen Bildungsideals wurden: *Leben ist das Handwerk, das ich ihn lehren möchte. Aus meinen Händen entlassen, wird er, das räume ich gern ein, weder ein hoher Beamter noch ein Soldat noch ein Priester, er wird in erster Linie Mensch sein, im Dienste der Dinge ebenso wie im Dienste anderer Menschen. Er wird auf seinem Platz stehen, und das Schicksal wird vergeblich versuchen, ihm einen anderen zuzuweisen.*[11] Bildung verpflichtet sich nach dieser Auffassung der Emanzipation und Entfaltung des Individuums, zielt darauf, Fähigkeiten wie Vernunft, Verantwortung, Selbstbestimmung und auch das Gefühl im einzelnen Menschen zu entwickeln. Ergänzt werden muss diese Grundidee heutzutage durch die Beachtung der spezifischen Anforderungen, die in der Gegenwart durch die zunehmende Komplexität und das steigende Tempo entstanden sind. Außerdem braucht es Strategien, die helfen, mit der ungeheuren Informationsmenge sinnvoll umzugehen. Hier gilt es, entsprechende Denkweisen anzuregen und auszubauen.

So klar diese Einsichten auch sind – in den Bildungseinrichtungen scheinen sie sich, wenn auch schon wiederholt gefordert, nur schwer durchzusetzen. Hauptelemente von Schulbildung sind immer noch die Vermittlung von fachspezifischen Wissensinhalten und linearen, kausalen Denkvorgängen. Das Verständnis für Strukturen und Beziehungsgeflechte, die Aneignung von Methoden zur Bewältigung der gegenwärtigen Wirklichkeit, die Umgestaltung des Denkens, das Bewusstsein für komplexe Zusammenhänge – all diese notwendigen Aufgaben erfüllen Bildungseinrichtungen zum Großteil nur unzureichend. Wirkliches Verstehen der Phänomene der Gegenwart kann auf dieser Basis nicht zustande kommen, und ein souveräner Umgang mit der Welt wird nicht möglich. Denn es fehlt ein umfassender Überblick über die Gesamtkonstellation und die Zusammenhänge der Dinge und Fakten, die in ihrer Vielfalt als Einzelphänomene nicht mehr zu überschauen sind.

Die hierarchische und autoritäre Strukturierung vieler Schulen trägt nicht unwesentlich zu diesem Defizit bei. Wie soll ein System mit ausgeprägten Hierarchien und autoritärem Aufbau auf eine (Arbeits-)Welt vorbereiten, in der Hierarchien immer flacher werden während die Verantwortung des Einzelnen immer entscheidender wird – einer Welt, in der Motivation geschöpft werden muss aus sich selbst und aus dem Sinn der Tätigkeit heraus, statt aus der Bewertung (Belohnung / Bestrafung) durch eine höhere Instanz?

Auch Bildungseinrichtungen müssen sich mehr und mehr auf die Gegebenheiten und Herausforderungen unserer Zeit einstellen, wenn sie ihre Schützlinge wirklich auf das Leben vorbereiten wollen. Um den komplexen Alltag meistern zu können, brauchen Menschen ein starkes Selbstwertgefühl und Vertrauen in sich selbst. Sie müssen sich und andere achten und wertschätzen und in der Lage sein, eigene Wertvorstellungen zu entwickeln, die sie von äußeren Einflüssen unabhängiger machen und ihre Persönlichkeit stärken, weil sie selbstbestimmt entscheiden und Verantwortung übernehmen können. Statt Hierarchie und Konkurrenz organisieren Zusammenarbeit, Respekt, gegenseitiges Vertrauen und Verantwortung die Gemeinschaft. Überdies braucht es neue Methoden und Denkweisen, um der Komplexität und der stetig steigenden Informationsmenge angemessen begegnen zu können.

Wer nicht in den Genuss einer Ausbildung gekommen ist, die in dieser Weise auf das Leben vorbereitet, der wird früher oder später vor der Notwendigkeit stehen, eigene Wege und Strategien zu finden, um den Phänomenen der Zeit gerecht zu werden. Grundlage für diesen Prozess kann nur in der bewussten Auseinandersetzung mit der eigenen Persönlichkeit liegen und in der Reflexion über das eigene Denken, Handeln und über das Verhältnis, in dem man selbst zu seiner Umwelt und seinen Mitmenschen steht. Nur wer sich über diese Aspekte seines Lebens durch Reflektieren und Hinterfragen Klarheit verschafft hat, kann erkennen, auf welchem Gebiet seine Bewältigungsstrategien nicht angemessen oder unzureichend entwickelt sind.

Dieser (Selbst-)Erkenntnisprozess kann jedoch nur dann Früchte tragen, wenn man tatsächlich bereit ist, zu möglichst zutreffenden Einsichten zu gelangen und diese dann auch für sich anzunehmen. Die umfangreichsten Selbsterforschungsprozesse bleiben ohne Nutzen, wenn man bestimmte Entdeckungen und Tatsachen nicht wahrhaben will bzw. von vornherein den Blickwinkel so eng einstellt, dass viele Gesichtspunkte gar nicht erst betrachtet werden. Daher ist es unverzichtbar, eine Offenheit zu entwickeln bzw. zu bewahren, die auch unbequeme Einsichten nicht ausschließt und die es ermöglicht, Neuem und Ungewohntem unvoreingenommen – und in gewisser Weise erst einmal neugierig – entgegenzutreten. Geht man mit einer offenen Grundhaltung an den Erkenntnisprozess heran, eröffnen sich weit gefächerte Einblicke in die eigene Persönlichkeit und darüber hinaus auch in die Zusammenhänge der Welt.

Jedoch werden unsere bewussten Entscheidungen und Handlungen nicht selten von unbewussten Faktoren bestimmt, die in vielen Fällen bereits auf unsere Denkprozesse selbst einwirken und damit das Denken unserer Selbstbestimmung entziehen. Gedanken und Denkprozesse sind und bleiben zwar individuell, sie unterliegen jedoch immer einer gewissen Abhängigkeit von Bedingungen und Gegebenheiten unserer Umwelt sowie unserer Persönlichkeit. Oft sind uns diese Einflussfaktoren gar nicht bewusst, dennoch bestimmen sie zum Teil (ohne dass wir uns darüber im Klaren sind), was wir denken, wie wir denken und zu welchen Ergebnissen unsere Gedankengänge kommen. Die daraus resultierenden Entscheidungen und Handlungen sind also unter Umständen in weit geringerem Maße selbstbestimmt als wir annehmen. Das gefährdet unsere Selbstbestimmung und Eigenständigkeit, unterwandert den Anspruch des eigenverantwortlichen Agierens und bedarf deshalb einer Regulierung.

Ein Instrument zur Regulierung ist in der Methode des Alternativen Denkens zu finden. Mit dem Alternativen Denken lassen sich diejenigen Faktoren aufspüren und auch zum Großteil ausräumen, die unser freies Denken einschränken. Feste Denkgewohnheiten oder ausgeprägte Denkmuster, denen unsere Gedankengänge immer wieder folgen und derer wir uns kaum bewusst sind, sind häufig Ursache für Fremdeinflüsse auf unser Denken und Entscheiden. Denn oftmals entstehen diese Muster nicht aus unseren eigenen inneren Überzeugungen heraus, sondern werden durch Einflüsse von außen geprägt. Die Methode des Alternativen Denkens widmet sich insbesondere diesen festgefahrenen Strukturen in unserem Denken, die Flexibilität, Offenheit und Unvoreingenommenheit verhindern. Es gilt, sich diese starren Strukturen bewusst zu machen – sie überhaupt erst einmal aufzudecken –, sie in einem Reflexionsprozess aufzulösen und schließlich eigene, flexible und bewusste Strukturen zu entwickeln, die auf dem persönlichen Wertesystem basieren und somit selbstbestimmt sind. Auf diesem Wege erlangt man die Selbstbestimmung zurück und kann frei und verantwortungsvoll entscheiden und handeln*.

Dies ermöglicht, das eigene Denken neu zu strukturieren und Alternativen im Denken und im Handeln zu entwickeln, was unverzichtbarer Ausgangspunkt ist, will man sich angemessen auf die neuen Bedingungen unserer Zeit einstellen. Die Fähigkeit, flexibel, offen und variantenreich zu denken bzw. zu agieren, ist eine entscheidende Voraussetzung, um Komplexität, Dynamik und große Informationsmengen bewältigen zu können. Wer diese Voraussetzung erfüllt und darüber hinaus Verantwortung übernehmen, selbstbestimmt handeln und über persönliche Souveränität verfügen kann, ist bestens gerüstet, um die Herausforderungen unserer Zeit zu bewältigen.

Ein Bereich, in dem die souveräne Persönlichkeit an besonders exponierter Stellung steht und der in entscheidendem Maße geprägt wird von den Veränderungen in unserer Welt, ist der Bereich des Managements. Ein erfolgreicher Manager ist kaum vorstellbar ohne ein hohes Maß an persönlicher Souveränität, und wenn er den dringenden Anforderungen, die die sich stetig wandelnde Berufs- und Alltagswelt bereithält, nicht gerecht wird, muss er zwangsläufig scheitern.

* Eine ausführliche Beschreibung der Methode des Alternativen Denkens findet sich bei Albert Metzler 2005.

1.3 Fähigkeiten des modernen Managers

Zu den alles entscheidenden Herausforderungen von Führungskräften gehört es mittlerweile, die vielfältigen Aufgaben, vor die sie die dynamische und sich im Wandel befindliche Wirklichkeit immer wieder stellt, erfolgreich zu meistern. Das finanzielle Kapital tritt in seiner Bedeutung für den Unternehmenserfolg inzwischen weit hinter dem so genannten geistigen Kapital, das den menschlichen Verstand und seine Vorstellungskraft beschreibt, zurück. Deswegen ist Erfolg heutzutage auch nicht mehr notwendigerweise gleichzusetzen mit dem Verdienen von sehr viel Geld oder mit dem besseren Abschneiden im direkten Vergleich zu anderen. Erfolg zeigt sich inzwischen sehr viel mehr in individuellen Aspekten und misst sich eher daran, in welchem Maße man das eigene Potenzial umsetzt und eigene Ziele verwirklicht. Das gilt für den Einzelnen ebenso wie für das gesamte Unternehmen.

1.3.1 Komplexität im Unternehmen

Durch die hochkomplexen Zusammenhänge, die auch in der Unternehmenswelt zum prägenden Merkmal der Gegenwart geworden sind, entstehen für Unternehmen ebenfalls neue Bedingungen und Anforderungen, die es hier zu bewältigen gilt, um erfolgreich agieren zu können.

Die Lösung kann allerdings nicht darin liegen, „ganz souverän" über die Komplexität von Problemen und Konstellationen hinwegzusehen und die Details einfach zu übergehen. Dieser Versuch wird manchmal unternommen, ist aber zum Scheitern verurteilt, da diese vermeintlich souveräne Handhabung die Komplexität nur vertuscht, anstatt sie angemessen zu berücksichtigen. So werden miteinander verflochtene Zusammenhänge und mögliche Folgeerscheinungen leicht übersehen, und es entstehen kurzschlüssige und wenig tragfähige Lösungen. Souveränität ist hier nur ein Scheinargument, denn mit souveränem Entscheiden und Handeln hat dieses Vorgehen rein gar nichts zu tun.

Für Unternehmen beginnt die Bewältigung von Komplexität damit, dass die Mitarbeiter (und auch die Führungskräfte) für ihre Tätigkeit Anhaltspunkte und Orientierungshilfen benötigen, die sie durch das weit verzweigte Beziehungsgewirr und durch die unüberschaubare Vielzahl von Möglichkeiten leiten, die sowohl in der konkreten Arbeit als auch in der internen Organisation und den externen Beziehungen liegen. Zu diesem Zweck entwickeln Unternehmen Visionen und Unternehmensphilosophien, anhand derer die Mitarbeiter die Ausrichtung des Unternehmens ablesen und dementsprechend ihr Tätigkeitsfeld abstecken können. Dass dies ein hohes Maß an Eigenständigkeit und Eigenverantwortung des Mitarbeiters erfordert, liegt auf der Hand. Mitarbeiter, die selbstständig, motiviert und mit Blick auf das Unternehmen als Gemeinschaft, zu der jeder seinen Teil beiträgt, arbeiten, sind unverzichtbar geworden. Das bedeutet für die Führungskräfte wiederum, dass sie erst einmal eine Firmenphilosophie entwickeln müssen, die für alle nachvollziehbar, akzeptabel und lebbar ist. Gleichzeitig muss diese Vision auf der Basis der tatsächlichen Gegenwart zukunftsweisend sein und lohnende Perspektiven bieten. Nur dann kann sie die Mitarbeiter wirklich motivieren und ihnen eine Hilfestellung im Arbeitsalltag sein. Moderne Unternehmen brauchen also ein visionäres Management, das darüber hinaus nicht an seinen Mitarbeitern vorbei agiert, sondern kommunikationsstark und im Sinne der gemeinsamen Arbeit Führungsarbeit leistet. Mitarbeiter und Management arbeiten Hand in Hand im Interesse des Unternehmens und entwickeln ein „Wir", das Egoisten und Emporkömmlinge, die auf Kosten anderer und auf Kosten des Unternehmens den persönlichen (materiellen) Erfolg durchsetzen wollen, ausschließt.

1.3.2 Ziele und Zielvereinbarungen

Visionen werden üblicherweise konkretisiert in Zielen und Zielvereinbarungen. An ihnen sollen sich die Mitarbeiter und das Management gleichermaßen orientieren können, Kräfte sollen gebündelt und Arbeitsergebnisse in Relation zum angestrebten Ziel beurteilt werden. Dass Zielvereinbarungen einem Unternehmen allerdings auch schaden können, wird oft übersehen. Vereinbarungen über Ziele können nämlich durchaus negative Effekte bei den Mitarbeitern bewirken.

Ein erstes Problem besteht darin, dass Ziele manchmal aus dem Gefühl eines Mankos oder einer Unzulänglichkeit heraus entstehen. Etwas, das jetzt noch fehlt oder noch nicht erreicht ist oder noch nicht optimal ist, soll dann in dieser antizipierten Zukunft zielgemäß erreicht sein. Ein Effekt dieser Denkweise ist, dass dem gegenwärtigen Zustand weniger Wert zugeschrieben wird als der anvisierten Zukunft. Damit bleibt keine Zeit, das bisher Erreichte wertzuschätzen und sich für die Handlungen im Jetzt zu motivieren, denn diese sind offensichtlich nicht befriedigend und nur dafür da, das Zukünftige zu erreichen. Der Weg zu den gesetzten Zielen verliert unterdessen an Bedeutung, er wird unterschätzt und seine Bedeutung herabgesetzt. So ist der Fokus immer schon auf das in der Zukunft Liegende gerichtet, und der aktuellen Aufgabe bzw. Handlung geht ein Teil der notwendigen Aufmerksamkeit verloren. Das wiederholt sich, sobald ein Ziel verwirklicht ist, das dann als Gegenwart wiederum abgewertet wird.

Bei diesem Vorgehen wird vernachlässigt, dass vom einzelnen Menschen der Weg zum Ziel oft als weit wichtiger erlebt wird, als das gemeinsam definierte Ziel. Denn der Arbeitsalltag spielt sich in der jeweiligen Gegenwart ab, also während des Weges zum Ziel; hier findet die Zusammenarbeit mit den Kollegen und Vorgesetzten statt. Das Ziel selbst ist oft nur ein kurzer Moment, der zudem schnell von einem neuen Ziel abgelöst wird. Doch die hohe Bewertung des Ziels entwertet den eigentlichen Arbeitsprozess und zieht damit Eigeninitiative und Verantwortungsbewusstsein für die gegenwärtigen Aufgaben ab. Auf diesem Weg blockieren hoch gesteckte Zielvereinbarungen das Engagement insbesondere derjenigen Mitarbeiter, die selbst persönliche Qualitätsmaßstäbe entwickeln und ganz selbstverständlich ihre Leistung und ihr Potenzial im Sinne des Unternehmens einsetzen. Zielvereinbarungen nehmen ihnen unter Umständen den Spielraum, den eigenverantwortliches Agieren benötigt, und hinterlassen auf diese Weise den Eindruck, dass die Unternehmensleitung kein Vertrauen in die eigenständige Arbeit und Entscheidungsfähigkeit der Beschäftigten hat.

Mit diesem Punkt ist ein weiteres Problem von Zielvereinbarungen genannt: Sie suggerieren Misstrauen. Sie scheinen als Absicherungen für den Verdacht zu fungieren, dass man sich auf die Mitarbeiter nicht hundertprozentig verlassen kann. Mitarbeiter, denen vertraut wird, entwickeln aus sich selbst heraus Engagement und Verbindlichkeit. Diese wichtigen Komponenten werden jedoch ersetzt durch von außen auferlegte Verpflichtungen, wenn das Vertrauen fehlt. Und solche Verpflichtungen werden dann als Ausdruck von Misstrauen verstanden. In der Folge gehen die Mitarbeiter in Abwehrhaltung und entwickeln selbst ein Misstrauen gegenüber den Absichten des Managements. Zielvereinbarungen werden dann aufgefasst als Kontrollinstanzen oder auch als Unterstellung, nicht genug zu leisten, den Erwartungen nicht gerecht zu werden. Mit diesen Befürchtungen liegen die Mitarbeiter in der Tat auch nicht ganz falsch. Immer wieder werden Zielvereinbarungen von Unternehmen viel mehr dazu benutzt, die zurückliegenden Leistungen der Beschäftigten zu bewerten und mit der Zielsetzung abzugleichen, statt wirklich in die Zukunft zu weisen.[12]

Nichtsdestotrotz bedarf es ab einer gewissen Unternehmensgröße Zielvereinbarungen, um die Mitarbeiter und die komplexen Abläufe miteinander zu koordinieren. Jedoch ist es dabei von entscheidender Bedeutung, dass diese Zielvereinbarungen nicht benutzt werden, um Mitarbeiter zu belohnen oder gar zu bestrafen, indem bspw. ihre Bezahlung daran geknüpft wird. Denn ansonsten entstehen beinahe zwangsläufig die oben genannten Effekte. Ebenso entscheidend ist es, dass diese Vereinbarungen auch echte Vereinbarungen sind – also keine einseitigen Vorgaben von der Unternehmensleitung. Zielvorstellungen müssen gemeinsam entwickelt werden und in uns wachsen; denn nur, wenn wir Ziele als unsere eigenen erleben, werden wir wirklich an ihrer Umsetzung arbeiten und auch Verantwortung dafür übernehmen.

1.3.3 Vertrauen und Verantwortung

Die Bereitschaft des Einzelnen, Verantwortung für sich selbst, für die eigene Arbeit und für das Ganze zu übernehmen, ist zum maßgeblichen Erfolgsfaktor in Unternehmen geworden. Denn wer Verantwortung übernimmt, arbeitet eigenständig und ist sich seines Tuns bewusst. Er verlässt sich nicht darauf, dass alles in Regeln gefasst ist, sondern bedenkt und entscheidet selbstständig, was zu tun ist, er ergreift die Initiative, macht sich Gedanken über die Ergebnisse und Folgen seines Handelns und behält das Miteinander mit den Kollegen und Vorgesetzten im Auge. Eigenverantwortlichkeit ermöglicht ihm auch, Risiken einzugehen und die herkömmlichen abgesicherten

Wege zu verlassen, um neue Lösungen zu suchen und auszuprobieren. Vermeintliche Nachteile und Unsicherheiten wie steter Wandel, hohes Tempo, Komplexität und Vielfalt können unter diesen Voraussetzungen sogar als Chancen begriffen werden und bei entsprechender Handhabung durchaus in Vorteile umgewandelt werden. Und auch Zweifel und Widersprüche, die unter Umständen bei Mitarbeitern aufkommen, können, sofern sie verantwortungsvoll und eigenständig arbeiten, konstruktiv genutzt werden, um Verbesserungen zu erreichen oder Neuerungen zu entwickeln. Deshalb sind selbstbewusste, souveräne und individuell agierende Mitarbeiter inzwischen eines der wichtigsten Elemente eines erfolgreichen Unternehmens. Und der Erfolg liegt dabei nicht nur auf Seiten des Unternehmens. Auch der einzelne Mitarbeiter profitiert von einer verantwortungsvollen Tätigkeit, da er mit mehr Freude und Motivation an seine Arbeit geht. Außerdem erhält seine Arbeit einen Sinn. Das wiederum wird seine Leistungsbereitschaft und -fähigkeit erhöhen, was wiederum zum Vorteil für das Unternehmen wird.

Führungskräfte müssen demnach in der Lage und bereit dazu sein, den Mitarbeitern den nötigen Freiraum in ihrer Tätigkeit zu überlassen und ihnen ausreichend Vertrauen, Respekt und Offenheit entgegenzubringen. Sie brauchen sich nicht für jedes Problem selbst eine Lösung einfallen zu lassen, sondern können darauf vertrauen, dass ihre Mitarbeiter eigenständig einen Weg finden, die Schwierigkeiten zu meistern. Das gilt auch für die Suche nach Innovationen, sei es die Suche nach neuen Produkten oder besseren Methoden: Ein Beschäftigter, der eigenverantwortlich und selbstständig arbeitet und sein Arbeitsfeld genauestens kennt, wird bei Bedarf sicher selbst Ideen entwickeln, die das Unternehmen voran bringen können. Begegnet die Unternehmensführung diesen Ideen dann mit Offenheit, Neugier und Risikobereitschaft, die auch Fehlversuche akzeptiert, werden Leistung und Motivation der Mitarbeiter überaus positiv gestärkt. Denn eine solche Haltung gegenüber den Mitarbeitern ist deutlicher Ausdruck von Anerkennung und Vertrauen. Das sind neben Fairness und offener Kommunikation wichtige Eigenschaften, die einen erfolgreichen Führungsstil kennzeichnen. Denn letztlich stehen die Menschen im Mittelpunkt des Unternehmens. Sie sind es, die die tägliche Arbeit leisten und den Wert des Unternehmens erarbeiten; und nur Menschen können kreative Ideen und innovative Lösungen entwickeln.

Deshalb kann ein Unternehmen nur Erfolg haben, wenn das Management seinen Mitarbeitern hohe Wertschätzung entgegenbringt und dementsprechend respektvoll und vertrauenswürdig handelt und im Notfall auch für die Belegschaft einsteht. Ein dogmatischer Führungsstil, der auf kommandoartige Kommunikation setzt, ist hier völlig fehl am Platze. Statt dessen gilt es für das Management, sich auszuzeichnen durch Glaubwürdigkeit, Reife, Courage, Verlässlichkeit und durch Souveränität. Gute Manager sind in der Lage, den Bedingungen und Möglichkeiten, die von den Mitarbeitern und von außen in das Unternehmensgeschehen getragen werden, interessiert, offen, wach, neugierig, klug und aufgeschlossen zu begegnen und können hierbei Innovationspotenzial entdecken.

Selbstverständlich setzt dies (neben den grundlegenden Eigenschaften wie Engagement, Loyalität, Pflichtbewusstsein, Leistungsbereitschaft, fachliche Kompetenz, Selbstbewusstsein etc.) auch ein kritisches Bewusstsein und die Fähigkeit, systematisch zu denken und klare Prioritäten zu finden, voraus. Denn es kann nicht darum gehen, jedem Trend blind hinterher zu laufen. Die Eigenschaft, sich auch in Geduld und Maßhalten zu üben, ist für Führungskräfte von nicht unerheblicher Wichtigkeit, wenn es einmal darum geht, langfristige Maßnahmen durchzusetzen und nachhaltige Effekte trotz kurzfristiger Widrigkeiten zu erarbeiten. – Schließlich ist es eine der entscheidenden Aufgaben des Managements, das Unternehmen auch durch Krisen, Flauten und Orientierungsschwierigkeiten souverän hindurchzuführen. Gelingen kann dies nur, wenn hier Belegschaft und Unternehmensführung an einem Strang ziehen. Wenn die Mitarbeiter die Autorität der Führungsriege anerkennen und ihr Vertrauen entgegenbringen, können auch schwierige Zeiten gemeistert werden. Doch Autorität und Vertrauen stellen sich nicht von allein ein, lassen sich auch nicht anordnen – man muss sie sich verdienen und stetig daran arbeiten, sie nicht wieder zu verlieren. Und das kann nur im Miteinander gelingen, kann nur auf Gegenseitigkeit beruhen. Deshalb braucht es souveräne Partner auf beiden Seiten. Und die Förderung der Mitarbeiter zu souveränen, mitdenkenden Persönlichkeiten muss einem erfolgreichen Manager näher liegen als die Arbeit an der eigenen Karriere und am eigenen Prestige. Beides stellt sich nämlich mit dem Erfolg des Unternehmens ganz von allein ein.

1.3.4 Fehler und Risiko

Ein wichtiger Punkt, der über Erfolg oder Misserfolg eines Unternehmens mitentscheiden kann und dem das Management deshalb besondere Aufmerksamkeit widmen sollte, ist der Umgang mit Risiko und Fehlern. Manager haben auf zweierlei Art damit zu tun: Sie müssen das Risiko und die Fehler ihrer Mitarbeiter managen und gehen gleichzeitig selbst Risiken ein und machen eigene Fehler, mit denen sie umgehen müssen.

Wie im Vorangegangenen bereits kurz erwähnt, können Risiken durchaus als Chancen und als potenzielle Innovationen begriffen werden. Sie bedeuten nicht zwangsläufig Gefahr oder Bedrohung für Sicherheit und Ordnung. Vielmehr eröffnen sie nicht selten unkonventionelle Möglichkeiten und unerwartete Lösungswege. Das setzt allerdings voraus, dass die Mitarbeiter eigenständig und verantwortungsvoll arbeiten. Denn nur unter diesen Voraussetzungen sind sie überhaupt in der Lage, selbstständig zu entscheiden, ein bestimmtes Risiko bewusst einzugehen und dieses auch selbst zu verantworten. Ist dies der Fall, können sie – wenn das Unternehmen den nötigen Freiraum zur Verfügung stellt – in Wagnissen Potenziale und neue Wege entdecken, die zu ganz neuen Ideen und kreativen Lösungen führen können. Und das betrifft die Mitarbeiter in gleicher Weise wie die Führungskräfte. Auch für das Management können Wagnisse Chancen sein. Und ein kreativer, innovativer Führungsstil kommt ohne ein gewisses Maß an Risikobereitschaft kaum noch aus.

Dieser Umstand sollte jedoch nicht darüber hinwegtäuschen, dass Risiken trotz allem eben auch ein Risiko bedeuten. Es besteht also immer auch die Möglichkeit, zu scheitern und Fehler zu machen. Entscheidend ist es dann, wie mit diesen Fehlern umgegangen wird.

Dass Menschen Fehler machen oder Irrtümern aufsitzen, steht außer Frage, und kein Mensch kann oder braucht sich davon freisprechen. Und je mutiger die Entscheidungen sind, je höher das Risiko ist, umso größer wird die Wahrscheinlichkeit, dass Fehler gemacht werden. Und wer keine Fehler machen will, darf kein Risiko eingehen. Das heißt für ein Unternehmen, dass Fehler durchaus gestattet sind, wenn kreative und neue Wege gesucht werden. Denn diese neuen Wege müssen ja irgendwann ein erstes Mal ausprobiert werden – das ist immer ein Wagnis und kann eben auch dazu führen, dass sie sich als falsch erweisen.

Haben Mitarbeiter nun das Gefühl, dass eine gesunde Risikobereitschaft unabsehbare oder schwerwiegende Nachteile für sie bringen, werden sie neue Ideen und konstruktive Vorschläge sicher nicht in ihre Arbeit mit einbringen. Sie werden vielmehr bestrebt sein, nicht von der vorgegebenen Norm abzuweichen, vorsichtshalber fügsam das Standardmaß ihrer Arbeit erfüllen und möglichst unauffällig bleiben. Damit erledigen sie dann zwar ihre Arbeit, bringen das Unternehmen langfristig jedoch keinen Schritt weiter.

So wie Manager ihren Mitarbeitern die Möglichkeit gewähren sollten, Risiken bewusst einzugehen und Fehlversuche zuzulassen, gehören Risiko und Fehler auch zu ihrer eigenen Arbeit. Denn besonders für Führungskräfte, die ihr Unternehmen zu langfristigen Erfolgen verhelfen wollen, ist freies Denken und Entscheiden jenseits des Konventionellen unverzichtbar. Ein gewisses Risiko ist hier gar nicht mehr wegzudenken. Und Fehler passieren zwangsläufig.

Fehler sind jedoch wertvolle und notwendige Quellen für Erfahrungen und Lerneffekte. Sie sind Versuche, die Welt zu erfassen und das Leben zu meistern. Und mit jedem Fehler nähern wir uns diesem Ziel einen weiteren Schritt. Fehler erhöhen unser Verständnis von den Zusammenhängen der Welt, lassen uns Wirkungsbeziehungen erkennen und erfahren. Diese Lernerfahrungen sind unentbehrlich für die persönliche Entwicklung und für beruflichen Erfolg. Es wird sogar häufig die Meinung vertreten, dass das Ausbleiben von Fehlern sehr viel problematischer ist als die Fehler selbst.
Der zerstörende Effekt des frühzeitigen Erfolgs besteht darin, die wertvolle Gelegenheit zu verpassen, aus den Irrtümern und Widrigkeiten zu lernen. Zu viel Erfolg führt zu Arroganz, eine schwere Führungskrankheit.[13]

Fehler und Irrtümer sind wichtig, da man aus ihnen Wertvolles lernt. Problematisch werden sie vor allen Dingen dann, wenn man an ihnen aus Unwissenheit oder aus Angst festhält. Deshalb ist es auch im unternehmerischen Kontext äußerst wichtig, neue Ideen und Versuche zu kommunizieren, damit Fehler gemacht, aufgedeckt und behoben werden können.
Wenn mich jemand widerlegen und davon überzeugen kann, daß mein Denken oder Tun nicht richtig ist, dann werde ich meinen Standpunkt mit Freuden ändern. Denn ich suche

die Wahrheit, die noch nie einem Menschen geschadet hat; Schaden erleidet nur der, der bei seinem Irrtum und Unverstand bleibt.[14]

Die Problematik um Risiko und Fehler zeigt, wie entscheidend es ist, über eine souveräne Persönlichkeit zu verfügen. Und das gilt nicht nur für die Führungskräfte in einem Unternehmen, sondern vor allem auch für jeden einzelnen Mitarbeiter.

Die Notwendigkeit von persönlicher Souveränität stellt sich jedoch nicht nur im Berufsleben, sondern betrifft letztlich alle Lebensbereiche, denn unsere gesamte Wirklichkeit ist durchdrungen von den neuen Bedingungen, die die moderne Welt kennzeichnen. Sie stellen uns vor neuartige Herausforderungen und erzeugen spezielle Anforderungen an unsere Persönlichkeit, für deren Bewältigung Souveränität zum wichtigen Instrument wird.

Zusammenfassung

- ✓ Der Begriff *Souveränität* beschreibt zum einen ein Phänomen, das im Bereich des Völkerrechts und auf dem Gebiet des Staatsrechts sowie der politischen Theorie in Erscheinung tritt. Zum anderen findet sich eine weitere Bedeutung von Souveränität im Zusammenhang mit der Persönlichkeit eines Menschen. Hier wird Souveränität aufgefasst als Eigenschaft eines Menschen, die Ausdruck von Selbstbestimmung und Eigenständigkeit ist.
- ✓ Die persönliche Souveränität gewinnt in unserer Zeit stetig an Bedeutung, da sie in unserer hochkomplexen und dynamischen Welt Halt und Orientierung geben kann, wenn wir Gefahr laufen, uns im Durcheinander der Beziehungen und Gelegenheiten zu verirren. Sie kann der persönlichen Lebensführung einen konstanten Kern geben, der Dreh- und Angelpunkt für den eigenen Wirkungsbereich ist.
- ✓ Unser Leben ist durchdrungen von Komplexität und Wandel. Systeme und Beziehungen wirken nicht mehr auf Grundlage einfacher Ursache-Wirkung-Kausalitäten und linearer Wenn-Dann-Beziehungen, sondern durch die wechselseitige Beeinflussung der einzelnen Systemteile. Daraus entstehen verzweigte Wirkungsgefüge und eine unaufhaltsame Eigendynamik des Systems.
- ✓ Eine souveräne Persönlichkeit braucht eine klare Identität als Ausgangspunkt.
- ✓ Menschen suchen Sinn in ihrem Leben und wollen (Eigen-)Verantwortung übernehmen.
- ✓ Da das Bildungssystem bislang nur unzureichend auf die Herausforderungen unserer Zeit vorbereitet ist, müssen die Menschen eigene Strategien entwickeln, um die Anforderungen einer dynamischen und hochkomplexen Welt zu bewältigen.
- ✓ Um Komplexität begreifen zu können, ist es notwendig, auch die Denkstrukturen zu ändern. Das Denken in Metaphern verhilft uns zu vernetztem Denken.
- ✓ Im Bereich des Unternehmensmanagements spielt persönliche Souveränität eine besonders große Rolle, da hier Erfolg und Misserfolg in hohem Maße davon abhängen, ob die Anforderungen der sich stetig wandelnden Berufs- und Alltagswelt bewältigt werden oder nicht.
- ✓ Gegenseitiges Vertrauen und eigenverantwortliches Arbeiten auf allen Ebenen sind entscheidende Komponenten im Unternehmensgefüge.

2. Was ist Souveränität?

Ein Blick auf den sprachlichen Ursprung des Begriffes *Souveränität* gibt Aufschluss über die Bedeutung, könnte jedoch bei der Auslegung des Begriffes auch etwas in die Irre führen: Das deutsche Wort *souverän* – das soviel bedeutet wie *unumschränkt herrschend, überlegen* – wird zurückgeführt auf das französische *souverain*, das übersetzt wird mit *höchst, oberst, Herrscher, Oberhaupt.* Dessen Herkunft wiederum ist in den lateinischen Wörtern *superanus (oberster)* und *super (oben, darüber, oben darauf)* zu finden. Deutlich zeichnet sich in diesen Begriffen der Aspekt des Herrschens und der übergeordneten Stellung einer Person ab, was sich in der Idee der staatlichen Souveränität wiederfindet.

Das sollte jedoch nicht zu der Annahme verleiten, dass sich die Souveränität einer Person darin zeigt, dass sie anderen überlegen ist oder andere Menschen in ihrer Gewalt hat. Nicht selten werden auch Arroganz und Selbstüberhebung mit Souveränität verwechselt. Da diese Phänomene jedoch einhergehen mit einer Herabsetzung anderer Menschen, haben sie rein gar nichts mit echter persönlicher Souveränität zu tun. Denn wirkliche Souveränität stützt sich nicht auf vermeintliche Schwächen oder Unzulänglichkeiten anderer. Sie kann nur aus der eigenen Persönlichkeit heraus entstehen.

Ein souveräner Mensch ist in der Lage, sein Denken und Handeln eigenverantwortlich und selbstbestimmt zu gestalten. Er lebt sein Leben, ohne sich von Fremdbestimmungen beherrschen zu lassen, und agiert dabei mit einem gesunden Maß an Sicherheit und Gelassenheit. Er bewahrt sich seine Entscheidungsfreiheit und ist sich auch der Notwendigkeiten und Fremdeinflüsse, denen jeder Mensch unterliegt, bewusst. Er verfügt über ein gutes Selbstwertgefühl und ausreichend Selbstvertrauen, um auch schwierige Phasen und Herausforderungen des Lebens zu bewältigen. Die Gewissheit darüber ermöglicht es ihm, sich Risiken zu stellen, für die andere Menschen vielleicht nicht genug Courage oder Selbstsicherheit aufbringen können. Denn er braucht keine Angst davor zu haben, zu versagen, da er aufgrund seiner Souveränität auch Verunsicherungen und Schwierigkeiten eingestehen kann. Es fällt ihm auch nicht schwer, sich Hilfe zu suchen, wenn er sie braucht, ohne an einem falschen Stolz festzuhalten.

Sein positives Selbstwertgefühl macht es ihm möglich, Mitmenschen und Situationen aufgeschlossen gegenüberzutreten, statt sich von ihnen abzugrenzen, wie es dem arroganten Charakter eigen ist. Und gleichzeitig ist er sich bewusst, dass auch eine stetig wiederkehrende Selbstreflexion notwendig ist, um das eigene Denken und Handeln kritisch zu hinterfragen.

Mit dieser Beschreibung ist im Groben charakterisiert, welche Persönlichkeitsmerkmale einen souveränen Menschen kennzeichnen. Für eine genaue Bestimmung folgt eine Betrachtung der einzelnen Bestandteile von Souveränität.

2.1 Persönliche Werte und Integrität

Souveräner Umgang mit den eigenen Werten bedeutet, dass das Verhalten und Handeln konsequent in Einklang mit den persönlichen ethischen Maßstäben gebracht wird, dass Entscheidungen den eigenen Wertvorstellungen entsprechen und dass man sich nicht nur dann an ihnen orientiert, wenn es bequem und vorteilhaft ist, sondern auch schwierige Entscheidungen an ihnen ausrichtet. Man folgt seinen inneren Überzeugungen, ohne sich zu halbherzigen Kompromissen oder einfachen Abkürzungen verleiten zu lassen. Dieses konsequente Übertragen einer eigenen Ethik auf den Moment der Entscheidung ist Integrität, und an dem Umgang mit den persönlichen Wertvorstellungen bewährt sich ein integrer Charakter.

Integrität wird damit zu einem Wert, der alle anderen Werte zusammenhält. Das ist von großer Wichtigkeit, denn unsere Werte prägen unsere Persönlichkeit. Sie sind das Material, das unseren Charakter formt. Wenn wir unser Leben integer gestalten, in Harmonie mit unseren Werten, und damit im Einklang mit unserem Inneren leben, ist ein wichtiger Grundstein unserer souveränen Persönlichkeit gelegt.

Um gemäß den eigenen ethischen Vorstellungen entscheiden und handeln zu können, ist es jedoch zu allererst einmal notwendig, sich seiner persönlichen Werte bewusst zu sein. Erst dann kann man seine Lebensführung zielgerichtet gestalten. Je mehr ich über meine inneren Wertvorstellungen weiß, umso genauer und entschiedener kann ich meine Handlungen und mein Verhalten an ihnen ausrichten. Meine Handlungen werden damit zum Spiegelbild meiner inneren Werte und Überzeugungen.

2.1.1 Das eigene Wertesystem

Sich Fragen zu stellen nach den Dingen im Leben, die einem wirklich wichtig sind, nach den Prinzipien, die die eigene Lebensführung dauerhaft bestimmen, und nach tiefen inneren Überzeugungen, an denen man auch gegen Widerstände festhält, ist eine der notwendigen Voraussetzungen für integres Entscheiden und Handeln.

Eine kleine Episode, in der übrigens die Beschreibung des Lebens in eine sehr schöne Metapher gefasst wird, veranschaulicht sehr sinnfällig die Problematik der Bestimmung dessen, was wirklich zählt im Leben:

Eines Tages wurde ein alter Professor der französischen nationalen Schule für Verwaltung (ENA) gebeten, für eine Gruppe von etwa 15 Chefs großer nordamerikanischer Unternehmen eine Vorlesung über sinnvolle Zeitplanung zu halten. Dieser Kurs war eine von fünf Stationen ihres eintägigen Lehrgangs. Der Professor hatte daher nur eine Stunde Zeit sein Wissen zu vermitteln. Zuerst betrachtete der Professor in aller Ruhe einen nach dem anderen in dieser Elitetruppe. Sie waren bereit, alles, was der Fachmann ihnen beibringen wollte, gewissenhaft zu notieren. Danach verkündete der

Professor: Wir werden ein kleines Experiment durchführen. Er zog einen großen Glaskrug unter seinem Pult hervor und stellte ihn vorsichtig vor sich hin. Dann holte er etwa ein Dutzend Kieselsteine, etwa so groß wie Tennisbälle, hervor und legte sie sorgfältig einen nach dem anderen in den großen Krug. Als der Krug bis an den Rand voll war und kein weiterer Kieselstein mehr darin Platz hatte, blickte er langsam auf und fragte seine Schüler: „Ist der Krug voll?" – Und alle antworteten: „JA!" Er wartete ein paar Sekunden ab und fragte seine Schüler: „Wirklich?" Dann verschwand er erneut unter dem Tisch und holte einen mit Kies gefüllten Becher hervor. Sorgfältig verteilte er den Kies über die großen Kieselsteine und rührte dann leicht um. Der Kies verteilte sich zwischen den großen Kieselsteinen bis auf den Boden des Kruges. Der Professor blickte erneut auf und fragte sein Publikum: „Ist dieser Krug voll?" Dieses Mal begannen seine schlauen Schüler seine Darbietung zu verstehen. Einer von ihnen antwortete: „Wahrscheinlich nicht." „Gut", antwortete der Professor. Er verschwand wieder unter seinem Pult und diesmal holte er einen Eimer Sand hervor. Vorsichtig kippte er den Sand in den Krug. Der Sand füllte die Räume zwischen den großen Kieselsteinen und dem Kies aus. Wieder fragte er: „Ist das Gefäß jetzt voll?" Dieses Mal antworteten seine Schüler, ohne zu zögern im Chor: „Nein!" Gut, sagte der Professor. Und als hätten seine wunderbaren Schüler nur darauf gewartet, nahm er die Wasserkanne, die unter seinem Pult stand, und füllte den Krug bis an den Rand. Dann blickte er auf und fragte: „Was können wir Wichtiges aus diesem Experiment lernen?" Der Kühnste unter seinen Schülern – nicht dumm – dachte an das Thema der Vorlesung und antwortete: „Daraus lernen wir, dass selbst wenn wir denken, dass unser Zeitplan schon bis zum Rand voll ist, wenn wir es wirklich wollen, wir immer noch einen Termin oder andere Dinge einschieben können." „Nein", antwortete der Professor, „darum geht es nicht. Was wir wirklich aus diesem Experiment lernen können ist folgendes: Wenn man die großen Kieselsteine nicht als erstes in den Krug legt, werden sie später niemals alle hineinpassen." Es folgte ein Moment des Schweigens. Jedem wurde bewusst, wie sehr der Professor recht hatte. Dann fragte er: „Was sind in Ihrem Leben die großen Kieselsteine: Ihre Gesundheit, Ihre Familie, Ihre Freunde, die Realisierung Ihrer Träume, das zu tun, was Ihnen Spaß macht, dazulernen, eine Sache verteidigen, Entspannung, sich Zeit nehmen oder etwas ganz anderes. Wirklich wichtig ist, dass man die großen Kieselsteine in seinem Leben an die erste Stelle setzt. Wenn nicht, läuft man Gefahr, es nicht zu meistern, sein Leben. Wenn man zuallererst auf Kleinigkeiten achtet, den Kies, den Sand, verbringt man sein Leben mit Kleinigkeiten und hat nicht mehr genug Zeit für die wichtigen Dinge. Deshalb vergessen Sie nicht, sich selbst die Frage zu stellen: Was sind die großen Kieselsteine in meinem Leben? Dann legen Sie diese zuerst in den Krug." Mit einem freundlichen Wink verabschiedete sich der alte Professor von seinem Publikum und verließ langsam den Saal.[15]

Es gilt also, herauszufinden, welche Dinge die großen Steine im eigenen Leben sind. Was ist mir wirklich wichtig? Die Erkenntnis darüber allein ist jedoch nicht ausreichend. Wenn ich meine Werte kenne, gilt es, auch tatsächlich nach diesen zu entscheiden und zu handeln, sich selbst und seinen Überzeugungen treu zu bleiben in dem, was man tut.

Das wird zuweilen sicher auch schwierige Situationen provozieren, in denen man sich bewähren muss, doch es wird auf der anderen Seite viele Entscheidungen erleichtern, da klar ist, *woran* es sich entscheidet. Wem es gelingt, sein Leben auf diese Weise im Einklang mit seinen inneren Überzeugungen zu führen, wird langfristig die eigene Persönlichkeit festigen, mehr Selbstsicherheit empfinden und insgesamt zufriedener sein.

2.1.2 Werte im Unternehmen

Werte sind jedoch nicht nur konstituierend für den Charakter eines Menschen, sie spielen auch in anderen Bereichen eine wichtige Rolle. Besonders für Unternehmen ist es von großer Bedeutung, über eine klare Vorstellung von den eigenen Werten zu verfügen, um souverän agieren zu können. Der Begriff *Firmenphilosophie* ist bereits zum Schlagwort, das oft auch etwas leichtfertig gebraucht wird, geworden und inzwischen jedem geläufig.

So wie Werte den Charakter eines Menschen formen, haben sie im Unternehmen die Funktion, Strukturen herauszubilden, an denen sich Führung und Mitarbeiter in ihren Entscheidungen gleichermaßen orientieren können. Da herkömmliche strukturformende Konstellationen in Unternehmen wie ausgeprägte Hierarchien, feste Führungsvorgaben und Kontrolleinrichtungen immer mehr in den Hintergrund treten, bedarf es anderer Orientierungspunkte, um die immer mehr in Eigenverantwortung handelnden Mitarbeiter und die komplexe Führungsarbeit koordinieren zu können.

Werte sind Ausdruck dessen, was für das Unternehmen als Ganzes wichtig ist, und geben somit Orientierungshilfen. Die aus ihnen abgeleiteten Normen konkretisieren die Erwartungen an die Mitarbeiter. Werte schaffen einen Zusammenhang, in den sich die Arbeit jedes Einzelnen sinnvoll einfügen kann, ohne dabei notwendige Freiräume und Handlungsmöglichkeiten einzuschränken. So behält jeder Mitarbeiter genügend Spielraum, um sein Potenzial und seine Leistungen frei entfalten zu können, und läuft trotzdem nicht Gefahr, sich ohne richtungweisende Anhaltspunkte in seiner Arbeit zu verzetteln. – Werte ermöglichen deshalb, dass Strukturen im Unternehmen flexibel bleiben und nicht zu unbeweglichen Gebilden erstarren. So ist das Unternehmen in der Lage, auf Veränderungen schnell, unkompliziert und effektiv zu reagieren.

2.1.3 Lebensregeln und Glaubenssätze

Im Alltag treffen wir tagtäglich viele unterschiedliche Entscheidungen. Nur selten haben wir Zeit und Gelegenheit, die jeweilige Entscheidung eingehend mit unseren Wertvorstellungen abzugleichen. Deshalb haben wir im Laufe der Zeit Regeln entwickelt, die uns das Entscheiden erleichtern, indem sie den Bewertungsvorgang abkürzen. Sie legen äußere Kriterien fest für die Beurteilung, wann wir unseren Wertvorstellungen gerecht werden in unserem Verhalten und unseren Handlungen. Handeln wir entsprechend dieser Kriterien, folgen wir unseren persönlichen Werten; handeln wir anders, verstoßen wir dagegen. Der direkte Abgleich mit unserem persönlichen Wertesystem entfällt dabei, was jede Entscheidungsfindung erheblich beschleunigt. Die Regeln sind der konkrete Maßstab dafür, was für uns gut oder schlecht ist und was wir tun sollten bzw. tun müssen.

Wenn bspw. als persönlicher Wert der Zusammenhalt der Familie formuliert wird, könnte eine Regel beinhalten, dass bei wichtigen beruflichen Entscheidungen immer die Familie hinzugezogen wird. So lässt sich in der entsprechenden Situation schnell festlegen, wie mein Verhalten aussehen muss, damit ich meinen inneren Überzeugungen gemäß agiere.

Allerdings zeigt sich auch bei diesem, auf den ersten Blick unstrittigen Beispiel ein grundlegendes Problem, das die Anwendung von Regeln häufig belastet: Oft definieren wir Regeln zu streng, sodass sie nur unter perfekten Bedingungen wirklich konsequent zu befolgen sind. Und das hieße dann, dass wir nur unter perfekten Bedingungen zu unserer eigenen Zufriedenheit handeln könnten. Das Leben gestaltet sich nun einmal nur in den aller seltensten Fällen perfekt und makellos, was zur Folge hat, dass wir es uns oft selbst viel zu schwer machen, unsere eigenen Regeln anwenden zu können.

Für das oben genannte Beispiel lassen sich schnell diverse Szenarien entwickeln, bei denen es entweder nicht möglich, nicht nötig oder auch nicht einmal sinnvoll wäre, die Familie in die Entscheidungsfindung einzubinden. Unter Umständen muss die Entscheidung sehr schnell gefällt werden, sodass es unumgänglich ist, nur die vermutete Meinung der anderen Familienmitglieder zu berücksichtigen. Die Regel sollte diesen Spielraum zulassen, damit nicht jeder spontane „einsame" Entschluss sofort zur moralischen Grundsatzdiskussion herausfordert. Es muss die Möglichkeit geben, abzuwägen und sich auch dafür entscheiden zu können, eben autonom zu entscheiden, ohne gleich das Gefühl zu haben, die Familie zu vernachlässigen.

Mit zu strengen Regeln setzen viele Menschen sich selbst zu sehr unter Druck. Das provoziert, zumindest langfristig, Unzufriedenheit und Frustration. Häufig erschweren diese Regeln es, sich gut zu fühlen, weil es nur die eine perfekte Möglichkeit gibt, ihnen gerecht zu werden, während zugleich unzählige Varianten bestehen, gegen sie zu verstoßen. Wenn nur das perfekte Handeln und Verhalten dazu führt, dass man in Einklang mit seinen Werten agiert, bleibt dieser Wert unerreichbar. In diesem Fall hilft die Regel kaum, schneller zu Entscheidungen zu gelangen. Im Gegenteil: Die dauerhafte Frustration wird eher dazu führen, dass Entscheidungen noch schwerfälliger getroffen werden. Damit behindert die Regel mehr, als dass sie etwas nützt.

Es bedarf also Regeln, die erfüllbar sind und zum Handeln motivieren, statt die Handlungsfähigkeit lahm zu legen. Eine Regel sollte deshalb folgende Eigenschaften haben:

- Es muss überhaupt möglich sein, ihr gerecht zu werden.
- Die Umstände, die darüber entscheiden, ob die Regel erfüllt ist oder nicht, müssen unseren Einflussmöglichkeiten unterliegen.
- Sie sollte immer mehr als eine Möglichkeit bieten, sie zu erfüllen.

Eine ganz ähnliche Funktion wie die Regeln haben Glaubenssätze für unsere Entscheidungsprozesse – auch sie berufen sich auf ein Gefühl der Gewissheit über die Bedeutung einer bestimmten Entscheidung oder Situation. Problematisch ist an Glaubenssätzen allerdings, dass wir sie nicht auf Grundlage unserer eigenen Überzeugungen entwickelt, sondern oft unkritisch von unseren Mitmenschen übernommen haben. Daraus erwachsen dann fremde Denkmuster, die uns in unserer Lebensführung eher Schwierigkeiten bereiten, als uns weiterzuhelfen, denn gerade negative Glaubenssätze beeinflussen nicht selten unser Handeln. Da dies überwiegend unbewusst geschieht, ist es besonders schwierig, sich diesem Einfluss zu entziehen. Zu den gängigen Glaubenssätzen gehören z.B.:

- So eine Chance darf man nicht verstreichen lassen.
- Ich war noch nie gut in ...
- Ich muss besser sein als die anderen.
- Nur schwache Menschen bitten um Hilfe.
- Man muss nur richtig wollen.
- Persönliche Sorgen muss man mit sich selbst ausmachen.
- Vertrauen ist gut, Kontrolle ist besser.
- Ein Mann zeigt keine Gefühle.
- etc.

Die Prägung solcher Glaubenssätze geschieht bereits im frühen Kindesalter, sodass es unmöglich ist, sich bewusst zur Wehr zu setzen. Und im Laufe unseres Lebens kommen immer mehr hinzu. (Unbeabsichtigte) Suggestionen durch andere Menschen wie z.B. „Das gehörte ja noch nie zu deinen Stärken" oder „Du bist doch hier der Chef!" verfestigen negative Glaubenssätze nachhaltig. Deshalb ist es wichtig, sich die eigenen Glaubenssätze bewusst zu machen und herauszufinden, wie sie das eigene Handeln behindern und wodurch sie verstärkt werden. Ist man sich erst einmal darüber im Klaren, kann man falsche Entscheidungen auf Basis von negativen Glaubensgrundsätzen vermeiden.

Welche Kraft allein der Glaube an eine Sache hat, bezeugen immer wieder eindrucksvoll bekannte Phänomene wie die selbsterfüllende Prophezeiung und der Placebo-Effekt.

2.1.4 Referenzerlebnisse

Aus Referenzerlebnissen ziehen Menschen wichtige und nachhaltige Erfahrungen, die im autonomen Nervensystem gespeichert und dann auf ähnliche Situationen übertragen werden. Die Erinnerung an das Referenzerlebnis eröffnet dann eine konkrete Entscheidungsmöglichkeit. Unterschiedliche Referenzerlebnisse zeigen damit unterschiedliche Entscheidungsalternativen auf, wie man entsprechend der eigenen Wertvorstellungen in einer Situation handeln kann. Je mehr Referenzerlebnisse ein Mensch erfahren hat, umso größer ist das Spektrum der ihm zur Verfügung stehenden Handlungsoptionen. Das wiederum erleichtert es ihm, bei der Entscheidungsfindung seine Integrität zu wahren – also seinen inneren Überzeugungen gemäß zu handeln –, da er aus mehreren akzeptablen Möglichkeiten wählen kann.

Referenzerlebnisse kann man sich selbst schaffen, und somit unterliegt es der eigenen Verantwortung, seinen nützlichen Erfahrungsschatz zu erweitern, um sich mehr Handlungsspielraum zu erarbeiten. Es ist möglich, die bisherigen Lebenserfahrungen nach möglichen Referenzerlebnissen zu durchsuchen und die Erinnerungen herauszufiltern, die uns zukünftig als Erfahrungen nutzen können. Es liegt bei uns selbst, wie wir mit unseren Referenzerlebnissen umgehen.

Nicht zu unterschätzen ist hierbei die Kraft der Phantasie – das Unterbewusste kennt nämlich keinen Unterschied zwischen Phantasie und Wirklichkeit. Auch bloß Vorgestelltes kreiert die gleichen Erinnerungen, wie reale Tatsachen es tun. Das heißt, auch in unserer Phantasie können wir Bezugspunkte für Referenzerlebnisse finden. Wir können sogar gezielt Erinnerungen an imaginierte Referenzerlebnisse erzeugen, um noch mehr Wahlmöglichkeiten für die Zukunft zu erhalten. Damit erhält unsere Vorstellungskraft eine ungeheure Energie für die Gestaltung unserer Zukunft.

Wie wir unsere Zukunft gestalten wollen, orientiert sich an den Dingen, die uns im Leben wichtig sind – an unseren Werten. Sie sind unerlässlich für die Bestimmung der Zielrichtung, der unser Leben folgen soll. Denn nur, wenn unsere Ziele auch unseren inneren Werten und den eigenen Maßstäben entsprechen, befriedigt uns auch das Erreichen der Zielsetzungen. Und nur diese echten Ziele verschaffen uns ausreichend Motivation, die wir auf dem Weg zu ihrer Erfüllung brauchen. Vermeintliche, unechte Ziele werden uns hingegen irgendwann enttäuschen und frustrieren.

2.2 Zielsetzungen

Die individuellen Ziele sind ein ganz wesentlicher Baustein im Gefüge einer souveränen Persönlichkeit. An ihnen orientiert sich der Mensch, wie er sein Leben in Zukunft gestalten will. Und nur ein Mensch, der konkrete Ziele hat, kann wirklich selbst darüber bestimmen, welche Richtung sein Lebensweg einschlagen soll. Wer seine Ziele kennt und diese auch verwirklicht, entscheidet selbstbestimmt und eigenverantwortlich über sein Leben, statt orientierungslos im Gewirr der unendlichen Möglichkeiten umherzuirren und von einem Zufall zum anderen zu stolpern.

2.2.1 Sehnsüchte

Das eigene Leben mit Blick auf die Zukunft auszurichten und immer wieder neue Sehnsüchte und Bestrebungen zu entwerfen, ist eine wesentliche Eigenart des Menschen. Er gibt sich mit Erreichtem nie dauerhaft zufrieden. Ist ein Ziel verwirklicht, entsteht schon bald ein neues Ziel, indem z.B. ein bisher kaum beachteter Wunsch an Bedeutung gewinnt und zur neuen Triebfeder des Handelns wird.[16]

Die menschlichen Bestrebungen und Wünsche lassen sich dabei auf einige grundlegende Antriebskräfte zurückführen, die – mit unterschiedlicher Gewichtung – Impulse für das persönliche Handeln und Verhalten darstellen:

- Menschen streben nach Selbstbestimmung und Eigenverantwortung. Sie wollen ihre Lebensführung möglichst autonom gestalten und über die wesentlichen Belange ihres Lebens frei entscheiden können. Sie wollen sowohl im privaten als auch im beruflichen Bereich Verantwortung übernehmen und in Eigenregie agieren – unabhängig, frei, selbstbestimmt und mit der Bereitschaft, die Konsequenzen für das eigene Tun zu tragen.
- Menschen brauchen Selbstachtung und Selbstbewusstsein. Die Gewissheit über den Wert der eigenen Person – also die eigene Wertschätzung – ist von elementarer Bedeutung für die Gestaltung des eigenen Lebens.
- Menschen sehnen sich nach Vertrauen. Jeder Mensch braucht einen oder mehrere Personen, denen er vertrauen kann und die ihm vertrauen. Das ermöglicht Sicherheit, Nähe und Verbindlichkeit im sozialen Miteinander und stärkt gleichzeitig das Vertrauen in die eigene Person.
- Menschen suchen nach zwischenmenschlicher Anerkennung. Der Zuspruch von anderen, die Akzeptanz und der Respekt von Mitmenschen stärken das eigene Selbstwertgefühl und geben Sicherheit für zukünftiges Entscheiden und Handeln. Nicht selten steigert sich dieses Streben zu dem Wunsch nach Ansehen, Autorität und persönlicher Geltung.

⇢ Menschen brauchen Sicherheit und Geborgenheit. Diese beiden Faktoren geben Halt im Leben, ermöglichen Ruhephasen und intensive zwischenmenschliche Beziehungen. Sie schaffen gleichzeitig die Möglichkeit, Ängste und Risiken souverän zu handhaben.

2.2.2 Visionen

Ausdruck unserer Sehnsüchte und Wünsche sind unsere Visionen. In ihnen entwerfen wir kraft unserer Vorstellungsgabe ein Bild unseres zukünftigen Lebens und unserer Persönlichkeit. Sie führen unsere unterschiedlichen Antriebskräfte zusammen und entwickeln Prioritäten und Bedeutungen. Damit versetzen sie den Menschen in die Lage, etwas Zukünftiges, etwas bisher noch nicht Existierendes zu entwerfen und zu erschaffen, den Blick über die Gegenwart hinaus zu richten und auch die eigene Person in ihrer zukünftigen Veränderung zu betrachten. Dieser Blick auf unsere eigene Zukunft hat ganz entscheidende Auswirkungen auf Entscheidungen und auf die Lebensführung, denn Visionen setzen Anhaltspunkte für die Orientierung auf dem eigenen Lebensweg.

Fehlen weitreichende Visionen, dann reagieren wir in unserer Lebensgestaltung und Persönlichkeitsentwicklung häufig nur auf unmittelbare Einflüsse wie dringende Sachzwänge, situationsbedingte Impulse, emotionale Zustände, offensichtliche Optionen oder Bestimmungen durch andere. Dabei vernachlässigen wir dann die Lösungen und Optionen, die sich nicht gleich auf den ersten Blick zeigen oder ein gewisses Maß an Kreativität und Bewusstmachung sowie eine längerfristige Perspektive erfordern. Wir beschneiden dadurch selbst unsere vielfältigen Gestaltungsmöglichkeiten, die unser Leben und unsere Persönlichkeit bereichern könnten.

Um Visionen zu verwirklichen braucht es konkrete Ziele, denn Visionen selbst sind viel zu komplex, um daraus klare Handlungsoptionen ableiten und tatsächliche Entscheidungen treffen zu können.

2.2.3 Ziele

Ein Ziel beschreibt einen Zustand, der in Zukunft erreicht werden soll. Die genaue Kenntnis und das bewusste Formulieren der eigenen Ziele sind notwendige Bedingungen zu deren Verwirklichung. Wer seine Ziele nicht kennt, wird sie nie erreichen können. Natürlich macht es keinen Sinn, sich Ziele zu setzen, die so hochtrabenden, unrealistischen Ansprüchen folgen, dass ein Erreichen Unmögliches abverlangen würde. Sinnvolle Ziele erfüllen bestimmte Kriterien, die leicht nachzuvollziehen sind:

⇢ Sie sind so konkret wie möglich formuliert, denn nur dann lässt sich erkennen, ob und wann sie erreicht sind. Eine Aussage wie „Ich möchte meine Fremdsprachenkenntnisse erweitern" ist in dieser Hinsicht wenig hilfreich, denn Fremdsprachenkenntnisse wären mit dem Dazulernen von zehn neuen englischen Vokabeln durchaus erweitert – aber auch mit dem Erwerb von Grundkenntnissen in einer neuen Fremdsprache oder dem Erreichen des Fortgeschrittenenniveaus ... Die Möglichkeiten sind reichhaltig. Wie ließe sich hier entscheiden, wann genau das Ziel erreicht ist? Eine Formulierung, die konkrete Anhaltspunkte geben würde, könnte z. B. lauten: „Ich möchte an einer Sprachschule erfolgreich den Grundkurs in Spanisch belegen" oder „Ich möchte englischsprachige Fachliteratur lesen und verstehen können".

- Sie unterliegen einem überschaubaren zeitlichen Rahmen. Den Grundkurs an der Sprachschule braucht man nicht in zwei Wochen zu bewältigen, doch ist es wichtig, sich eine sinnvolle Frist zu setzen, in der das Ziel erreicht sein soll.

- Langfristige Ziele unterteilt man am besten in kleinere Etappen, damit sich zwischendurch Erfolgserlebnisse einstellen und man auf dem Weg zum Ziel nicht die Motivation und auch nicht die Orientierung verliert. Manchmal sind auch kleinere Umwege erlaubt, wenn der direkte Weg nicht zu bewältigen ist – und bekanntermaßen „erhöhen Umwege die Ortskenntnis".

- Sinnvolle Ziele stellen eine Herausforderung, aber keine Überforderung dar. Um bei dem oben genannten Beispiel zu bleiben: Das Dazulernen von zehn Vokabeln wird unter normalen Bedingungen keine Herausforderung darstellen und erscheint damit wenig geeignet als sinnvolles Ziel. In einer neuen Fremdsprache jedoch in kürzester Zeit Übersetzerniveau erlangen zu wollen, eignet sich ebenso wenig als Zielsetzung, denn dieser Traum geht an den realen Gegebenheiten völlig vorbei.

- Gute Ziele sind also realistisch und berücksichtigen gegebene Tatsachen, Fähigkeiten, reelle Zukunftserwartungen und Möglichkeiten, damit sie überhaupt im Bereich des Erreichbaren liegen. Unrealistische Ziele wachsen schnell zu Illusionen heran, die nie zu verwirklichen sind und langfristig Frustration und Unzufriedenheit nach sich ziehen.

- Ziele sollten positiv formuliert sein, da es wichtiger ist, zu wissen, was man will, statt nur das zu kennen, was man nicht will.

Der souveräne Umgang mit den eigenen Zielen beinhaltet einerseits das bewusste und sinnvolle Formulieren von Zielsetzungen und die systematische Arbeit an der Realisierung der Ziele. Andererseits heißt Souveränität in diesem Zusammenhang auch, dass es sich dabei tatsächlich um selbstbestimmte Ziele handelt. Es ist folglich notwendig, die persönlichen Zielsetzungen auch nach möglichen Beeinflussungen durch die eigene Umwelt zu befragen. Nicht selten eignen wir uns vermeintliche Ziele von unseren Mitmenschen an, weil wir (unbewusst) glauben, dieses Ziel müsse auch für uns von besonderer Wichtigkeit sein oder man erwarte von uns eine bestimmte Zielsetzung. (Gerade die Ziele im beruflichen Werdegang unterliegen häufig solchen Fremdeinflüssen, indem bspw. ein Beruf ergriffen wird, den die Eltern sich wünschen, oder

Erwartungen an die eigene Karriere von anderen übernommen werden.) Jedoch wird nur die Verwirklichung von echten eigenen Zielen Zufriedenheit und Erfolg nach sich ziehen, da alles andere langfristig halbherzig und ohne echtes Engagement bleiben wird.

Eine gewisse Beharrlichkeit im Verfolgen von Zielsetzungen, sich durch Sorgen oder Befürchtungen nicht einfach von seinen Zielen abbringen zu lassen, ist ebenfalls Ausdruck von Souveränität, denn hier zeigt sich, dass für das Erreichen der Ziele Eigenverantwortung übernommen wird.

2.3 Kompetenzen

Wenn ein Mensch über ausgeprägte Kompetenzen sowohl im fachlich-methodischen Bereich als auch auf sozialem und persönlichem Gebiet verfügt, stellt dies einen wichtigen Bestandteil seiner souveränen Persönlichkeit dar, denn er hat beste Voraussetzungen, mit seinem Wissen und Können, den Anforderungen seines Lebens gerecht zu werden und als starke Persönlichkeit auch im Miteinander mit anderen Menschen einen guten Umgang pflegen zu können.

Entscheidend ist dabei, dass eine gewisse Ausgewogenheit der unterschiedlichen Kompetenzbereiche erreicht wird, denn ein Defizit auf einem Gebiet lässt sich durch besonders große Kompetenz auf einem anderen Gebiet nie völlig kompensieren. Immer wieder begegnet man Menschen, die in ihrem Fach wahre Koryphäen sind, allerdings nur äußerst mühsam mit anderen Menschen annähernd erfolgreich kommunizieren können. Oder man trifft auf Personen, die zwar über eine glänzende Rhetorik verfügen, jedoch inhaltlich nichts zu sagen haben. – In beiden Fällen wird man kaum von Souveränität sprechen. Die Gesamtheit der Kompetenzen, die in einem harmonischen Verhältnis zu einander stehen, ergibt ein Ganzes, das eben tatsächlich mehr ist als die Summe seiner Teile.

2.3.1 Fach- und Methodenkompetenz

Die fachlich-methodischen Kompetenzen spielen vor allen Dingen auf beruflicher Ebene eine wichtige Rolle. Sie umfassen die Fach- und Spezialkenntnisse, das technische Können und die methodischen Fähigkeiten, die notwendig sind, um die vielfältigen Herausforderungen des Arbeitslebens zu bewältigen. Ausdruck von ausgeprägter Kompetenz in diesem Bereich sind z.B. ein hohes Wissensniveau in Bezug auf das eigene Fachgebiet und gewisse Einblicke in angrenzende Sachgebiete, ein umfangreicher Überblick über die verschiedenen methodischen Ansätze, das Beherrschen notwendiger Techniken, diverse Zusatzqualifikationen, das Vermögen, verantwortungsvolle Entscheidungen zu treffen und Problemlösungsstrategien zu entwickeln und dergleichen mehr.

Es liegt auf der Hand, dass derartige Qualitäten ganz entscheidend zu einer souveränen Persönlichkeit beitragen und dass das Fehlen dieser Kompetenzen die Souveränität stark beeinträchtigt. Denn fehlende Kompetenzen stellen einen Unsicherheitsfaktor dar, der das eigene Verhalten, Entscheiden und Handeln ungünstig beeinflusst und souveränes Agieren verhindert. – Jedoch sind auch weitreichende Kompetenzen dieser Art nur von vergleichsweise geringem Wert, wenn sie nicht getragen werden von einer starken sozialen Kompetenz.

2.3.2 Soziale Kompetenz

Soziale Kompetenz zeigt sich in der Fähigkeit, zu anderen Menschen verbindliche Beziehungen aufzubauen und dauerhaft zu pflegen und mit ihnen in einem sozialen Miteinander zu leben. Das kann nur gelingen, wenn man den Mitmenschen grundsätzlich mit Respekt und Offenheit begegnet, wenn man die Kommunikation am Gegenüber orientiert, statt beim Gespräch auf eine eindrucksvolle Selbstdarstellung zu spekulieren. Dies setzt die Bereitschaft voraus, das Gegenüber wirklich ernst zu nehmen, ihm aufmerksam zuzuhören und die eigenen Belange für den Moment außer Acht zu lassen. Aufrichtigkeit und Verbindlichkeit sind überdies unerlässliche Elemente des Umgangs mit anderen Menschen, denn nur aus ihnen können Vertrauen und Verlässlichkeit entstehen, wodurch zwischenmenschliche Beziehungen dauerhaft gestärkt werden und wachsen können.

Die Basis für soziale Kompetenz liegt in folgenden Elementen, die ausschlaggebend sind für das Verhältnis zu den Mitmenschen:

- **Empathie.** Sie bezeichnet das Vermögen, sich in das Denken und Fühlen des Gesprächspartners hineinversetzen zu können.

- **Selbstreflexion und Selbstbewusstsein.** Im sozialen Miteinander agieren diejenigen am sichersten, die sich ihrer selbst bewusst sind, die mithilfe von Selbstreflexion zu Einsichten über die wesentlichen Aspekte ihrer eigenen Persönlichkeit gelangt sind. Das umfasst Erkenntnisse über grundlegende Charaktermerkmale, über das eigene Verhalten und Handeln, über persönliche Ambitionen, Wünsche und Ziele, über Talente und Defizite, Präferenzen und Abneigungen etc.

- **Kommunikationsbereitschaft und -fähigkeit.** Gelungene Kommunikation zeichnet sich dadurch aus, dass die Gesprächspartner bereit und in der Lage sind, sich wirklich über die Sache zu verständigen und dabei die Beziehungsebene des Kommunikationsvorganges positiv zu beeinflussen, sodass die Kommunikation fair und zum Nutzen beider Seiten verlaufen kann.

- **Fähigkeit zum Miteinander.** Soziales Leben findet in Gemeinschaften, im Zusammenwirken mehrerer Personen statt. Es basiert auf dem Vermögen der Beteiligten, miteinander zu kooperieren, sich als Individuum in eine Gemeinschaft einzufügen und die eigene Persönlichkeit positiv einzubringen. Das beinhaltet auch die Fähigkeit, Konflikte fair auszutragen und zu bewältigen.

Doch nicht nur das Verhältnis zu anderen Menschen, auch das Verhältnis zu sich selbst ist von ganz entscheidender Bedeutung für die Zusammensetzung einer souveränen Persönlichkeit.

2.3.3 Persönlichkeitskompetenz

Ein gutes und ausgeglichenes Verhältnis zur eigenen Person umfasst eine Vielzahl von Gesichtspunkten, die sich zum großen Teil unter einem Begriff subsumieren lassen, der einleuchtend und umstritten zugleich ist: *Glück.*

Ein glücklicher Mensch, der mit sich selbst im Reinen ist, zufrieden ist mit dem, was er hat, und mit der Art, wie er lebt, der gelassen und zuversichtlich in die Zukunft schaut, strahlt wie von selbst Natürlichkeit und Souveränität aus.

···› Glück

Der Begriff ist einerseits so einleuchtend, weil er jedem geläufig ist und für jeden Menschen – zumindest intuitiv – eine Bedeutung hat. Umstritten wird er, sobald man versucht, eine inhaltlich genaue Definition von Glück zu beschreiben. Oft landen diesbezügliche Überlegungen am Ende bei einer Aussage wie „Glück bedeutet für jeden etwas anderes". Das sagt im Prinzip alles und nichts.

Der niederländische Soziologe Ruut Veenhoven[17], der seit vielen Jahren zum Thema Glück forscht, gibt in einem Interview[18] auf die Frage „Was also ist Glück?" die ganz einfach klingende Antwort: *Glück ist für mich die Freude am eigenen Leben. Und zwar auf lange Sicht. Je lieber jemand so lebt, wie er lebt, desto glücklicher ist er.* Glück wird getragen vom Einssein mit sich selbst, von einem ausgeglichenen und authentischen Leben, in dem ein freier Geist sich entfalten und Zufriedenheit und Freude erleben kann. Dies macht deutlich: Die Voraussetzungen für Glück liegen ausschließlich in uns selbst, wir haben es in der Hand. Die äußeren Umstände sind von eher zweitrangiger Bedeutung. Wie wir auf diese Umstände reagieren und wie wir mit ihnen umgehen, das ist entscheidend. – Jeder ist seines eigenen Glückes Schmied. *Jedenfalls zum Teil. Die Unterschiede zwischen eher glücklichen und eher unglücklichen Menschen, die wir heute in unseren Gesellschaften beobachten, beruhen zu einem großen Teil auf der verschieden ausgeprägten psychischen Fähigkeit, glücklich zu sein,* so Ruut Veenhoven im oben genannten Interview dazu. Und weiter: *Natürlich sind äußere Lebensbedingungen vorstellbar, unter denen niemand glücklich werden kann. Aber das ist zumindest nicht die Situation unserer westlichen Wohlstandsgesellschaften. Bei uns werden die Unterschiede eher von inneren Bedingungen bestimmt.*

Zur Veranschaulichung dieser Überlegungen lassen sich die Betrachtungen von Mihaly Csikszentmihalyi hinzuziehen.

···› Flow

In seinem Buch *Flow. Das Geheimnis des Glücks* beschreibt Csikszentmihalyi Eigenschaften und Voraussetzungen eines Glückszustands, den er als Flow bezeichnet und folgendermaßen charakterisiert: Flow ist der schönste und befriedigendste Zustand, den ein Mensch bei einer Tätigkeit – z.B. bei der Arbeit oder beim Sport oder bei einer künstlerischen Aktivität – erreichen kann. Dieser Zustand ist gekennzeichnet von dem Erleben einer inneren Harmonie, von tiefster Versunkenheit und höchstem Engagement. Es ist ein ekstatischer Zustand, in dem die betreffende Person das Gefühl hat, ihr Leben aktiv selbst zu gestalten, und Glück, Freude sowie Selbsterfüllung empfindet. Oft verändert sich in diesem Zustand das persönliche Zeitgefühl, und Dinge und Gegebenheiten der Umgebung treten in den Hintergrund, sodass wir mit allen Sinnen und mit klarem Fokus auf die Sache gerichtet sind.

Flow kann dann entstehen, wenn man sich einer Sache in voller Konzentration widmet und sie um ihrer selbst willen tut, wenn diese Tätigkeit mit Hingabe vollzogen wird und in ihren Herausforderungen zu den eigenen Fähigkeiten passt. Dann spüren wir eine Kraft durch die Kontrolle, die wir während der Tätigkeit über uns und über die Sache haben und sind aufgrund dessen in der Lage, auch schwierige Situationen motiviert anzugehen und zu meistern. Außerdem können wir auf dieser Basis unsere Fähigkeiten am besten weiterentwickeln und entgehen so der Gefahr der Frustration durch Stillstand. – Flow ermöglicht eine deutliche Leistungssteigerung, motiviert und steigert das Bewusstsein über uns selbst und über das, was wir tun. Das erzeugt Zufriedenheit und versetzt unser Leben in Einklang mit unserem Inneren. Es ermöglicht uns, freier zu leben, da wir elementare Fragen unseres Lebens betrachten und Grenzen unseres Denkens aufheben können.

Selbstvertrauen und Vertrauen

Mit dem Erleben von Flow korrespondiert eine Stärkung des Selbstvertrauens, denn es unterstützt unser Bewusstsein für unseren eigenen Wert und unsere individuellen Fähigkeiten. Menschen mit einem ausgeprägten Selbstvertrauen treten sicher auf, richten ihre Entscheidungen auch gegen Widerstände an ihren Wertvorstellung aus und folgen ihren Überzeugungen.[19] Das Maß an Selbstvertrauen bestimmt ganz entscheidend unser Verhältnis zu uns selbst und hat damit auch nachhaltigen Einfluss auf unsere persönliche Souveränität.

Nicht weniger wichtig für die Ausbildung einer souveränen Persönlichkeit ist die Fähigkeit, anderen zu vertrauen und das Vertrauen anderer zu erhalten.

Vertrauen ist etwas, mit dem das Leben eines jeden Menschen beginnt: Vollkommen abhängig, schutzlos, schwach und hilfsbedürftig werden wir geboren. Unser Leben und unser Überleben liegen in diesem Moment in den Händen anderer Menschen, und intuitiv schenken wir ihnen unser Vertrauen. Diese erste Erfahrung von Vertrauen veranschaulicht die Grundkonstellation eines Vertrauensverhältnisses: Vertrauen kommt ins Spiel, wenn die Kräfte, die Fähigkeiten, das Wissen oder die Macht ungleich verteilt sind. Damit die Ungleichheit nicht zum Nachteil für die „schwächere“ Seite wird, setzen die Beteiligten auf Vertrauen. Entgegengebrachtes Vertrauen wird dabei als besonderer Wert erfahren und wiegt die Hinwendung, Aufmerksamkeit, Hilfe, Zeit etc., die man als Vertrauensperson aufgebracht hat, um ein Vielfaches wieder auf. Überdies ist Vertrauen Ausdruck von persönlicher Wertschätzung und wird deshalb sehr positiv erlebt.

Doch gehört zu einem vertrauensvollen Verhältnis nicht nur das Entgegenbringen von Vertrauen, sondern auch die Vertrauenswürdigkeit der anderen Seite, denn Vertrauen ist uneingeschränkt freiwillig. Niemand kann gegen seinen Willen dazu gebracht werden, jemandem zu vertrauen. Das Gegenüber muss sich also des Vertrauens würdig erweisen, d.h. dass es das vorhandene Ungleichgewicht nicht zu seinen eigenen Gunsten ausnutzt, sondern auf die (Über-)Macht, die aus der Ungleichheit resultiert, verzichtet und stattdessen dem ihm Anvertrauten Schutz und Hilfe gewährt. Denn Vertrauen entgegenzubringen, bedeutet immer ein Risiko, das man ohne weitere Absicherungen eingeht. Es betrifft ja schließlich genau die Bereiche, die man selbst nicht überblicken oder beeinflussen kann – das Vertrauen in das höhere Fachwissen des anderen, in seine Ehrlichkeit, in seine besseren Handlungsmöglichkeiten, in seine Integrität etc. Die einzige Versicherung ist die Vertrauenswürdigkeit des Gegenübers.

Gegenseitiges Vertrauen ist für das soziale Miteinander unabdingbar und führt in vielen Bereichen zu erheblichen Vorteilen: Das beginnt bereits damit, dass niemand perfekt oder allwissend und somit immer auf die Hilfe und die Kompetenzen anderer angewiesen ist. Vertrauen ermöglicht hierbei, sich ganz auf den anderen zu verlassen und sich nicht genötigt zu sehen, dessen Handeln zu kontrollieren. Das verringert besonders in der gemeinsamen Arbeit und im Unternehmen den Aufwand beträchtlich und fördert das eigenverantwortliche Agieren des Einzelnen. In zwischenmenschlichen Beziehungen stärkt Vertrauen die Beziehung zueinander und das Selbstwertgefühl des Einzelnen, es gibt Sicherheit und Stabilität, da es auf Ehrlichkeit und Integrität basiert.

Für eine souveräne Persönlichkeit ist Vertrauen also in dreifacher Hinsicht von Bedeutung: Grundlegend ist das Vertrauen in sich selbst, in den Wert der eigenen Person und in die eigenen Fähigkeiten und Qualitäten. Anderen Menschen zu vertrauen, ist ein ebenso wesentlicher Bestandteil von persönlicher Souveränität. Denn es setzt das Anerkennen der eigenen Grenzen, die Wertschätzung der Mitmenschen und die Fähigkeit, sich auf das Gegenüber trotz eines Risikos einzulassen, voraus. Und nur, wer auch souverän genug ist, seine Vorteile und seine Macht nicht immer und überall eigennützig durchzusetzen, sondern sie jenseits von materiellem Nutzen in eine zwischenmenschliche Beziehung einzubringen, erweist sich als vertrauenswürdig und unterstreicht damit seine Souveränität.

Gelassenheit und Zuversicht

Souveräne Menschen treten den Anforderungen des Lebens gelassen und zuversichtlich entgegen. Diese beiden Größen sind allerdings nicht zu verwechseln mit Blauäugigkeit und Draufgängertum. Es geht nicht darum, sich blindlings ins Abenteuer zu stürzen oder Schwierigkeiten und Probleme einfach zu ignorieren.

Gelassenheit ist vielmehr eine innere Haltung, die den Menschen befähigt, das anzunehmen, was ihm geschieht, und Dinge auch einfach geschehen zu lassen, ohne sich dabei von Widrigkeiten sofort aus der Bahn werfen zu lassen. Aus dieser Haltung kann Zuversicht entstehen, die Ausdruck von Vertrauen in die Zukunft ist. Das wiederum ist nicht gleichzusetzen mit unbedingtem Optimismus, sondern mit der Gewissheit, dass man auch den zukünftigen Ereignissen und Entwicklungen gewachsen sein wird.

Gelassenheit zeigt sich z.B. in dem Vermögen, sich bewusst dafür zu entscheiden – sofern es angemessen ist –, einfach einmal nichts zu tun und auch Unvermeidbares geschehen zu lassen, statt auf jedes Ereignis und jeden Anlass immer sofort mit Aktionismus und Aufregung zu reagieren. Das kann z.B. bedeuten, dass man vernünftigerweise mal eine Chance ungenutzt verstreichen lässt, weil man gar keine Zeit mehr dafür hat. – Auch auf die Gefahr hin, dass man deshalb etwas verpasst. Oder dass man sich für die Erledigung einer Aufgabe richtig Zeit und Muße nimmt, auch wenn von außen Druck gemacht wird. Das kann ebenso heißen, nicht jedem (emotionalen) Impuls nachzugehen, Entscheiden und Handeln also nicht nur von seinen Begehrlichkeiten leiten zu lassen. Gelassenheit beinhaltet stattdessen eine gewisse Ruhe und Überlegtheit im Entscheiden.

Muße und Ruhe sind in unserer Zeit Werte, die man sich oft erst erarbeiten muss. Denn unsere schnelllebige, dynamische Zeit lebt von Ereignissen, von Events, und stellt jederzeit unendlich viele Möglichkeiten zur Auswahl, dass es fast wie ein Frevel erscheint, nicht wenigstens einige davon zu nutzen.

So kennt bspw. bestimmt jeder das Gefühl, unvermittelt in absurden „Freizeitstress" zu geraten: Es ist Freitagabend, die Arbeitswoche war anstrengend, man sehnt sich nach Ruhe und Entspannung – und trotzdem überlegt man angestrengt, mit welcher wichtigen kulturellen oder sozialen Unternehmung man nun seinen Feierabend aufwertet, statt sich einfach auszuruhen und nichts zu tun. Nichtstun und Muße scheinen im reichen Angebot an Aktivitäten an Wert zu verlieren. – In Wahrheit sind sie aber überaus wertvoll für die Lebensqualität, denn ohne sie geraten wir in Stress, Ruhelosigkeit und sogar Aggressivität.

Selbst Langeweile kann sich sehr positiv auf unsere Lebensqualität auswirken, da Reizarmut unseren Kopf entlastet, ihn frei macht für Ruhe, Konzentration und auch Kreativität. Viele Menschen brauchen diese „kreative Langeweile", um überhaupt kreativ sein zu können, um den Gedanken freien Lauf und Ideen und Visionen entstehen zu lassen, sich treiben lassen zu können.

Gelassene Menschen können im richtigen Moment auch Nein sagen. Sie lassen ihr Leben nicht vom Ehrgeiz, immer mehr erreichen zu wollen, immer effizient zu agieren oder besser zu sein als andere, diktieren. Sie sind bereit, auch einmal die zweitbeste Lösung zu akzeptieren oder einem anderen den Erfolg zu überlassen, weil sie wissen, dass sie nicht perfekt sein müssen. Sie lassen sich nicht durch überzogene Erwartungen von ihrer Umwelt unter Druck setzen und versuchen, sich nicht an Unabänderlichkeiten aufzureiben und nicht an Widrigkeiten zu verzweifeln.

Die Gewissheit, dass all diese Dinge die eigene Persönlichkeit nicht schwächen, sondern im Endeffekt sogar zur Stärkung der eigenen Person beitragen, zeugt von Gelassenheit und Souveränität. Diese Gewissheit auch auf Zukünftiges zu übertragen, ist Ausdruck von Zuversicht.

2.4 Souveräner Umgang mit Zeit und Energie

Von dem Platoniker Alexander lernte ich, nur selten und nicht ohne zwingenden Grund zu jemand zu sagen oder ihm in einem Brief zu schreiben, ich hätte keine Zeit; er gewöhnte mir ab, mich mit diesem Hinweis laufend den Pflichten zu entziehen, die sich aus dem Verhältnis zu unseren Mitmenschen ergeben, und die Fülle der Geschäfte als Vorwand zu gebrauchen.

Marc Aurel

Ganz offensichtlich ist die Entschuldigung „Ich habe leider keine Zeit" keine Erfindung der Gegenwart und fand auch schon zu Zeiten Marc Aurels ihre Anwendung. Nur scheint es, dass die Problematik sich gegenwärtig dramatisch zuspitzt und Zeit zu einer stark verknappten Ressource geworden ist, deren Wert im Gegenzug stetig zunimmt. Ausdruck dieser Entwicklung ist nicht zuletzt der gut bekannte Spruch „Zeit ist Geld". Doch auch der wachsende Zeitdruck und die steigende Geschwindigkeit, die vor allen Dingen das Berufs- und inzwischen aber auch das Privatleben der Menschen beherrschen, zeugen von einem zunehmend problematischen Verhältnis zur Zeit bzw. von einem problematischen Umgang mit Zeit. Denn die Rede von einer verknappten Ressource Zeit erscheint auf den ersten Blick ja absurd, da eine der wenigen Dinge, die im Laufe unseres Lebens von Kontinuität gekennzeichnet sind, die Zeit ist. Ein Tag hat immer die gleiche Anzahl Stunden, Minuten, Sekunden und wird dies auch in Zukunft haben. Es ist also nicht wahr, dass wir weniger Zeit zur Verfügung haben, wir haben nur viel mehr zu tun in der gleichen Zeit. – Und so bleibt für die einzelne Tätigkeit in der Tat weniger Zeit. Oft ist es sogar zu wenig Zeit, und wir geraten in Zeitnot.

Diese Zeitnot provoziert die Vorstellung, alles schneller und effizienter ausführen zu müssen, und die technischen Möglichkeiten werden auf diesen Zweck hin ausgereizt. Diese Beschleunigung und deren vermeintliche Notwendigkeit wirken sich unmittelbar auf den (Arbeits-)Alltag der Menschen aus, der den Wechselwirkungen aus Beschleunigung, steigender Anzahl von Entscheidungen, Aufgaben und Ereignissen sowie dem wachsenden Zeitdruck unterliegt. Nicht selten finden Ereignisse auch gleichzeitig statt oder werden verschiedene Aufgaben parallel bearbeitet – und das nur deshalb, weil es möglich ist. Durch Internet und Globalisierung ist im Prinzip alles jederzeit möglich. Räumliche Entfernung und (Uhr-)Zeit spielen dabei kaum noch eine Rolle. Hinzu kommt die quasi ständige Verfügbarkeit, der man sich dank Mobiltelefon, eMail, kurzfristiger Reisemöglichkeiten per Flugzeug, virtuellem Agieren in anderen Zeitzonen etc. aussetzt. Klar abgegrenzte Ruhezeiten verschwinden in diesen Kontexten.

2.4.1 Zeit-Management

Es entstehen durch diese Entwicklungen ganz neue Maßstäbe für Zeitbedarf und Zeitverwendung, die ein bewusstes Zeit-Management und einen überlegten Umgang mit Zeit notwendig machen. Das Zeit-Management verfolgt dabei zwei grundsätzliche Ziele: Zum einen soll Zeit-Management dazu führen, dass mit der verfügbaren (Arbeits-)Zeit bewusst und sinnvoll umgegangen wird, sodass keine Zeit durch falsches Vorgehen oder durch „Zeitfresser“ verschwendet wird und Zeit nicht zum alles beherrschenden Faktor heranwächst. Auf der anderen Seite zielt gutes Zeit-Management darauf ab, wieder zur klaren Unterscheidung zwischen Arbeitszeit und Ruhephasen zu gelangen und so auch der notwendigen Erholung wieder angemessenen Platz zurückzugeben. Gerade die Pausen und Ruhephasen, die frei von Zeitdruck Raum schaffen für Nachdenken, Stille, Kreativität, In-sich-hinein-Hören, Entspannung, Muße etc., sind für den persönlichen Umgang mit Zeit von großer Bedeutung.

Denn souverän mit Zeit umzugehen, heißt vor allen Dingen, selbst über die eigene Zeit bestimmen zu können und diese sinnvoll zu nutzen, ohne sich von Zeitdruck und Zeitnot beherrschen zu lassen und Raubbau an der eigenen Gesundheit zu begehen. Das bedeutet auch, dass man sich gewisse Spielräume erhält, um ungeplanten und spontanen Ereignissen oder Aufgaben Zeit widmen zu können. Souveräner Umgang mit Zeit beinhaltet überdies die Orientierung von Zeitaufwendungen an persönlichen Prioritäten und Wertvorstellungen, wobei natürlich Sachzwänge, methodische Notwendigkeiten, die Dringlichkeit von bestimmten Aufgaben und die Bedürfnisse von Mitmenschen nicht völlig außer Acht gelassen werden können, doch sie sollten nicht zum alleinigen Maßstab und alles beherrschenden Faktum gemacht werden. – Besonders die Dringlichkeit von Aufgaben und Verpflichtungen birgt auch eine gewisse Verführung in sich, denn Dringlichkeit vermittelt zuweilen das Gefühl von Anerkennung und Erfolg. Wer mit dringenden Aufgaben betraut wird, erfährt eine Wertschätzung seiner Leistungsfähigkeit und Qualifikation und empfindet Dringlichkeit deshalb nicht selten sogar als Statussymbol.

Gutes Zeit-Management allein ist jedoch nicht ausreichend, um den Anforderungen des Alltags und des Berufslebens souverän begegnen zu können, denn neben ausreichender Zeit benötigen wir auch genug Energie für das, was wir tun.

2.4.2 Energie-Management

Die Wichtigkeit, mit den eigenen Energiereserven zu haushalten, erklärt sich im Prinzip von selbst, denn verfügbare Zeit nützt uns gar nichts, wenn wir in dieser Zeit schlapp und abgespannt sind, sodass wir zu müde sind, um uns auf die Aufgaben zu konzentrieren und diese gut zu erfüllen. Und für jede Tätigkeit benötigen wir ein bestimmtes Maß an Energie. Dennoch hat die Problematik der persönlichen Energie in Darstellungen zum Zeit-Management bisher oft nur wenig Beachtung gefunden. Dabei scheint es in diesem Zusammenhang viel nachvollziehbarer, von knappen Ressourcen zu sprechen, da wir unsere Energie sehr wohl aufbrauchen können und uns um die Regeneration selbst bemühen müssen.

Die Einflussmöglichkeiten des Menschen auf seine Energiereserven sind vielfältig, das betrifft sowohl die Qualität als auch die Quantität. Analog zum Zeit-Management befasst sich auch das Energie-Management einerseits mit den Ursachen und Folgen von Energieverschwendung, andererseits will es Kapazitäten und Freiräume schaffen, um in Ruhephasen Energiereserven wieder aufzufüllen. Es zielt auf eine Balance zwischen Energieverbrauch und zwischenzeitlicher Regeneration. (Wobei Energie nicht nur direkt im Arbeitsprozess verbraucht wird, auch ungesunde Ernährung, zu wenig Erholung, mentale Probleme oder auch zu wenig Beanspruchung verbrauchen Energie.) Ein guter Energiehaushalt basiert auf einem regelmäßigen Wechselspiel von Beanspruchung und Regeneration. Es bedarf also bewusster Erholungsphasen, die den aktiven Phasen folgen müssen. Ansonsten werden über kurz oder lang die eigenen Reserven vollständig aufgebraucht und sogar überzogen. Beachtet man hingegen die Notwendigkeit von Regeneration, sind auch Phasen von höchster Anspannung und Stress gut zu verkraften und stellen überdies eine Art Trainingseffekt her, verbessern also Qualität und Quantität der zur Verfügung stehenden Energie. Dies jedoch nur, wenn die Stressphasen nicht zu lang andauern und von klar abgegrenzten Erholungsphasen ausgeglichen werden.

Auch in diesem Zusammenhang bedeutet ein souveräner Umgang, die Verantwortung für den Energiehaushalt bewusst selbst in die Hand zu nehmen und sich nicht von Ansprüchen bzw. Erwartungen von außen oder von anderen beherrschen zu lassen, sondern umsichtig und angemessen zu haushalten. Die eigenen Prioritäten und ethischen Grundsätze bestimmen auch hier, wofür wie viel Energie aufgewendet wird. Und das Verantwortungsbewusstsein für die eigene Gesundheit entscheidet darüber, was man sich selbst und seinem Energiehaushalt zumuten kann und will.

Die hier erläuterten vier Bestandteile von Souveränität erfassen die wesentlichen Bereiche, in denen sich die Souveränität eines Menschen äußert: Souveränität zeigt sich in dem Verhältnis zu sich selbst, im Verhältnis zu anderen und zur Umwelt und im eigenen Verhalten, Entscheiden und Handeln. In der harmonischen Gesamtheit dieser unterschiedlichen Komponenten entsteht die souveräne Persönlichkeit.

Zusammenfassung

- ✓ Obwohl die ursprüngliche Bedeutung des Wortes *souverän* mit den Begriffen *unumschränkt herrschend, überlegen* erklärt wird, ist die Souveränität einer Persönlichkeit nicht gleichzusetzen mit Überheblichkeit, Arroganz oder dem Beherrschen anderer Menschen.
- ✓ Einen souveränen Menschen zeichnen Eigenschaften aus wie Eigenverantwortung, Selbstbestimmung, Sicherheit und Gelassenheit, ein gutes Selbstwertgefühl und ein klares und auch kritisches Bewusstsein über sich selbst sowie Offenheit und Respekt gegenüber anderen Menschen.
- ✓ Die Souveränität einer Person setzt sich aus vier Komponenten zusammen: Integrität, Ziele-Souveränität, Kompetenzen und dem souveränen Umgang mit Zeit und Energie. In der harmonischen Gesamtheit dieser Bausteine entfaltet sich Souveränität.
- ✓ Integrität bedeutet, das eigene Verhalten, Entscheiden und Handeln konsequent an den persönlichen Wertvorstellungen auszurichten und seinen inneren Überzeugungen zu folgen. So wird die eigene Lebensführung in Einklang gebracht mit dem inneren Wertesystem.
- ✓ Ein souveräner Umgang mit den eigenen Zielen zeigt sich in dem bewussten und sinnvollen Formulieren selbstbestimmter Ziele und der systematischen und eigenverantwortlichen Arbeit an deren Verwirklichung.
- ✓ Eine souveräne Persönlichkeit verfügt über ausgeprägte Kompetenzen sowohl im fachlich-methodischen Bereich als auch auf sozialem und persönlichem Gebiet. Das ermöglicht, den Herausforderungen des Lebens gerecht zu werden und als starke Persönlichkeit verbindliche und befriedigende soziale Kontakte pflegen zu können.
- ✓ Souveräne Menschen sind in der Lage, über ihre Zeit und Energie selbstbestimmt und eigenverantwortlich zu verfügen. Sie lassen sich nicht beherrschen von Zeitdruck oder Zeitnot und achten darauf, ihre Energiereserven rechtzeitig zu regenerieren. Und sie nehmen sich die Zeit für notwendige Ruhephasen.

3. Voraussetzungen für Souveränität

Der eine hat es, der andere nicht. – Ein schon oft gehörter Satz, der, zumindest was Souveränität angeht, nicht ganz zutrifft. Denn eines ist sicher: Niemand wird bereits als souveräne Persönlichkeit geboren. Souveränität basiert vielmehr auf einem unaufhörlichen Entwicklungsprozess. Um diesen erstrebenswerten Zustand zu erreichen, erfordert es gleichwohl bestimmte Charaktereigenschaften und Persönlichkeitsmerkmale. Aber wo kommen diese her? An dieser Stelle haben sich in der Vergangenheit konträre Diskussionen mit überaus gegensätzlichen Standpunkten entzündet. Noch heute scheiden sich manchmal die Geister. Ob es nun Psychologen, Anthropologen, Philosophen, Pädagogen oder Biologen sind, einige befürworten die These, dass die wesentlichen Merkmale des Charakters angeboren sind; andere setzen auf eine Prägung durch frühkindliche, kindliche oder sonstige Ereignisse; wieder andere gehen davon aus, dass jeder Mensch letztendlich das Ruder selbst in der Hand hält, sich – ob nun bewusst oder unbewusst – steuern kann und die Verantwortung für sein Dasein ganz alleine trägt. Ob der Mensch nun durch seine Anlagen oder doch mehr durch seine Umwelt und bestimmte Einflüsse geprägt wird, ist eine der ältesten Fragen hinsichtlich der Existenz des Menschen überhaupt. – Eine eindeutige Antwort konnte über einen Zeitraum von Jahrtausenden nicht gefunden werden. Der Grund dafür liegt dabei nicht nur in der Komplexität der Fragestellung, sondern auch in der jeweiligen Vorgehensweise bei der Suche nach einer Antwort. Denn natürlich war jedes (vorläufige) Ergebnis auch vom dominierenden Denkansatz der jeweiligen Zeit geprägt. Hier verhält es sich ganz ähnlich wie bei vielen anderen kontroversen Fragen: War man bspw. lange Zeit davon überzeugt, dass die Sonne um die Erde kreist – und nicht umgekehrt –, dann auch deshalb, weil man diese (auf Aristoteles zurückgehende Annahme) schlichtweg glauben wollte. Naturwissenschaftliche Untersuchungen, wie etwa durch Galileo Galilei, der schließlich den wahren Sachverhalt herausfand, wurden unterbunden; andere Astronomen erhielten den Auftrag, die vorherrschende Meinung, also den Irrglauben, dass sich die Sonne um die Erde dreht, zu untermauern. Folglich wurden einerseits die gewünschten Ergebnisse geliefert und andererseits neue Denkansätze verhindert.

3.1 Wesentliche Faktoren der Persönlichkeitsentwicklung

Oft sind es also längst nicht die wissenschaftlichen Möglichkeiten allein, die zu einem Ergebnis führen: Einen nicht zu unterschätzenden Einfluss hat das jeweils vorherrschende Weltbild, das die ideologischen oder religiösen Überzeugungen der jeweiligen Epoche widerspiegelt. Solche Verzerrungen bei der Suche nach relevanten Fragen des menschlichen Daseins machten es lange Zeit schwierig, eine objektive Antwort hinsichtlich der Persönlichkeit des Menschen zu finden. – Heute steht für die seriöse Forschung außer Frage, dass die Persönlichkeitsentwicklung des Menschen auf den drei wesentlichen Faktoren Erbanlagen, Umwelteinflüsse und Selbstbestimmung basiert:

3.1.1 Erbanlagen

Genetisch bedingte Aspekte wie Körperbau und -größe, Geschlecht, Erbkrankheiten, Hautfarbe usw. geben dem Menschen eine bestimmte Disposition mit auf seinen Lebensweg. Derartige Erbanlagen weisen eine wesentliche Gemeinsamkeit auf: Allesamt sind sie – von medizinischen Eingriffen unter meist enormem Aufwand einmal abgesehen – letztlich unveränderbar; sie bleiben allen Menschen zeitlebens erhalten und bilden dabei wichtige Rahmenbedingungen, die auch die Persönlichkeitsentfaltung beeinflussen. Hierbei sind es nicht nur die besonders auffälligen Anlagen (bspw. eine von der Norm erheblich abweichende Körpergröße) oder gar schwerwiegende Erbkrankheiten, die das Leben – und damit auch die Persönlichkeit – beeinflussen. Weniger dramatisch, jedoch nicht unbedeutend, sind die vielen Dinge, deren individuelle Relevanz von Außenstehenden meist kaum wahrgenommen wird: Bei unserer Persönlichkeitsentwicklung spielen auch Aspekte eine Rolle, die wir als von der Natur gegeben hinnehmen und denen wir daher kaum mehr größere Beachtung schenken. Die Möglichkeiten sind hier nahezu grenzenlos, auch lässt sich kaum signifikant nachweisen, inwieweit bspw. unsere Haarfarbe, eine Links- oder Rechtshändigkeit, die Sehkraft unserer Augen oder selbst unauffälligste Details der Physiognomie usw. unsere Entwicklung mitbestimmen. Sicher ist nur, dass hiervon Einflüsse auf unsere Persönlichkeits- und Charakterbildung ausgehen, wobei die Ausprägung an dieser Stelle in besonderem Maße auch von den Faktoren Umwelteinflüsse sowie Selbstbestimmung – also davon, wie andere und wie wir selbst damit umgehen – abhängt. Eben weil Erbanlagen kaum veränderbar sind, kann sich eine souveräne Persönlichkeit nur entfalten, wenn wir eben diese akzeptieren und als spezifische Merkmale annehmen. Eine solche Selbstakzeptanz kann mitunter ganz erheblich durch Umwelteinflüsse beeinträchtigt und sogar verhindert werden. Zu den Umwelteinflüssen (der Fremdbestimmung) zählen insbesondere die familiären Verhältnisse.

3.1.2 Umwelteinflüsse

Die Erziehung spielt natürlich gerade während der Kindheit eine wesentliche Rolle, wobei das Wort Erziehung letztlich ein nur wenig präziser Begriff ist. Trotz zahlreicher Versuche, den Begriff Erziehung eindeutig zu definieren, mangelt es bis heute an einer allgemein anerkannten Übereinkunft, was genau unter Erziehung zu verstehen sei. Fest steht, dass durch die Erziehung eine als positiv bewertete Lenkung der seelischen Struktur eines Menschen (eines Kindes/Jugendlichen) erfolgen soll. Die Erziehung ist also eine Art kontrollierter Veränderungsprozess, der dabei bestenfalls die als wünschenswert eingestuften Dispositionen und Verhaltensweisen des zu Erziehenden möglichst unangetastet lässt. Mit der Erziehung wird versucht, auf mutmaßlich negative oder gesellschaftlich unerwünschte Dispositionen und Verhaltensweisen korrigierend einzuwirken. Ein Problem bleibt, dass auch größte pädagogische Bemühungen nicht in allen Fällen zum gewünschten Erfolg führen. Zahlreiche Beispiele zeigen, dass sich selbst Kinder aus bestem und sehr liebvollem Elternhaus in eine völlig unvorhersehbare Richtung entwickeln, die dabei trotz vermeintlich optimaler Rahmenbedingungen keine befriedigende Persönlichkeitsentwicklung zulässt. Andere Fälle belegen wiederum, dass es auch Menschen, die aus zerrütteten und überaus schwierigen Verhältnissen kommen, möglich ist, eine starke und selbstständige Persönlichkeit zu entfalten.

Mit oder bereits schon vor der Geburt ist jeder Mensch einer Vielzahl von Umwelteinflüssen bzw. Fremdbestimmungen ausgesetzt. Betrachtet man zunächst nur die familiäre Struktur als einen der relevantesten Faktoren, wird schnell der Facettenreichtum der Umwelteinflüsse im Erziehungs- und damit auch im Persönlichkeitsentwicklungsprozess deutlich: Die Charaktereigenschaften der Eltern, Geschwister, Großeltern usw. und die Art des Umgangs mit den Menschen aus der nächsten Umgebung spielen zweifellos eine wichtige Rolle für die eigene Entwicklung. Doch lässt sich hier keine klare Grenze ziehen; relevant ist ebenfalls, ob und wie viele Geschwister ein Kind hat, ob die Geschwister Brüder oder Schwestern sind und welches Alter diese haben. Selbstverständlich sind hier auch Bildungsniveau und Beruf der Eltern nicht unerheblich usw. – Derartige Aspekte sind uns oft noch bewusst, wenn vielleicht auch nicht bis ins Detail der jeweiligen Konstellationen. Etwas weniger offensichtlich ist der ebenfalls vorhandene Einfluss anderer Rahmenbedingungen, die – weil sie als selbstverständlich und unabänderbar angesehen werden – oft kaum eingehend reflektiert werden: Ernährungsgewohnheiten, Kleidung, wirtschaftliche Situation der Familie, Wohnung und Wohnlage (Größe, Gestaltung, Art und Ort – Stadt oder Land – der Wohnung), Struktur der Nachbarschaft, (Vereins-)Mitgliedschaften, Religion, politische und soziale Ausprägung der Familie und des Heimatlandes, Sprache, Traditionen, Sitten und Gebräuche usw. usf.

Diese Aufzählung der mannigfaltigen Einflussfaktoren für die Persönlichkeitsentwicklung ließe sich ohne Weiteres bis ins Unermessliche fortführen, wobei jeder einzelne dieser Faktoren einen Beitrag zur individuellen Persönlichkeitsentwicklung eines

Menschen leistet. Die Tragweite der jeweiligen Aspekte fällt dabei für jeden Einzelfall erneut völlig unterschiedlich aus: Was bei dem einen ganz zweifellos seine Spuren hinterlassen hat, kann bei einem anderen völlig nebensächlich sein; was hier Gutes bewirkt hat, kann dort Negatives auslösen. Zudem lassen sich die unzähligen Einflussfaktoren für die Persönlichkeitsentwicklung kaum isoliert voneinander betrachten. Jeder Einzelaspekt wirkt immer in Kombination mit vielen anderen, ist eingebettet in ganz individuelle Strukturen und trifft auf sehr spezifische Konstellationen – auch hinsichtlich etwaiger Erbanlagen und der Dynamik der Selbstbestimmung eines Individuums.

Der Begriff Erziehung bleibt also, auch wenn wir gemeinhin eine recht konkrete Vorstellung davon haben, eher vage. Hier bündeln sich während der Kindheit viele der Faktoren, die in der Psychologie unter den Terminus Fremdbestimmung fallen. – Die Umwelteinflüsse und Erfahrungen der Vergangenheit prägen uns zweifellos, an einer bestimmten Stelle (und nicht erst im Erwachsenenalter) setzt jedoch die Selbstbestimmung ein. Eine liebevolle Erziehung, die auch die Disposition für bestimmte Möglichkeiten erkennt und fördert – ohne dabei die eigenen Wünsche in den Vordergrund zu stellen –, ist immer die beste Basis für die Persönlichkeitsentwicklung eines Menschen, der mithilfe seiner Selbstbestimmung im weiteren Verlauf des Lebens zu einer souveränen Persönlichkeit werden kann. Heute gilt eine Erziehung als optimal, die den Menschen nicht entgegen den eigenen Anlagen und Bedürfnissen verformen will, sondern die stattdessen versucht, eine solche Beziehung herzustellen, die ein Mensch für seine eigene Persönlichkeitsentfaltung nutzen kann.[20] Zugleich soll das Grundbedürfnis nach Sicherheit jederzeit erfüllt sein. Auf dieser Basis kann sich die noch junge Persönlichkeit entfalten und ihren eigenen Weg selbst suchen.

3.1.3 Selbstbestimmung

Der Exkurs über die Erziehung mitsamt dem Zusammenspiel der Faktoren Erbanlagen, Fremd- und Selbstbestimmung, die eine Persönlichkeit prägen, soll auch zeigen, dass dem Menschen gewisse – darunter immer positive, aber auch weniger konstruktive – Rahmenbedingungen mit auf seinen Weg gegeben werden, wobei der Faktor Selbstbestimmung gar nicht bedeutend genug gewertet werden kann. Jeder Mensch ist in der Lage, seine Persönlichkeit selbst mit zu entwickeln; es ist also möglich, selbst in den nie endenden Lebensprozess einzugreifen und dabei die sich individuell bietenden Chancen zu nutzen. Die Erbanlagen und die vielfältigen Elemente der Fremdbestimmung – insbesondere die Einflüsse der Erziehung – können dabei eine Selbstbestimmung niemals verhindern, sie können jedoch den Zugriff auf die eigenen Möglichkeiten und Kapazitäten entweder erschweren oder erleichtern. Folgt man dem bekannten Psychologen Carl R. Rogers, ist es selbst dem vorbelasteten Menschen nicht verbaut, seine Persönlichkeit in Richtung Autonomie zu entwickeln. Jeder Mensch ist demnach in der Lage, diejenigen Ziele nach und nach auszuwählen, in Richtung derer er sich entwickeln möchte. Souveränität wird also niemandem in die Wiege gelegt, sie muss (über Jahre) heranreifen, wobei bestimmte Rahmenbedingungen den Weg entweder ebnen oder auch erschweren. Zugleich stellt sich Souveränität niemals von selbst ein, sie ist immer an einige Bedingungen geknüpft.

Zu diesen Bedingungen zählt vor allem die Entschlossenheit, Verantwortung für sich selbst zu übernehmen. Dies beinhaltet eine bewusste Entscheidung, welche Handlungen und Verhaltensweisen für einen selbst wichtig sind, und welche es nicht sind. Bewusst heißt hierbei auch, sich die Blockaden zu vergegenwärtigen, die behindernd auf eine Entwicklung einwirken. Genau dies ist einfacher gesagt als getan. – Die Frage, ob wir bereit sind, Verantwortung für unser Leben zu übernehmen, würde wohl kaum jemand ernsthaft mit einem Nein beantworten. Wer aber mit einem klaren Ja antwortet, ist sich häufig nicht der Tragweite dieser Aussage bewusst. Oft wissen wir gar nicht, wie sehr wir an Denkmuster gefesselt sind, die sich schließlich über Jahre, zuweilen sogar über Jahrzehnte manifestiert haben. Das bekannte Sprichwort *Die Gedanken sind frei* entspricht leider nur einer eher theoretischen Wahrheit. Vergessen wird, dass unsere Gedanken und Denkweisen nicht losgelöst und unabhängig von unseren Persönlichkeitsbedingungen existieren. Um nun aber die besagte Verantwortung tatsächlich übernehmen zu können, bedürfen wir einer Gedankenwelt, die möglichst frei von inneren und äußeren Zwängen ist.

Ganz gleich welche Beispiele wirklich souveräner Persönlichkeiten herangezogen werden, eines ist allen gemeinsam: Alle Menschen, die sich durch echte Souveränität auszeichnen, sind irgendwann an einem Punkt angelangt, an dem sie begonnen haben, selbstbestimmt zu denken. Dies ist eine der Voraussetzungen dafür, den persönlichen Lebensweg eigenständig zu lenken. Das so genannte *Alternative Denken* (wir werden noch häufiger darauf zurückkommen) erfordert eine Abkehr von festgefahrenen Denkweisen; es ist im Rahmen eines Bewusstwerdungsprozesses erlernbar und führt zu einer freieren Entfaltung der eigenen Persönlichkeit. Und eine Persönlichkeit, die in eine Vielzahl äußerer und innerer Zwänge eingesperrt bleibt, wird kaum in der Lage sein, wirklich frei zu denken und kann folglich auch nicht selbstbestimmt entscheiden und handeln – sie bleibt in einer Lebensweise gefangen, die vielmehr eine von Konventionen indoktrinierte, als denn eine souveräne ist. Gerade die Fremdbestimmung versorgt uns mit Strukturen und Orientierungspunkten, an die wir uns halten und an denen wir das eigene Leben ausrichten können – es entstehen Ordnung und Sicherheit. Das oft schematische und automatisierte Handeln, das sich aus den Erfahrungen der Fremdbestimmung ergibt, führt allerdings dazu, die sich bietenden Alternativen im Denken und Handeln zu übersehen.[21]

Wir glauben Erfahrungen zu machen, aber die Erfahrungen machen uns.
Eugène Ionesco[22]

Souveränität und (Gedanken-)Freiheit gehen sozusagen Hand in Hand; das eine ist ohne das andere schlichtweg nicht möglich. Erst die Abwesenheit von Zwängen ermöglicht Eigenständigkeit und führt zu Freiheit, also zu Selbstbestimmung und Souveränität. Günstige Erbanlagen und positive Umwelteinflüsse sind immer gute Bedingungen, um Souveränität zu entwickeln – allerdings sind die Erbanlagen niemals völlig optimal, ebenso wenig, wie es die Umwelteinflüsse sind. Einerseits besteht ein wichtiges Zusammenspiel von Anlagen und äußeren Einflüssen: Denn bestimmte Anlagen können sich ohne äußere Einflüsse kaum wirkungsvoll entfalten, und alle Einflüsse bleiben mehr oder weniger wirkungslos, wenn sie nicht auf bestimmte Anlagepotenzen treffen. (Eine bspw. mathematische Begabung wird sich kaum entwickeln, wenn sie nicht erkannt und gefördert wird; andersherum wird eine unsportliche Natur niemals fähig sein, auf diesem Gebiet mit Spitzenleistungen zu glänzen – auch dann nicht, wenn sie von Kindesbeinen an trainiert wird.) Andererseits bleibt die Selbstbestimmung der wichtigste Aspekt für eine uneingeschränkte Persönlichkeitsentwicklung. Kein Mensch kann sich seine Erbanlagen aussuchen, auch kann niemand rückwirkend auf seine Umwelteinflüsse einwirken, doch jeder ist letztlich dazu imstande, sich seines Werdeganges und der relevanten Einflussfaktoren bewusst zu werden und – sofern nur ein echter Wille vorhanden ist – damit zu beginnen, selbstbestimmt an der eigenen Persönlichkeit zu arbeiten. Dieser Wille ist eine der entscheidenden Voraussetzungen für Souveränität!

Hierbei nützt es leider nur wenig, wenn ein solcher Wille nur temporär aufkeimt – die Entfaltung der eigenen Persönlichkeit braucht Zeit und lässt sich nicht nebenbei wie eine Arznei verordnen. Daher erfordert es neben dem kontinuierlichen Willen auch konstante Arbeit am eigenen Leben. Hierzu sind nur wenige Menschen bereit und in der Lage; die meisten wählen den – zumindest vordergründig – bequemeren Weg. Dies ist auch der Grund dafür, dass eine souveräne Persönlichkeit weiterhin eine Ausnahmeerscheinung bleibt. Das Erlangen einer souveränen Persönlichkeit ist grundsätzlich für nahezu jeden möglich, es scheitert dabei viel seltener am mangelnden Potenzial als vielmehr an der Entdeckung und Bewusstwerdung desselben sowie an den vielen einschränkenden Kleinigkeiten, die oft aus den Fesseln der Erfahrungen und eingefahrenen Verhaltensweisen resultieren. – Wer die Entwicklung der eigenen, immer individuellen Souveränität ernsthaft anstrebt, benötigt einen eindeutigen und kontinuierlichen Willen, der sich auch nicht von widrigen Umständen, die schließlich immer irgendwann ins Spiel kommen, beeindrucken oder abschwächen lässt.

3.2 Die Bedeutung von Selbst- und Fremdbild

Der Mensch, ganz gleichgültig, wie die spezifischen Rahmenbedingungen konstituiert sind, ist grundsätzlich nicht statisch. Eigenschaften, Verhaltens- und Denkweisen des Menschen manifestieren sich über längere Zeiträume, daher lassen sich diese auch nur schwer wieder verändern. Es erfordert immer Mut, Selbsterkenntnis, Beharrlichkeit und natürlich eine innere Bereitschaft, um größere Veränderungen einzuleiten und statische Zustände aufzulösen. Der auf der einen Seite vorhandene Drang zur Veränderung steht dabei im ständigen Widerstreit mit dem gleichzeitigen Hang zur Bequemlichkeit, der anstehende Veränderungen so oft determiniert. Wenn wir nicht selbst und dabei ganz bewusst in den Prozess der Persönlichkeitsentfaltung eingreifen, heißt dies immer, dass äußere Einflüsse die Oberhand gewinnen und schließlich die eigene Persönlichkeit verdecken oder sogar dominieren. – Abhilfe kann hier allein ein bewusster, langfristig angelegter Prozess der Wandlung schaffen, verbunden mit der Erkenntnis, dass sich Souveränität nicht aus dem Stegreif hervorzaubern und auch nicht erzwingen lässt: Die Entfaltung einer souveränen Persönlichkeit braucht Zeit, nicht selten viel Zeit, was auch erklärt, dass Menschen, die wahre Souveränität besitzen, zumeist bereits ein gewisses Alter erreicht haben. Eile und alle hektischen Sofortmaßnahmen sind hier wenig hilfreich, gefragt ist vielmehr eine Entscheidung, die auf innerer Ruhe basiert, nichts überstürzen will und daher umso langfristiger wirksam bleiben kann. Doch kaum geht es um Zeit, die schließlich immer knapp bemessen ist, laufen viele Menschen in eine altbekannte Falle: Fast jeder glaubt, keine zu haben. Daraus resultiert ein verbreiteter Irrtum, nämlich dass jene Zeit, die wir für uns selber beanspruchen, an anderer Stelle fehlt. Dass dies keineswegs so ist, zeigen bspw. die oft verblüffend effektiven Erfahrungen, die viele Menschen im Berufsleben mit Seminaren zum Zeit-Management machen konnten. Hier muss zunächst einmal Zeit investiert werden, damit sich schließlich ein wesentlich effektiverer Umgang mit der eigenen Zeiteinteilung einstellen kann. Als Folge lässt sich die eigene Zeit meist viel sinnvoller nutzen, wodurch parallel etliche Stressfaktoren verschwinden, was zudem die eigene Zufriedenheit oft entscheidend erhöht.

Die Zeit verlängert sich für alle, die sie zu nutzen verstehen.
Leonardo da Vinci

Jeder Mensch wird letztendlich von der Zeit profitieren, die er sich für sich selbst nimmt. Denn oft ist uns nicht einmal bewusst, was uns persönlich das Wichtigste im Leben ist, welches wirklich unsere Talente, Vorlieben oder Abneigungen sind – geschweige denn, warum wir bestimmte Dinge tun, andere dagegen nicht. Eine eingehende Auseinandersetzung mit sich selbst gehört zu den grundlegenden Voraussetzungen, um souverän leben und agieren zu können. Ein Mensch, der sich selbst nicht kennt, kann keine Souveränität erreichen. Der tiefe Blick auf das eigene Dasein benötigt dabei immer angemessene Zeiträume, allein schon deshalb, weil sich ein klares Bild erst nach kontinuierlicher Betrachtung der eigenen Lebensbedingungen herauskristallisieren kann. Sich mit der eigenen Person zu beschäftigen, ist also alles andere als, wie zuweilen fälschlicherweise angenommen wird, eitle Selbstfixierung oder gar Zeitvergeudung – es ist schlichtweg notwendig, sofern das Ziel Souveränität heißt. Bei der Selbstbetrachtung ist natürlich auch Vorsicht angezeigt, zu schnell dreht man sich im Kreis und endet doch wieder nur in der Stagnation. Sinnvoll ist das Studium des eigenen Lebens vor allem dann, wenn es frei von Selbsttäuschungsmanövern und also wirklich ehrlich ist. Schnell ist man geneigt, nur jene Aspekte zu fokussieren, von denen wir ohnehin glauben, dass hier alles im grünen Bereich liegt. Darum geht es hier nicht. Das Ziel ist ein Blick auf das Wesentliche, das sich nur zu oft hinter den profanen Äußerlichkeiten verbirgt.

Der souveräne Mensch ist sich seines eigenen Wertes bewusst, vermag es jedoch auch, sich selbst kritisch zu betrachten. Ein Istzustand kann zwar durchaus gut und für den Moment befriedigend, jedoch kaum ein erstrebenswerter Endzustand sein. Der Mensch ist also immer wieder gefordert, einer Stagnation zu entfliehen und sich für Veränderungen zu öffnen. Es ist so einfach, wie es klingt: Ohne die Bereitschaft für Veränderungen wird sich auch niemals etwas ändern. Und um Veränderungen möglich zu machen, gilt es, die individuellen Lebensumstände zu erkennen, sie regelmäßig infrage zu stellen, um schließlich selbst damit beginnen zu können, notwendige Veränderungen einzuleiten. – Mithilfe einer sehr effektiven Methode lässt sich präzise ausleuchten, an welcher Stelle Widersprüche in das eigene Leben treten. Ein Abgleich von Selbst- und Fremdbild legt Diskrepanzen hinsichtlich der eigenen Persönlichkeit offen und zeigt, wo Veränderungen notwendig sind.

So wie wir uns eine Meinung zumindest von allen uns nahe stehenden Menschen bilden, entwickeln wir auch ein Bild von uns selbst. Allerdings ist dieses Selbstbild oft nur wenig objektiv und zuweilen etwas verschwommen. Einen ungetrübten Blick auf das eigene Dasein zu werfen, fällt vielen Menschen erheblich schwerer als eine distanzierte Bewertung der Eigenarten und Verhaltensweisen anderer Personen. – Auch wenn es unsere gesamte Existenz angeht, scheuen wir uns doch davor, Fragen von der Art zu stellen, ob wir mit unserem eigenen Leben überhaupt zufrieden sind. Und wenn wir schließlich doch einmal bereit sind, eine Begegnung mit den Facetten der eigenen Persönlichkeit zu riskieren, heißt dies noch lange nicht, dass wir bei der Beantwortung solcher Fragen uns selbst gegenüber auch wirklich ehrlich sind. So schonungslos wir mit unseren Urteilen über andere Menschen oft dabei sind, so zimperlich sind wir, wenn es um uns selbst geht. Der Weg zur Selbsterkenntnis ist zwar mit entsprechenden Vorsätzen gepflastert, nimmt jedoch schnell ein frühes Ende, wenn unbequeme Hürden auftauchen. Manches wollen wir einfach gar nicht genau wissen, anderes lässt sich – zumindest vorübergehend – nur zu gut vom Tisch wischen; Dinge, die das eigene Leben betreffen, werden zur Lappalie degradiert, für die sich die Mühe nicht lohnt, wofür gerade mal wieder keine Zeit ist. Man gibt sich selbstzufrieden und meint, dass schon alles in Ordnung sei. Dahinter steckt letztlich die Angst und das

Unbehagen, sich mit dem eigenen Selbst eingehend zu konfrontieren, was schließlich die unbewusst als bedrohlich eingestufte Folge haben könnte, dass Veränderungen erforderlich werden. Ohne es zu merken, flüchten wir uns also in eine aufgesetzte Realität, die womöglich eine verfälschte ist und auch nicht unbedingt mit der Realität übereinstimmt, die von anderen wahrgenommen wird.

3.2.1 Der Blick auf unser Selbst

Wer es wagt, sich ein authentisches Selbstbild zusammenzusetzen, geht damit immer einen wichtigen Schritt in Richtung einer reifen und also mündigen Persönlichkeit. Obwohl sich ein stimmiges Selbstbild nur dann ergeben kann, wenn auch vor eigenen Defiziten nicht Halt gemacht wird, gibt es immer auch viel Gutes zu entdecken. Wer genau hinsieht, wird längst nicht nur auf Schwächen und Unzulänglichkeiten, sondern immer auch auf Stärken und Potenziale stoßen. Das eine ist so wichtig wie das andere, weil das individuelle Selbstbild eindeutig das Verhalten des Menschen mitbestimmt. Die eigene Wahrnehmung wird immer auch vom Selbstbild gesteuert, weil sich hier die Gesamtheit unserer Überzeugungen versammelt. Und die Beurteilung von Ereignissen und Handlungen hängt weniger von den Dingen selbst ab, sondern vielmehr davon, wie wir sie wahrnehmen – also abermals von unserem Selbstbild. Ein verschwommenes, unausgewogenes Selbstbild führt demnach dazu, dass sich uns die Realität anders darstellt, als sie tatsächlich ist. Damit werden unser Handlungsspielraum und das Vermögen eingeschränkt, selbstbestimmt in das eigene Leben einzugreifen.

Das Selbstbild ist ein Spiegel der Selbstwahrnehmung und des Selbstwertgefühls – besteht hier ein Manko, entsteht eine Diskrepanz zwischen Selbstbild und Realität. Es geht also um eine Reflexion der eigenen Person mitsamt den prägenden Einflussfaktoren sowie um eine korrekte Einschätzung des Selbstwertes. Das Selbstbild ist weder angeboren, noch entsteht es von alleine. Es wächst aus Kontakten zu anderen Menschen, den eigenen Erfahrungen und sämtlichen relevanten Umwelteinflüssen – in Verbindung mit dem Fremdbild gibt es dem Menschen seine Identität. Der Prozess der Identitätsentwicklung ist ein kontinuierlicher, der niemals abgeschlossen ist. Allerdings hinkt das Selbstbild hierbei immer etwas hinterher: Werden neue bedeutende Lebenserfahrungen gesammelt, dauert es eine Zeit, bis das Selbstbild auf den neuesten Stand gebracht worden ist. Die Psychologie beschreibt diesen Prozess als Selbstaktualisierung. Und wer sich fortwährend selbst aktualisiert, ist in dem glücklichen Zustand, dem wahren Selbst sehr nahe zu kommen; erst hierdurch kann sich die eigene Persönlichkeit frei und mündig entwickeln. Doch bedarf es hierfür eines Klimas der Offenheit für die inneren Vorgänge. Der Mensch hat dabei jedoch gegen Widerstände zu kämpfen. Wenn eine sich selbst reflektierende Person beginnt, eine neue Facette ihres Wesens zu erahnen, lehnt sie sie häufig zuerst ab. Hierzu Carl R. Rogers: *Erst wenn [der Mensch] einen solchen bislang verleugneten Aspekt seines Wesens in einem aufnahmebereiten Klima erlebt, ist er in der Lage, ihn als vorläufigen Teil seines Selbst zu akzeptieren.*[23] Um ein stimmiges Selbstbild zu erhalten, benötigen wir also eine innere Offenheit, die nur daraus wachsen kann, wenn eine echte Bereitschaft zur Selbsterkenntnis vorhanden ist. Wer sich wirklich analytisch selbst beobachtet, wird dabei feststellen, dass bereits die Art der Betrachtungsweise vom Selbstbild bestimmt wird. Derjenige, der für sein Inneres ohnehin aufgeschlossen ist, hat es demnach leichter, ein stimmiges Selbstbild zu generieren, als ein anderer, der sich bislang vor dem Kern des eigenen Daseins verschlossen hat.

Ein authentisches Selbstbild ergibt sich, wenn wir uns die wesentlichen Fragen zu unserem eigenen Leben stellen (und diese ehrlich und reflektiert beantworten):

- Wer bin ich, und was macht meine Persönlichkeit aus?
- Was erwarte ich von meinem Leben?
- Was kann ich, was kann ich nicht?
- Welche Dinge sind mir wirklich wichtig?

Mit der Beantwortung dieser Fragen allein ist es nicht getan, doch ist hiermit die Richtung vorgegeben. Weil die individuellen Lebensumstände so facettenreich sind, kommen natürlich weitere Fragen hinzu. Diese sind letztlich konkretere Varianten der oben genannten Fragestellungen. Hierbei gibt es kein allgemein gültiges Schema, das stur zu befolgen ist – eben weil es um Selbsterkenntnis geht, ist jeder Mensch gefordert, die für ihn relevanten Punkte selbst zu formulieren. Immer sollten dabei die folgenden fünf Fragenkomplexe berücksichtigt werden:

1. Charakterzüge, Eigenarten und Persönlichkeitsmerkmale

Beispielsweise:

- Welche Dinge machen mir große Freude?
- Was bereitet mir Unbehagen?
- Welche Eigenschaften mag ich an mir selbst, welche nicht?
- Wie gehe ich mit Problemen und Widerständen um?
- Welche Lebensumstände sind besonders prägend für meine Persönlichkeit?

2. Lebensplanung, Wünsche, Träume, Erwartungen

Beispielsweise:

- Bin ich mit meinem Leben überhaupt zufrieden?
- Welches sind meine Träume, Visionen, Hoffnungen und Erwartungen?
- Was sind meine größten Befürchtungen?
- Welche Dinge will ich unbedingt noch erreichen?
- Was soll sich in meinem Leben unbedingt ändern?

3. Umgang mit anderen Menschen

Beispielsweise:
- Bin ich offen für den Kontakt mit anderen Menschen?
- Schenkt man mir Vertrauen, kann ich anderen vertrauen?
- Kann ich auf die Belange und Bedürfnisse anderer eingehen?
- Bin ich aufrichtig im Umgang mit anderen Menschen?
- Bin ich tolerant, kann ich andere Meinungen akzeptieren?

4. Privates Verhalten, Partnerschaften

Beispielsweise:
- Welche Bedeutung hat mein Privatleben für mich?
- Entspricht mein Privatleben/meine Partnerschaft meinen Erwartungen?
- Woran sind frühere Beziehungen wirklich gescheitert?
- Bin ich bereit, auf die Bedürfnisse meines Umfeldes einzugehen?
- Auf welche Art löse ich Konflikte und Probleme?

5. Beruflicher Kontext

Beispielsweise:
- Macht mir meine Arbeit/mein Beruf Freude?
- Welches sind meine besonderen Qualifikationen?
- Wie wichtig ist mir meine Karriere?
- Was denke ich über die Qualität meiner Arbeit?
- Wie ist das Verhältnis zu meinen Kollegen/Mitarbeitern?

Die hier vorgeschlagenen Fragestellungen sind nur als Anregung zu verstehen. Wer es ernst damit meint, der eigenen Persönlichkeit auf den Grund zu gehen, wird auch die individuell relevanten Fragen finden. Sowohl das Finden der richtigen Fragen als auch die Reflexion der jeweiligen Komplexe benötigt immer ausreichend Zeit und kann nicht nebenbei stattfinden, es geht schließlich um die Ermittlung der eigenen Persönlichkeitsstruktur. Daher ist es angemessen, die Fragen niederzuschreiben und auch die Antworten schriftlich festzuhalten. Auf diese Weise erhält der Vorgang eine größere Prägnanz und höhere Genauigkeit, zudem lässt sich die Selbstreflexion so nach einiger Zeit nochmals hinsichtlich ihrer Stimmigkeit überprüfen. Das Ziel kann nur ein sehr ehrliches und tatsächlich zutreffendes Selbstbild sein. Vage gehaltene Bereiche, kaschierte oder halbherzige Antworten helfen hier nicht weiter.[24]

Auch wenn es gelungen ist, ein authentisches und durchaus präzise erscheinendes Selbstbild zu zeichnen, bleibt dies doch nur ein Ausschnitt unseres Selbst. Der Blick auf einige Elemente der eigenen Persönlichkeit ist für uns selbst nur schwer zugänglich. Daher ist die Beachtung und Einbeziehung des Fremdbildes dringend erforderlich.

3.2.2 Die Einbeziehung äußerer Sichtweisen

Ein Blick von der anderen Seite ist oft aufschlussreicher, meist auch schonungsloser als der eigene. Das Leben ist schließlich nicht in sich zentriert, sondern wird in erheblichem Maße durch die Wahrnehmung der Außenwelt bestimmt. – Beispielsweise in der Parodie oder der Karikatur zeigt sich das Phänomen, dass es einem außen stehenden guten Beobachter meist sehr schnell gelingt, eine Person durch eindeutige und auffällige Merkmale zu charakterisieren. Das Besondere ist hierbei: Die parodierte Person wusste bislang oft gar nicht, dass sich die (so zutreffend persiflierten) Merkmale und Eigenarten für die Außenwelt so markant offenbaren. Und für alle in der Öffentlichkeit stehenden Personen ist die allgemeine Wahrnehmung und Akzeptanz zwangsläufig sehr wichtig. Daher gibt es immer wieder Fälle, bei denen es sich sehr gut beobachten lässt, ob sich Selbstbild und Fremdbild im Einklang befinden.

Ein gutes Beispiel gibt hier der Managementbereich. Die rein fachliche Kompetenz deutscher Top-Manager steht in den meisten Fällen völlig außer Zweifel. Dennoch lassen sich hier immer wieder Defizite im Bereich der Kommunikation beobachten. Und oft sind sich die Manager gar nicht oder nur kaum bewusst, worin konkret die Schwierigkeiten bestehen. Erst wenn Kommunikationsprobleme oder peinliche Ausrutscher über die Presse an die Öffentlichkeit gelangen, gehen die Aspiranten mit aller Gewalt daran, ihr Image nachträglich aufzupolieren. Mit energischer Verbissenheit werden dann im Schnelldurchgang Rhetorik-Programme absolviert. Nur manchmal ist das Ergebnis noch immer nicht befriedigend: Es hat sich zwar ein besseres rhetorisches Gespür ausgebildet, doch verläuft die Kommunikation noch immer gestelzt. Sie wirkt sogar spürbar verkrampft und merkwürdig gezwungen. Solche Fälle zeigen sehr anschaulich, dass zwar am äußerlich sicht- bzw. hörbaren Problem gearbeitet wurde, während die eigentliche Ursache der Probleme unberücksichtigt geblieben ist. – Rhetorikkurse und Kommunikationstrainings sind immer eine sehr wertvolle Hilfe, doch können sie ihre positive Wirkung nur dann voll entfalten, wenn parallel zur rein fachlichen Schulung auch eine Selbstreflexion einsetzt. Wer durch Trainingsprogramme Defizite kaschieren will, dabei jedoch vergisst, Selbst- und Fremdbild einzubeziehen, wird weiterhin mit einem Authentizitätsmangel geschlagen sein. Das Resultat kann so nicht überzeugen. Zuweilen führt es sogar dazu, dass die ursprünglichen Probleme noch stärker hervortreten. Zwar ist ein eindeutiger Wille auszumachen, Abhilfe zu schaffen, nur ist die Wahl der Mittel zu einseitig. Ein Top-Manager, der in der Öffentlichkeit gut dastehen will, wird mit Fleiß alleine nicht viel erreichen, solange die Bereitschaft zur Selbstreflexion fehlt. Ein stimmiges Selbstbild, frei von Irrtümern bei der Selbsteinschätzung, ist eine Grundbedingung, um sich, die eigene Persönlichkeit und alle inhaltlichen Botschaften erfolgreich zu transportieren.

Jedes Fremdbild ist jedoch immer nur die subjektive Sichtweise eines anderen. Um ein vollständiges Bild des eigenen Selbst zu erhalten, benötigen wir die Fremdbilder mehrerer Personen und haben dann noch die Aufgabe, das jeweils Wesentliche herauszufiltern und mit dem Selbstbild abzugleichen. Ein Fremdbild als Ganzes zu erhalten, ist immer eine etwas heikle Aufgabe, denn: Ohne andere Menschen geht es nicht. Der Suchende muss also zunächst über seinen eigenen Schatten springen, und bereit werden, andere nach den ihn selbst betreffenden Dingen zu befragen. Hierfür eignet sich nun natürlich nicht jede x-beliebige Person. Infrage kommen ausschließlich sorgfältig ausgewählte Menschen, die uns gut und möglichst lange kennen und die zudem drei weitere Voraussetzungen erfüllen:

1. Es sollte ein gegenseitiges tiefes Vertrauensverhältnis bestehen.
2. Nur solche Personen kommen in Betracht, denen wir ein differenziertes Urteil zutrauen.
3. Immer sollte es sich um Menschen handeln, mit denen ein wirklich offenes und konzentriertes Gespräch, frei von Allgemeinplätzen, Klischees und Ausweichmanövern, möglich ist.

Sind diese Voraussetzungen erfüllt, können wir ohne Scheu an die Sache herangehen und ohne Umschweife danach fragen, welches Bild man sich von uns macht, wie wir wirken und welche Eigenschaften besonders auffallend sind. Gute Freunde, Partner oder nahe stehende Familienmitglieder sind zudem oft in der Lage, uns nicht nur zu berichten, was unsere ganz individuellen Persönlichkeitsmerkmale und Verhaltensweisen sind, sie können uns manchmal zusätzlich sehr analytische Anhaltspunkte geben, warum sich diese oder jene Dinge derart gestalten.

Die einzelnen Fragen bei diesen Gesprächen können sich gut an den bereits zusammengetragenen Fragen zum Selbstbild orientieren, schließlich geht es um dieselbe Sache – nur diesmal aus einer anderen Perspektive betrachtet. Hierbei ist man allerdings schnell versucht, lediglich diese Fragen und Aspekte ins Visier zu nehmen, bei denen man sich selbst unsicher hinsichtlich der Einschätzung des Gegenübers ist. Dies wäre ein Fehler, denn oftmals treten die wichtigsten Erkenntnisse genau an den Stellen auf, bei denen wir meinen, das durch uns hervorgerufene Fremdbild ziemlich genau zu kennen. Doch gerade in den Bereichen, wo wir uns sehr sicher wähnen, treten häufig die größten Überraschungen auf. Und es ist immer sehr aufschlussreich, wenn wir feststellen, dass eben dies, was wir für selbstverständlich und obligatorisch halten, plötzlich gar nicht der realen Wahrnehmung anderer entspricht. Eben deshalb sollte immer auch nach solchen Dingen gefragt werden, bei denen wir uns sicher wähnen, die Antwort „eigentlich“ schon zu kennen. – Und nicht selten ist es hierbei der Fall, dass sich auch sehr angenehme Überraschungen einstellen: Was wir uns selbst als Schwachpunkt ankreiden, was wir skeptisch und mit Argwohn wahrnehmen, wird von anderen nicht selten als Stärke oder besonders liebenswerter Aspekt betrachtet.

Neben der ausdrücklichen Befragung von mehreren Vertrauenspersonen können wir das Fremdbild weiter vervollständigen, indem wir aufmerksam auf die Reaktionen unserer Mitmenschen – sei es im beruflichen oder im privaten Kontext – achten. Wer mit wacher Wahrnehmung auf die Reaktionen des Umfeldes achtet, erhält hierbei fortwährend Hinweise darüber, wie die eigene Person von anderen eingeschätzt wird. Besonders beachtenswert sind dabei solche Momente, in denen die Menschen im

Umfeld anders reagieren, als wir es erwartet haben. Die Ursache für derartige Fehleinschätzungen liegt oft darin begründet, dass das Selbstbild nicht mit dem Fremdbild korrespondiert. Das Verhalten und die Reaktionen des Umfeldes, gerade wenn es unerwartete sind, liefern also immer Indizien für eine mögliche Diskrepanz zwischen Selbst- und Fremdbild.

Durch eine geschulte Wahrnehmung in Verbindung mir der gezielten Befragung lässt sich meist klar erkennen, inwieweit wir zur Selbstreflexion in der Lage sind und welches Gesamtbild sich ergibt, wenn wir das Selbstbild dem ermittelten Fremdbild gegenüber stellen. – Eine völlige und absolute Deckungsgleichheit lässt sich hierbei sicher niemals erreichen, ein zu großes Ungleichgewicht ist jedoch grundsätzlich eine Hürde auf dem Weg hin zu einer souveränen Persönlichkeit. Die Bilder unserer Persönlichkeit sollten einander immer weitgehend entsprechen; ist das nicht der Fall, zeigt dies unmissverständlich, dass wir uns mit unserer Persönlichkeit nicht im Einklang befinden. Wer die Erfahrung einer größeren Diskrepanz zwischen Selbst- und Fremdbild macht, braucht die Flinte jedoch nicht ins Korn zu werfen. Schließlich ist man bereits so weit gegangen, sich überhaupt einmal mit der Sachlage zu konfrontieren (was nur die wenigsten Menschen in Angriff nehmen). Hierdurch werden wertvolle Einsichten gewonnen, denn nun erst sind wir in der Lage, den Ursachen nachzuspüren, um dadurch Veränderungen in Gang zu setzen. Mit der Erforschung von Selbst- und Fremdbild kommt immer ein sehr persönlicher Prozess in Gang. Und eben darauf kommt es an: Sich überhaupt mit sich selbst auseinander zu setzen. Nicht das Fremdbild als solches ist entscheidend, sondern die Reflexion, die sich aus der Betrachtung des Fremdbildes ergibt; ebenso ist das entworfene Selbstbild nicht als finales Resultat zu verstehen, vielmehr geht es um die reflexive und kontinuierliche Beobachtung der eigenen Persönlichkeitsstruktur. – Dadurch können wir das eigene Selbst und die jeweiligen Lebensbedingungen hinterfragen und womöglich längst überfällige Veränderungsprozesse in Angriff nehmen. Die Ermittlung und der Abgleich von Selbst- und Fremdbild können dabei entscheidende Schritte in Richtung Selbstbestimmung sein. Und nur mit einer möglichst bewussten und umfassenden Selbstbestimmung, als eine der wichtigsten Voraussetzungen, ist Souveränität überhaupt erst denkbar.

3.3 Fokussierung auf die eigenen Stärken

Jeder Mensch verfügt über individuelle Fähigkeiten, besitzt bestimmte Begabungen und steckt voller Kapazitäten.[25] Und nahezu jede dieser willkommenen Potenziale lässt sich sinnvoll nutzen. Dabei bezieht sich eine sinnvolle Nutzung längst nicht allein auf berufliche Erfolge, auf materielle Dinge und Äußerlichkeiten, sondern insbesondere auch auf die Zufriedenheit mit sich selbst. Nun kann jedoch nicht jeder Mensch zu den selben Zielen geführt werden; die persönlichen Möglichkeiten variieren ebenso wie die dazugehörigen Zielsetzungen. Ein womöglich neidischer Blick auf die Fähigkeiten anderer verstellt dabei nur die Sicht auf die eigenen Stärken. Es gilt also, zuerst die eigenen Möglichkeiten zu erkennen (wobei der erste Schritt oft eine eingehende Auseinandersetzung mit dem Selbst- und Fremdbild ist). – Viele Menschen sehen sich mit der hemmenden Eigenart konfrontiert, zwar schnell die Stärken der Menschen der Umgebung wahrzunehmen, dabei jedoch das Gespür für die eigenen Kapazitäten zu verlieren. Parallel dazu treten die eigenen Schwächen in den Vordergrund, und nur zu gerne beißen wir uns an ihnen fest. Wir erkennen also, dass wir (selbstverständlich!) bestimmte Schwächen haben, wollen ihnen aber auch nicht direkt in die Augen sehen und versuchen, sie möglichst zu vertuschen. Oder wir nehmen unsere Schwächen als inakzeptablen Makel wahr und gehen mit aller Gewalt dagegen vor. – Das kostet viel Kraft und Ausdauer, obendrein bringt es im Allgemeinen nur geringe Erfolge.

Niemand will Schwächen haben oder diese gar nach außen zeigen. Wir sind überzeugt, dass sie etwas Schlechtes sind, dass sie schleunigst weg müssen und dass niemand von ihnen wissen sollte. (An dieser Stelle sei nochmals angemerkt, dass viele der von uns selbst als Schwäche eingestuften Merkmale von unserer Umwelt oft durchaus für liebenswerte Eigenschaften gehalten werden. Klarheit verschafft auch hier einmal mehr eine Konfrontation mit dem Fremdbild.) Das Problem ist nur: Niemand, aber auch wirklich niemand ist in der Lage, seine Schwächen wie auf Knopfdruck abzustellen. Das Maximum, was wir erreichen können, ist bestenfalls eine mühsame Abmilderung unserer Schwächen. Dennoch neigen viele (und gerade erfolgsorientierte) Menschen dazu, ihre Schwächen mit aller Gewalt zu bekämpfen. Übersehen wird hierbei, dass auch Schwächen ein Bestandteil der eigenen Persönlichkeit sind. Und wer nun auf diese Weise mit der eigenen Person ringt, kämpft dabei immer gegen sich selbst – und führt so einen Kampf, der einfach nicht zu gewinnen ist.

Gerade beim oft hartnäckig betriebenen Versuch, Schwächen auszumerzen, wird leichtfertig vergessen, dass auch die entgegengesetzte Möglichkeit besteht, nämlich die eigenen Schwächen einfach zu akzeptieren. Und dies ist eine wesentlich effektivere Form des Umgangs mit den eigenen Persönlichkeitsstrukturen. Wer seine Schwächen akzeptiert, läuft auch nicht Gefahr, dass bei der fortwährenden Zuwiderhandlung gegen die eigene Person das Selbstbewusstsein Schaden nimmt – was geradezu zwangsläufig der Fall ist, wenn wir unsere Kräfte gegen uns selbst richten. Ein angeknackstes Selbstbewusstsein bringt immer Minderwertigkeitsgefühle mit sich. Und diese äußern sich im Kontakt mit anderen Menschen als Schüchternheit, leichte Verlegenheit, übertriebene Bescheidenheit, aber auch in erhöhter Eitelkeit, Intoleranz, gesteigertem Geltungsbedürfnis und starkem Verlangen nach Lob und Anerkennung – alles Aspekte, die nicht gerade zu den Merkmalen einer souveränen Persönlichkeit zählen.

Dass wir lernen, unsere Schwächen zu akzeptieren, heißt derweil natürlich nicht, sich selbst einen Freibrief für alle erdenklichen Verhaltensweisen auszustellen. Es geht nicht darum, sich gehen zu lassen und dies dann auch noch damit zu begründen, dass wir uns sagen: „So bin ich eben“. Eine souveräne Persönlichkeit wird die eigenen Schwächen weder ignorieren noch kultivieren – sie wird sie sich vielmehr ins Bewusstsein rufen und Wege finden, vorhandene Schwächen zu kompensieren.

Eine wirkungsvolle Kompensation hat dabei den entscheidenden Vorteil, dass wir unsere Schwächen nicht mehr trickreich verbergen müssen. Gerade ein offensiver Umgang mit den schwächeren Punkten unserer Persönlichkeit wirkt zudem sehr vertrauenswürdig und authentisch, verhindert dabei Angriffsmöglichkeiten von außen und zeugt von Selbstbewusstsein – kurz: von einer souveränen Persönlichkeit. Zudem wird das Eingestehen von Schwächen (wozu nur wenige in der Lage sind) von anderen fast immer als besondere Stärke ausgelegt. Und Schwächen werden oft eben dann nahezu belanglos, wenn wir es verstehen, uns auf unsere Stärken zu besinnen – dadurch lässt sich nahezu jede Schwäche erfolgreich ausgleichen. Anstatt nun verzweifelt gegen die eigenen Schwächen, und damit gegen sich selbst, anzukämpfen, können wir viel besser in unsere Stärken investieren und dadurch Schwächen kompensieren. Hierbei ist allerdings dahingehend Vorsicht angezeigt, Schwächen nicht nur mit Stärken zu übertünchen und schließlich aus dem Blick zu verlieren. Die Methode ist nur dann nachhaltig Erfolg versprechend, wenn wir uns weiterhin unserer Schwächen bewusst bleiben, uns dabei nicht mit ihnen auf Kriegsfuß stellen, sondern sie uns selbst gegenüber eingestehen und auch zu akzeptieren lernen.

Anstatt nun viel Mühe und Zeit damit zu verschwenden, eine Schwäche bestenfalls abzumildern, ist es viel geschickter, die eigenen Stärken auszubauen. Hier kann mit viel weniger Aufwand ein wesentlich besseres Ergebnis erzielt werden. Doch auch hierfür ist es notwendig, zuerst die eigenen Stärken, Talente und Begabungen überhaupt zu erkennen. – Es zeigt sich abermals die große Bedeutung, die ein klares und möglichst vollständiges Selbst- und Fremdbild mit sich bringt: Im Rahmen des Prozesses, diese Bilder zu vervollständigen, werden sowohl die eigenen Schwächen als auch die Stärken ans Tageslicht treten.

Stärken sind ganz allgemein die Dinge, die einem Menschen leicht fallen, die er gut kann und die dabei auch noch Freude machen. Hierauf sollten wir unser Bewusstsein konzentrieren, denn vorhandene Stärken sind fast immer noch weiter ausbaufähig. Nur selten wurde das maximal mögliche Potenzial bereits ausgeschöpft. – Hierbei gilt es, zwischen den Dingen zu unterscheiden, die wir bis zu einem gewissen Grad erlernen können und solchen, die echte Begabungen sind. Talente und Begabungen sind eng mit unserer Persönlichkeit verknüpft und werden uns als (Erb-)Anlagen mit auf den Weg gegeben[26]. Dennoch fallen sie uns nicht in den Schoß, denn sie wollen erkannt und weiterentwickelt werden. Und in vielen Fällen wurden einzelne Talente während der Kindheit nur unzureichend gefördert, andere sind womöglich völlig unentdeckt geblieben.

Jeder Mensch verfügt über einige Bereiche, für die sich niemals ein besonderes Talent durchsetzen wird, weil es einfach nicht vorhanden ist. – Dies sind oft Gebiete, auf denen sich die unbeliebten Schwächen zeigen; bei anderen Bereichen kann von durchschnittlicher Begabung gesprochen werden – hier lässt sich durch mehr oder weniger beharrliches Lernen einiges erreichen, werden sich jedoch nur selten echte Stärken finden lassen; letztendlich können immer Bereiche entdeckt werden, wo tatsächlich Begabungen verborgen sind. Hierbei ist es nicht etwa so (wie oft fälschlicherweise angenommen), dass nur einige auserwählte Menschen über eine besondere Begabung verfügen; es ist nicht einmal richtig, dass ein Mensch mit nur einer oder maximal zwei Begabungen aufwarten kann. Die Wahrheit ist, wie mehrere fundierte Untersuchungen belegen (etwa von der renommierten Johnson O'Connor Research Foundation[27]), dass *jeder* Mensch durchschnittlich über drei bis fünf besondere Begabungen verfügt! – Das Problem besteht also aus zweierlei Aspekten: Während der Kindheit und Jugend fehlt zuweilen die Sensibilität oder auch die Bereitschaft der Eltern, bestimmte Talente zu fördern (oft ist es hier auch der Fall, dass nicht etwa eine sich tatsächlich herauskristallisierende Begabung gefördert wird, sondern ein völlig anderer Bereich, von dem es die Eltern einfach gerne hätten, dass hier ein verborgenes Talent schlummert); und im Erwachsenenalter begeben sich nur wenige auf die Suche nach ihren Begabungen. Man meint, nun sei es ohnehin zu spät oder glaubt, dass einfach keine echte und besondere Begabung vorhanden ist.

Wenn es nun jedoch gelingt, die eigenen Begabungen – also Stärken – zu erkennen, lassen sich auf diesen Gebieten viel leichter besondere Leistungen erreichen. Dadurch können nicht nur Schwächen kompensiert werden – wer im Einklang mit den eigenen Stärken lebt, dem wird es auch viel eher gelingen, seine wahre Persönlichkeit zu entfalten. Insbesondere werden auch Unzufriedenheiten mit dem eigenen Leben stark vermindert, denn grundsätzlich wollen sich die spezifischen Begabungen und Veranlagungen durchsetzen. Werden diese aber nicht ausreichend forciert, kann es durchaus sogar zu ernsthaften psychischen und physiologischen Erkrankungen, zumindest aber zu Unzufriedenheiten und inneren Widerständen kommen.

Viele Stärken lassen sich durch den analytischen Blick auf Selbst- und Fremdbild erkennen. Gerade die Perspektiven anderer sind hierbei sehr hilfreich, weil wir allzu oft in den einmal festgefahrenen Bahnen gefangen und so mitunter kaum mehr in der Lage sind, vorurteilslos auf unser Selbst zu schauen.

Bei der Johnson O'Connor Research Foundation wurde herausgefunden, dass es – neben der sportlichen Begabung, die sich wiederum in mehrere Teilgebiete unterteilt –

mindestens 16 Grundfähigkeiten des Menschen gibt, auf die sich dann die jeweiligen Begabungen verteilen.[28] Wer ein authentisches Bild seiner Selbst entworfen hat, dem sollte es möglich sein, zu erkennen, welche dieser Grundfähigkeiten den eigenen Begabungen entsprechen:

Analytisches Denken: Die Fähigkeit, auch komplexe Zusammenhänge folgerichtig zu bewerten und in die Praxis zu übertragen.

Bildeinprägsamkeit: Die Fähigkeit, sich gut an Muster und Zeichnungen zu erinnern.

Beobachtungsgabe: Die Fähigkeit, durch Beobachtung Dinge zu identifizieren und sich einzuprägen.

Farbwahrnehmung: Die Fähigkeit, sehr genau zwischen Farbabstufungen unterscheiden zu können.

Fingerfertigkeit: Die Fähigkeit, geschickt mit den Händen umzugehen.

Gedächtnisfähigkeit: Die Fähigkeit, Sachverhalte zu speichern und mehrere Dinge parallel im Gedächtnis behalten zu können.

Ideenreichtum: Die Fähigkeit zur Kreativität und der Vorstellungskraft, Ideen in die Tat umzusetzen.

Induktives Denken: Die Fähigkeit, aus einer Vielzahl von Sachverhalten die richtigen Schlussfolgerungen zu ziehen und Beziehungen herzuleiten.

Musikalische Begabung: Die Fähigkeit, zwischen einzelnen Tönen zu unterscheiden und Instrumente zu erlernen.

Pinzettengeschicklichkeit: Die Fähigkeit zum präzisen Umgang mit Instrumenten (auch mit kleineren).

Räumliches Denken: Die Fähigkeit zur räumlichen Vorstellung und zum dreidimensionalen Denken.

Schriftliche Begabung: Die Fähigkeit, schriftliche Arbeiten schnell und sorgfältig zu erledigen; allgemein die Fähigkeit des kompetenten Umgangs mit Symbolen und Zahlen.

Soziale Kompetenz: Die Fähigkeit entweder zur Zusammenarbeit im Team oder eher zur spezialisierten, individuellen Arbeit.

Sprachverständnis: Die Fähigkeit, Sprache und Vokabeln sowie Fachausdrücke zu erlernen.

Vorausschau: Die Fähigkeit, Prognosen über in der Zukunft eintretende Wahrscheinlichkeiten abzugeben.

Zahlenverständnis: Die Fähigkeit, Beziehungen zwischen Zahlengruppen herzustellen und daraus Schlussfolgerungen zu ziehen.

Es ist also eine nachweisbare Tatsache, dass jeder Mensch direkt über mehrere Begabungen verfügt. Auf Grundlage dieser Begabungen entwickelt der Mensch seine individuellen Stärken und besonderen Fähigkeiten, die sich in die unterschiedlichsten Gebiete verzweigen können. Während eine Konzentration auf Schwächen lähmt, können wir durch eine Fokussierung auf die eigenen Stärken eine souveräne Gelassenheit entwickeln, dabei viel eher auch die Unzulänglichkeiten akzeptieren und somit eine innere Balance finden. Und wer sich allein damit abmüht, eine Schwäche – wenn auch nicht zu beseitigen – so vielleicht doch in den Griff zu bekommen, wird damit noch lange nicht seine Stärken entdecken, was der wesentlich effektivere Weg ist. – Echte Souveränität ist ohne Fokussierung auf die eigenen Stärken kaum denkbar.

Zusammenfassung

- ✓ Souveränität ist das Ergebnis eines längerfristigen und kontinuierlichen Entwicklungsprozesses, der immer eine bewusste Wahrnehmung der eigenen Persönlichkeit erfordert.
- ✓ Die Persönlichkeitsentwicklung basiert auf den drei Faktoren: Erbanlagen, Fremd- und Selbstbestimmung. Günstige Erbanlagen sowie gute Umwelteinflüsse erleichtern eine ungehinderte Persönlichkeitsentfaltung. Der wesentlichste Faktor bleibt jedoch die Selbstbestimmung, folglich ist grundsätzlich jeder Mensch in der Lage, Souveränität zu entwickeln.
- ✓ Eine unerlässliche Voraussetzung ist dabei, ganz bewusst Verantwortung für sich selbst zu übernehmen und sich der Facetten der eigenen Persönlichkeit bewusst zu werden.
- ✓ Dies erfordert eine größtmögliche Selbsterkenntnis, die durch eine eingehende Auseinandersetzung mit dem Selbst- und Fremdbild gewonnen werden kann.
- ✓ Beim analytischen Blick auf die eigene Persönlichkeitsstruktur treten sowohl Schwächen als auch individuelle Stärken hervor. Souveränität erfordert eine Akzeptanz der persönlichen Schwächen bei gleichzeitiger Fokussierung auf die Stärken.
- ✓ Jeder Mensch verfügt über mehrere besondere Begabungen, die sich im Leben – wenn sie denn erkannt und gezielt gefördert werden – als Stärken und Fähigkeiten zeigen. Aus der Konzentration auf die Stärken kann der Mensch seine innere Balance finden und dabei sowohl Gelassenheit als auch Zufriedenheit erfahren.

Gertrude Stein: Sie kamen alle und keiner störte

Während der Zwanzigerjahre des letzten Jahrhunderts setzte eine wahre Emigration von Amerikanern ein, die ihren Wohnsitz nach Europa und hier vor allem nach Paris verlegten. Eine deutschstämmige Amerikanerin hatte sich schon 20 Jahre vorher in Paris niedergelassen: Gertrude Stein. Die berühmte Schriftstellerin und bedeutende Kunstsammlerin gilt heute als legendäre Berühmtheit, und es gibt kaum einen Menschen, der nicht wenigstens schon einmal den Satz *Eine Rose ist eine Rose ist eine Rose* gehört hat. Dabei hatte Gertrude Stein dieses Bonmot lediglich als Bereicherung ihres Briefsiegels verwendet, ihr eigentliches Werk besteht aus mehr als 600 Arbeiten. Damit ist Gertrude Stein eine der produktivsten Schriftstellerinnen ihrer Zeit, wichtiger als die Quantität ist die ungewöhnliche Qualität ihrer Werke, die ein Orientierungspunkt für etliche moderne Schriftsteller werden sollte.

Doch ist es längst nicht nur ihr erstaunliches Werk, das Gertrude Stein zur Legende machte. Nicht minder wichtig ist die Ausstrahlungskraft ihrer Persönlichkeit, mit der sie, ebenso wie mit ihren Büchern, wie der große Schriftsteller Sherwood Anderson sagte, *für etwas Unverdorbenes und Gesundes in unserem Leben einsteht.* Stein war ein Mensch voller Tatendrang und wurde zur wichtigen Ratgeberin einer ganzen Schriftstellergeneration. Ihre Wohnung in Paris wurde zur Anlaufstelle vieler der neu in dieser Stadt Eintreffenden und zum Domizil für alle, die schon dort lebten. Einmal die Woche standen die Türen für alle offen, die Rat suchten oder sich einfach nur an ihrer warmen Persönlichkeit erfreuen wollten. Unter den Besuchern waren zahlreiche berühmte Künstler und Schriftsteller oder aber solche, die später erst noch zu Ruhm gelangen sollten. Pablo Picasso, Ernest Hemingway oder Francis Scott Fitzgerald, um nur einige wenige ihrer bekanntesten Besucher zu nennen, gingen bei ihr ein und aus. Für alle diese Persönlichkeiten war Stein eine unerschöpfliche Quelle der Inspiration, von ihr konnte man über Kunst und Dichtung oder ganz einfach über die ganz praktischen Dinge des Lebens lernen. Ihr enormer Einfluss auf die moderne Literatur ist unbestritten, und so mancher ihrer Besucher wäre ohne Steins Unterstützung womöglich niemals zur vollen Entfaltung seines Potenzials gelangt.

Gertrude Stein hat sich jedoch nicht nur mit Künstlern und Intellektuellen umgeben, sie machte keinen Unterschied, ob nun ein berühmter Schriftsteller oder ein völlig Unbekannter zu ihr kam. Sie selbst sagt über diese Zeit und den nicht nachlassenden Besucherstrom: *Sie kamen alle und keiner störte.* Alle Besucher wurden gleichermaßen freundlich und mit unerschöpflicher Hilfsbereitschaft empfangen – Beruf und Status spielten für sie keine Rolle. Stein wurde damit zur festen Institution, ihre Wohnung zur ersten Anlaufstelle insbesondere aller Rat suchenden Schriftsteller. Hier lebte Stein mit ihrer Lebensgefährtin Alice Toklas, was für die damalige Zeit mehr als ungewöhnlich war. Doch der völlig unverkrampfte und (selten passt das Wort besser) völlig souveräne Umgang mit ihrer Homosexualität führte dazu, dass sie sich niemals zu rechtfertigen brauchte. Stein hatte das Glück, kraft ihrer vereinnahmenden Persönlichkeit, niemals irgendwelchen diesbezüglichen Ressentiments ausgesetzt zu sein. Das Gegenteil war der Fall: 1932 war Stein die erste Frau, die (während einer Vortragsreise durch die USA) mit ihrer, bis zum Tode verbundenen, Lebensgefährtin sogar vom Präsidenten empfangen wurde – ein Vorgang, der bis dahin sicher absolut undenkbar war. Es wurde übrigens ein Zusammentreffen, das Stein und Toklas völlig unbeeindruckt ließ: *Wir redeten über irgendetwas und saßen neben irgendjemandem.* Die Selbstverständlichkeit, mit der das Paar gemeinsam auftrat, entwaffnete jeden, wodurch alle möglichen Angriffspunkte wegfielen.

Gertrude Stein war eine exzellente Rednerin mit einer glänzenden Rhetorik und mit einer freundlichen, eindringlichen Stimme. Sie liebte es, zu erzählen und ihren Gesprächspartnern sehr aufmerksam zuzuhören. Oftmals wurde sie von Reportern umzingelt, die versuchten, sie bei ihren Vortragsreisen herauszufordern. Doch wer sie herausforderte, wurde selbst herausgefordert. Sie übernahm die Initiative, beantwortete die ihr gestellten Fragen verblüffend einfach und gewann schließlich die Herzen der Reporter mit Humor und Liebenswürdigkeit. Einmal wurde Stein von einem Reporter mit Anspielung auf ihren unkonventionellen Schreibstil gefragt: *Weshalb schreiben Sie nicht so wie Sie sprechen?* Ihre Antwort: *Weshalb lest ihr nicht so wie ich schreibe?* Ein anderes Mal wurde sie auf ihren enormen Einfluss auf die moderne Literatur angesprochen. Hier entgegnete Sie: *Wenn man sich selbst beeinflussen kann, so genügt das.* Und tatsächlich ist dies wohl der Kern von Gertrude Steins Persönlichkeit – alles, was sie tat, tat sie mit vollem Bewusstsein. Auf dieser Kontrolle über das eigene Bewusstsein basiert ihr analytisches Denken, dem kaum eine Grenze gesetzt zu sein schien. Dabei, und auch das ist nicht unbedingt selbstverständlich, war sie keineswegs auf hochintellektuelle Thematiken fixiert. Gertrude Stein verschanzte sich eben nicht im sprichwörtlichen Elfenbeinturm. Sie sprach und interessierte sich für alles, und sie handelte sehr pragmatisch, wenn es ihr notwendig erschien. Schon im Ersten Weltkrieg verließ sie Paris, um bei der Versorgung von Hospitälern zu helfen; sie verteilte zudem in verschiedenen französischen Städten Kleidung an die Zivilbevölkerung, wofür sie nach Kriegsende eine Ehrenmedaille erhielt. Im Zweiten Weltkrieg luden sie und Alice Toklas die erschöpften alliierten Soldaten zu sich ein, hier teilten sie ihr Essen mit ihnen, erzählten und hörten zu.

Für die Franzosen gilt Gertrude Stein noch immer als die wahre amerikanische Emigrantin. So weist auch die Tafel an dem Gebäude von Gertrude Steins und Alice Toklas' Wohnung in der Rue de Fleurus auf die einzige Amerikanerin hin, an die sich die französische Regierung offiziell erinnert.

Ernest Hemingway schrieb in Erinnerung an seine Mentorin Gertrude Stein: *Sie war eine solche Persönlichkeit, dass ihr niemand widerstehen konnte, und Kritiker, die sie kennen lernten, nahmen Arbeiten von ihr, die sie nicht verstanden, auf Treu und Glauben hin, aus Begeisterung für sie als Mensch und im Vertrauen auf ihre Urteilsfähigkeit.*

Gertrude Stein starb 1946 wenige Stunden nach einer Krebsoperation. Als sie aus der Narkose erwachte, arbeitete ihr Verstand noch so klar, dass sie zum letzten Mal das simple und doch unerschöpfliche Problem, auf das sie die Energie einer lebenslangen wissenschaftlichen Neugierde und ästhetischen Entdeckungslust verwandt hatte, in Worte fassen konnte: *Wie lautet die Antwort?*, fragte sie Alice Toklas, die vor Ergriffenheit jedoch schwieg. *In dem Fall*, sagte Gertrude Stein anschließend, *wie lautet dann die Frage?*

4. Kommunikative Fähigkeiten als Kennzeichen einer souveränen Persönlichkeit

Die Art und Weise der verbalen und nonverbalen Kommunikation ist zumindest für den aufmerksamen Zuhörer und Beobachter ein zuverlässiges Barometer für die jeweilige seelische Verfassung eines Menschen; mehr noch, von den Gepflogenheiten in der Kommunikation lässt sich meist sehr eindeutig auf die grundsätzlichen Charaktereigenschaften einer Person schließen. Ob wir es mit einem eitlen, überheblichen, arroganten, nervösen, unsicheren oder schüchternen Menschen zu tun haben – alle diese Eigenschaften oder Zustände finden ihren Ausdruck im Kommunikationsverhalten. Mit der Art der Kommunikation und unseren rhetorischen Fähigkeiten machen wir zuallererst also immer auch Aussagen über uns selbst. Dies gilt insbesondere dann, wenn berücksichtigt wird, dass Kommunikation die Gesamtheit jeglicher Interaktionen zwischen Menschen umfasst. Damit geht es dann nicht mehr allein um den inhaltlichen Gehalt des Gesprochenen, sondern ebenso um nahezu sämtliche Rahmenbedingungen während eines Gesprächs. Hierzu zählen vor allem die nonverbalen Signale und Botschaften, die mittels der Körpersprache unaufhörlich ausgesendet werden, hinzu kommen Faktoren wie das äußere Erscheinungsbild, das zum einen wiederum durch die Körpersprache (z.B. der Körperhaltung) geprägt ist, jedoch auch Aspekte wie die Kleidung und Körperpflege meint. – Wir wissen, dass wir viel eher geneigt sind, einem Menschen zuzuhören und ihm eine gewisse Achtung entgegenzubringen, wenn dieser über ein insgesamt stilvolles Auftreten verfügt und obendrein noch zugleich höflich und bestimmt zu kommunizieren vermag. Kommunikation ist also ein sehr breit gefächerter Begriff, der weitaus mehr meint als den gekonnten Umgang mit Worten. Allerdings bleibt die Rhetorik (griechisch Redekunst) natürlich ein Kernbestandteil der menschlichen Kommunikation. Wer es versteht, sich adäquat zu artikulieren, auch komplexere Zusammenhänge prägnant zu verbalisieren, dabei auf Schlagfertigkeit und einen charmanten Wortwitz zurückgreifen kann, gilt allgemein nicht nur als intelligent, sondern wird es auch leichter haben, sich bei anderen Menschen Gehör zu verschaffen. – Wer dagegen schnell ins Stottern kommt, unbeholfen, allzu umständlich und angestrengt bei der Wahl der Worte ist, wirkt meist inkompetent und fade.

Ein souveränes Auftreten ist ohne eine entsprechende Kommunikation mitsamt ausgeprägter rhetorischer Fähigkeiten schlichtweg undenkbar. Denn der Mensch wird zu großen Teilen anhand seiner Interaktion mit anderen gemessen. Wir beurteilen unser jeweiliges Gegenüber, ob bewusst oder auch unbewusst, also immer insbesondere aufgrund seines Kommunikationsverhaltens. In der Kommunikation treten bestimmte Verhaltensweisen zutage, die immer von anderen wahrgenommen und beurteilt werden. Und spätestens seit den Erkenntnissen des bekannten Kommunikationstheoretikers Paul Watzlawick ist bekannt, dass der Mensch immer irgendeine Verhaltensweise zeigt. Und eben weil man sich nicht nicht verhalten kann, ist es folglich auch unmöglich, nicht zu kommunizieren. Dieses von Watzlawick als *Metakommunikatives Axion*[29] bezeichnete Phänomen besagt also, dass jeder Mensch – ob er nun will oder nicht – jederzeit und unaufhörlich auf die eine oder andere Art kommuniziert.

Die Kommunikation beeinflusst ganz erheblich die Wahrnehmung jeder Art von Persönlichkeit durch andere, wodurch letztendlich unser ganzes Leben (und nicht zuletzt das eigene Denken) durch unser Kommunikationsverhalten mitgestaltet wird. Zwischen Souveränität und der Kommunikation bestehen also unleugbare Wechselwirkungen. Souveränität kann sich erst auf Grundlage einer souveränen Kommunikation entfalten. Zugleich fällt es dem souveränen Menschen leichter, mit anderen auch souverän zu interagieren, also mit ihnen sicher und zielstrebig in Beziehung zu treten. Eine durchweg gelungene Kommunikation basiert dabei immer auf einer offenen und flexiblen Persönlichkeit. – Eine gestörte Kommunikation hat währenddessen ganz zwangsläufig einen mitunter eklatanten Souveränitätsverlust zur Folge. Aus diesem Grund ist eine eingehende Beschäftigung mit dem Thema Kommunikation unvermeidbar, wenn es um Souveränität geht.

4.1 Souveräne Kommunikation versus autoritäre Kommunikation

Eine Kunst der souveränen Kommunikation liegt darin, Kommunikationsstörungen – die häufig die Basis für Konflikte bilden – weitgehend zu vermeiden. An die Kommunikation werden heute hohe Anforderungen gestellt. Gerade in Anbetracht des viel beschworenen derzeitigen Kommunikationszeitalters ist dies nur selbstverständlich, hat die Bedeutung der Kommunikation doch sowohl quantitativ als auch qualitativ zugenommen. Noch niemals wurde so viel und mithilfe so unterschiedlicher technischer Hilfsmittel kommuniziert wie zum gegenwärtigen Zeitpunkt (wobei wir mit den Eigenarten und auch Tücken all dieser Geräte zurechtkommen müssen). Auf der anderen Seite sind die Ansprüche, die an unsere persönliche Form der Kommunikation gestellt werden, insgesamt gestiegen.

Kommunikationsfähigkeit ist ein fast schon obligatorisch gefordertes Attribut, wenn es heute darum geht, eine neue Arbeitsstelle zu finden; und im Privatleben sollen wir möglichst mit rhetorischen Spitzfindigkeiten auftrumpfen können. Jederzeit gilt es, sich durchzusetzen, zu behaupten und mit anderen wenigstens mithalten zu können. Dies zeigt zum einen, welchen hohen Stellenwert die Kommunikation insgesamt hat, andererseits bringt es auch geradezu paradoxe Auswüchse mit sich: Denn wer sich nun auf Grundlage der gestiegenen Anforderungen mit den Themen Kommunikation und Rhetorik beschäftigt, stößt dabei immer wieder auf Ratgeber und selbst ernannte Experten, die eine Kampfrhetorik propagieren, die einen mithilfe von Killerphrasen, Nebeltaktiken, Ausweichmanövern, Schockfragen und dergleichen Gebilden mehr für jede Redeschlacht und alle Wortduelle fit machen wollen. – Schon die hier ganz offensichtlich beim Militär entlehnten Termini zeigen die Richtung, in die es dabei geht. Das Ziel ist immer ein rhetorisches Aufrüsten, das dazu beitragen soll, den Hieben eines imaginären Gegenübers entsprechend zu parieren.

Die Kommunikation insgesamt und insbesondere die Anwendung rhetorischer Finessen werden nicht selten als eine Art Kampf betrachtet, aus dem man als Verlierer ausscheiden oder aber als triumphierender Sieger hervorgehen kann. Mit dem Erlernen von einigen ausgeklügelten Fertigkeiten begeben wir uns dann auf Gefechtsstation und sind schließlich in der Lage, die „Tricks" unseres Gegenübers, der sich ebenfalls gerüstet hat, abzuwehren. – Mit unserer Kommunikation können wir in besonderer Weise Stärke und Macht demonstrieren, uns andere gefügig machen oder sie geschickt manipulieren. Wem dies gelingt, der gilt gemeinhin als durchsetzungsfähig, scharfsinnig und intelligent. Als Folge eignen sich die meisten Menschen im Laufe der Zeit einen entsprechenden Umgangston an, während man selbst voller Misstrauen und Argwohn auf der Hut ist, nicht in irgendeine Falle zu laufen. Wir wissen oft, wie wir jemanden „zu nehmen" haben oder „wie uns ein anderer kommen" wird und bereiten uns auf entsprechende verbale Gefechte vor. Ein derartiges Kommunikationsverhalten entwickeln wir hauptsächlich im Berufsleben, sind dann im privaten Bereich jedoch kaum mehr in der Lage, den Schalter umzustellen.

Auch wenn es uns gelingt, dieses Spiel bis zu einer gewissen Meisterschaft mitzuspielen, hat dies absolut nichts mit einer souveränen Kommunikation zu tun. Bestenfalls wird hierdurch eine Scheinsouveränität vorgegaukelt. Obendrein hat sich die zeitweise etablierte Kampfrhetorik, auch wenn sich mit einer solchen durchaus Zwischenerfolge feiern lassen, längst auf ganzer Linie als Flop erwiesen. Die autoritäre Kommunikation hat ihren Ursprung im Berufsleben und soll hier das Durchsetzungsvermögen (insbesondere von Führungskräften) stärken und zugleich jeden Widerspruch anderer vermeiden. „Kämpft" das Gegenüber nun mit vergleichbaren Mitteln, entsteht ein endloses Hin und Her von Angriff, Parade, Gegenangriff usw. Hier liegen die „Gesprächspartner" fortwährend auf der Lauer und hoffen auf eine Schwäche des anderen, die es dann schleunigst auszunutzen gilt. – Besonders effektiv kann diese Form der Kommunikation letztendlich nicht sein. Ist das Gegenüber nun rhetorisch weniger versiert, wird es zwangsläufig als Verlierer aus der Gesprächssituation herausgehen. In solchen Fällen wird die Person des Gegenübers missachtet und entwertet, seine Bedürfnisse werden permanent und vorsätzlich ignoriert. Als Folge entstehen offene oder unterschwellige Konflikte, die früher oder später eskalieren; der Gesprächspartner wird unzufrieden, seinerseits die Kommunikationsbereitschaft einschränken oder einfach resignieren. Und eine Kommunikation, die auf einer Seite mit schlechten Gefühlen endet oder eine Haltung wie „Da halte ich doch zukünftig lieber den Mund" provoziert, kann kaum als eine solche betrachtet werden. Sie ist, paradoxerweise gerade im Berufsleben, im Endeffekt von fataler Ineffizienz. Wo Unzufriedenheit, Misstrauen, Verärgerung oder sogar schlichtweg Angst herrschen und Konflikte schwelen, können sich Potenziale niemals voll entfalten. Und Mitarbeiter, die auf Sparflamme agieren, lieber schweigen und Angelegenheiten vorsätzlich verschweigen, die sich aufgrund einer autoritären Kommunikation fortwährend Repressalien ausgesetzt sehen, werden wohl kaum zum Erfolg eines Unternehmens beitragen.

Eine autoritäre Kommunikation ist damit, entgegen der eigentlichen Intention, durch und durch ineffizient, sie ist zudem oftmals ein Produkt der Unsicherheit. Tatsächlich sind es eher schwache Menschen, die ihre Unsicherheiten mit einer dogmatischen Kommunikationsform zu kaschieren versuchen, um so eine in Wahrheit nicht vorhandene Stärke zu demonstrieren.

Der Mensch verfügt von allen Lebewesen über die effektivsten Möglichkeiten der Kommunikation, mit denen sich auch komplexeste Informationen transportieren lassen. Erst durch das spezielle Kommunikationsvermögen können wir mit unserer Umwelt in Beziehung treten. Hierbei haben wir insgesamt eine sehr hohe Kommunikationskultur erreicht, die es dem Menschen erst ermöglicht, im Laufe der Evolution seine Sonderstellung einzunehmen. Der Erfolg und die Effizienz der Kommunikation hängen noch heute entscheidend von der Kommunikationskultur ab. Eben diese wird durch alle Ausprägungen konterkariert, die versuchen, grundlegende Elemente der Kommunikation auszublenden. Nichts anderes wird mit einem autoritären Kommunikationsverhalten getan, hierdurch werden Fähigkeiten des Menschen reduziert und eingeschränkt.

Eine nachhaltig (und nicht nur kurzfristig oder sogar nur einmalig) effektive Kommunikation berücksichtigt immer auch die Bedürfnisse der Gesprächspartner. Eine souveräne Persönlichkeit gewinnt ihre Autorität nicht etwa durch einen Befehlston oder mittels manipulativer Spitzfindigkeiten, sondern mit einer wahren Kommunikationskultur, die umfassende Souveränität zum Ausdruck bringt.

Hier darf man sich ruhig sicher sein: Selbst die besten „Tricks" werden früher oder später durchschaut. Was sich aber als Schachzug herausstellt, wird immer Misstrauen bei den Gesprächspartnern wecken, schließlich muss es etwas zu verbergen geben – andernfalls wären keine Kunstgriffe im Gespräch erforderlich. Ein Gespräch, das im Schatten des Misstrauens stattfindet, kann sich niemals zu einem offenen und ehrlichen Gespräch entwickeln. Daher ist gegenseitiges Vertrauen eine notwendige Basis für jede Kommunikation. Vertrauen zu entwickeln, ist dabei mehr als reines Wunschdenken – gewinnen können wir es insbesondere durch eine generelle Wertschätzung unseres Gegenübers. (Sollte dies nicht gelingen, kann man immer noch einen anderen Weg einschlagen – worauf wir später noch zurückkommen werden.) – Ein wesentlicher Bestandteil der souveränen Kommunikation ist eine vorurteilslose Höflichkeit, die beim Gegenüber Vertrauen erweckt. Ein Gesprächspartner, der es darauf abgesehen hat, einen anderen zu entwerten, ist ebenso wenig souverän in seiner Kommunikation wie derjenige, der lediglich mit einer aufgesetzten Höflichkeit hantiert. Der französische Philosoph Alain hat diesen Umstand treffend auf den Punkt gebracht:

Höflichkeit muß ebenso gelernt werden wie Tanzen. Wer nicht tanzen kann, meint, die Schwierigkeit bestehe darin, die Regeln zu kennen und sich ihnen entsprechend zu bewegen; aber das betrifft nur das Äußerliche der Sache; man muß es vor allem dahin bringen, die Steifheit und Befangenheit zu verlieren, das heißt, ohne Furcht zu tanzen. So bedeutet es nur wenig, die Regeln der Höflichkeit zu kennen; selbst wenn man sie befolgt, befindet man sich allenfalls auf der Schwelle. Die Bewegungen müssen genau sein und weich; sie dürfen weder Anstrengung noch Unsicherheit verraten, denn die geringste Unsicherheit teilt sich sogleich mit.[30]

Es ist also meist schnell zu erkennen, ob eine höfliche Gesinnung bloß eine aufgesetzte Fassade ist oder ob sie aus einer echten Einstellung und einer Ausrichtung an den eigenen Werten resultiert. Nun neigen viele Menschen, oft wider besseren Wissens, dazu, den höflichen Menschen mangelnde Nachdrücklichkeit oder sogar Schwäche vorzuwerfen. Tatsächlich ist dies eine komplette Verkehrung der Tatsachen, denn gerade Schwäche wird fast immer durch demonstrative Autorität zu kaschieren versucht. Eine souveräne Persönlichkeit hat es derweil nicht nötig, sich hinter derartigen Fassaden zu verbergen. Wir brauchen nur dem Philosophen weiter zu folgen und kommen der Wahrheit schnell auf die Spur:

Kraft schließt Höflichkeit keineswegs aus, im Gegenteil sogar; Höflichkeit ist sozusagen Kraft in zweiter Potenz: Gewalt, die Gewalt hat über sich.[31]

Eben dieser Umstand ist auch der Grund dafür, dass ein von innen heraus höflicher Mensch über eine besondere Ausstrahlungskraft verfügt und viel eher dazu in der Lage ist, Vertrauen aufzubauen und offene, also effektive Gespräche zu führen. Eine souveräne Persönlichkeit wird immer bestrebt sein, eine durchweg niveauvolle Kommunikation zu führen. Hierzu bedarf es einiger ethischer Maßstäbe, die für ihn zum selbstverständlichen Bestandteil der Kommunikation zählen.

Ein souveräner Mensch verpflichtet sich selbst zum Wahrheitsgehalt seiner Kommunikation. Es geht ihm nicht darum, anderen Menschen durch geschickt konstruierte Wortverdrehungen irgendwelche Scheinwahrheiten glaubhaft zu machen – er will durch sachliche Argumente überzeugen und lehnt stichhaltige Argumente eines Gegenübers selbst nicht kategorisch ab, sondern ist offen dafür, sich auch von diesen überzeugen zu lassen. Auch wird eine souveräne Persönlichkeit das ihr entgegengebrachte Vertrauen nicht missbrauchen oder andere mit suggestiven Mitteln hinters Licht führen. Zugleich wird sie sich in ihrer Kommunikation durch Kontinuität und Transparenz, also durch Zuverlässigkeit auszeichnen.

Eine höfliche, niveauvolle und somit kultivierte Kommunikation, welche die genannten ethischen Maßstäbe vereint, ist die Basis für eine souveräne Kommunikation. Die souveräne Persönlichkeit wird aus sich selbst heraus einen gehobenen Umgangston, fern jeder Rabulistik[32] und aller Plumpheiten pflegen. – Die menschliche Kommunikation ist ein hoch komplexer Prozess, dessen Effektivität in erheblichem Maße durch die Psychologie, und damit durch die Wahrnehmung des Gegenübers bestimmt wird. Eine gelungene Kommunikation kann also vor allem dann stattfinden, wenn wir uns weniger an uns selbst, sondern stattdessen vielmehr an unserem Gesprächspartner orientieren und dabei seine Bedürfnisse berücksichtigen. Hierfür bedarf es der beschriebenen Grundeinstellung sowie der Komponenten *partnerzentrierte Haltung*, Fähigkeit zur *Empathie* und die Bereitschaft zum *(aktiven) Zuhören.*

4.1.1 Die partnerzentrierte Haltung

Jedes Gespräch hat ein bestimmtes Ziel, das ganz allgemein (und selbst dann, wenn es nur darum geht, eine klare Information mitzuteilen) als Verständigung bezeichnet werden kann. Und mit jeder Kommunikation kommt es zu einer Wechselbeziehung zwischen den Gesprächspartnern (der Interaktion), die einen echten Meinungsaustausch erst möglich macht und so zu einem Resultat führen kann. Viele Gespräche verfehlen ihr Ziel allein schon deswegen, weil vergessen wird, dass in einer Interaktion – im Wechselspiel von Empfangen und Senden von Botschaften und Signalen – der Empfänger ebenso wichtig ist wie der Sender. Beobachten wir Menschen beim partnerschaftlichen oder freundschaftlichen Miteinander, sagen wir dementsprechend nicht umsonst: „*Die beiden verstehen sich*" oder „*Die sprechen dieselbe Sprache*". In solchen glücklichen Fällen reichen oft schon kleinste Gesten oder wenige Worte, um Informationen und zusätzlich Stimmungen zu transportieren. Hat man einmal eine „gemeinsame Sprache" gefunden, lässt sich jeder Kommunikationsprozess beschleunigen, angenehmer und effektiver gestalten. – Doch wird dies niemals möglich sein, ohne gebührend auf das jeweilige Gegenüber einzugehen. Spüren wir Distanz, Desinteresse oder auch Unsicherheit (die schnell in Aggressivität oder autoritäres Verhalten umschlagen kann), erhöhen wir die Distanz und zeigen Widerstände. Die Kommunikation wird ineffektiv, konfliktgeladen und insgesamt problematisch.

Einem Gesprächspartner, dessen Interesse wir uns sicher sein können und der insgesamt auf ein konstruktives Miteinander abzielt, dem ist meist auch unsere volle Aufmerksamkeit sicher. Eine partnerzentrierte Haltung einzunehmen, steigert die Effizienz aller Gespräche. Hierzu zählt eine sorgfältige Wahl der eigenen Worte und ein Bewusstsein darüber, welche Wirkungen (z.B. Emotionen) diese Worte beim Gegenüber auslösen sowie ein aufmerksames Erfassen der Äußerungen des anderen. Fruchtbar wird ein Gespräch zudem dann, wenn wir nicht nur auf das Gesagte, sondern obendrein auf das achten, was eben *nicht* gesagt wird. Auf diese Weise gelingt es, den Gesprächspartner in seiner Gesamtheit und nicht nur auf den Gegenstand des Gesprächs reduziert zu erfassen. Eine solche Einstellung wird ganz gewiss vom Gegenüber ebenso wahrgenommen wie überhebliches Desinteresse, sie ist ein deutliches Merkmal einer souveränen Persönlichkeit. Denn diese ist nicht nur an sich selbst interessiert, sondern nicht minder an den Gedanken und der Person des Gesprächspartners. Dies erfordert eine Abkehr von vorgefassten Meinungen, vorschnellen Bewertungen und Urteilen, kurz: Eine souveräne Gesprächsführung basiert auf Toleranz und gleichzeitiger Wertschätzung des Gesprächspartners. Nur so können wir auch von den Gedanken und Beiträgen eines Gesprächspartners profitieren und dabei das eigene Denken konstruktiv weiterentwickeln.

Im Gespräch wollen wir möglichst präzise verstanden werden und selbst verstehen, was ein anderer meint oder zu sagen hat. Gerade die Resonanz des Gegenübers auf die eigene Gedankenführung ist dabei ein elementarer Bestandteil einer jeden Kommunikation. Die souveräne Kommunikationspersönlichkeit wird sich einer solchen Resonanz nicht verschließen, sondern sie vielmehr als Anregung zur Erweiterung des eigenen Horizonts verstehen. Und nicht selten entwickeln sich wirklich gute Ideen erst aus einem Diskurs der Vorüberlegungen. – An dieser Stelle können wir es mit dem Philosophen und Rhetoriker Michel de Montaigne (1533–1592) halten:

Ich gehe mit großer Freiheit und Leichtigkeit auf ein Gespräch oder einen Wortwechsel ein, zumal vorgefaßte Meinungen bei mir auf steinigen Boden fallen und nur schwer Wurzeln schlagen. Kein Urteil verdutzt mich, keine Gesinnung verletzt mich, so sehr sie auch der meinigen zuwiderlaufe. Kein Hirngespinst kann so haltlos und so verstiegen sein, daß es mir nicht durchaus seinen Platz zu verdienen dünkte. Unsereiner, der seinem Verstand verbietet, Urteile zu fällen, sieht sich die widerstreitenden Meinungen wohlwollend an, und wenn er ihnen nicht seine Zustimmung schenkt, so schenkt er ihnen doch gerne sein Ohr.[33]

Der große Essayist zeigt sich also zunächst grundsätzlich für jedwede Ansicht offen; selbst wenn sie der seinen widerspricht, ist er gewillt, dieser zuzuhören und sie in sein Denken einfließen zu lassen, so lange er selbst nicht auf allzu starre und unbewegliche

Meinungen seines Gegenübers stößt. Dabei will er nicht mit *Maulfertigkeit prunken*, sondern über die Sache diskutieren, ohne dabei mit der eigenen Überzeugung hinter dem Berg zu halten. Verpönt sind ihm einzig Dummheit und überhebliche Schulmeisterei. So lange man ihm *nur nicht mit gar zu anmaßender Schulmeisterschnauze begegnet*, bleibt er allzeit bereit, sich den Argumenten seines Gesprächspartners zu stellen. Montaigne ereifert sich hier mit vollem Recht gegen das Anschlagen eines Schulmeistertons, denn ein solcher zeigt immer eine deutliche Ermangelung einer partnerzentrierten Haltung. Diese Tonart verstößt nicht nur gegen die Regeln der Höflichkeit, sie demonstriert, dass die eigene Meinung für absolut und unumstößlich erachtet wird, weshalb sie ein natürlicher Feind einer jeden niveauvollen, souveränen Kommunikation ist. Insbesondere wird in solchen Fällen die wichtige Fähigkeit zur Empathie gänzlich negiert.

4.1.2 Empathie

Empathie ist eine Fähigkeit, über die jeder Mensch verfügt, die aber leider nur viel zu selten bewusst und gezielt in Gesprächssituationen als Element zur Verbesserung der Kommunikation zum Einsatz kommt. Dabei lassen sich gerade mittels der Empathie viele Kommunikationsstörungen und also auch überflüssige Konflikte vermeiden. Die Fähigkeit, sich in andere hineinzuversetzen, gilt neben der Bedeutung für die Kommunikation sogar als unverzichtbarer Baustein des menschlichen Zusammenlebens. Erst durch die Möglichkeit des Perspektivenwechsels können wir die Tragweite des eigenen Handelns folgerichtig abschätzen und damit Konsequenzen einschätzen. Empathie wird so zum entscheidenden Faktor, wenn es darum geht, vorausschauend zu agieren. Der Begriff meint die Fähigkeit und gleichzeitige Bereitschaft, sich in die Gedankenwelt und das Empfinden anderer Menschen einzufühlen. Obwohl Empathie nun eine ganz natürliche Gabe ist, verstehen es nur wenige Menschen, sie als festen und notwendigen Bestandteil der Kommunikation zu betrachten. Dies liegt wohl weniger an den unterschiedlichen Ausprägungen, mit denen verschiedene Menschen mit dieser Fähigkeit ausgestattet sind, sondern weitaus eher daran, dass es zuweilen einzig am Willen mangelt, sich in andere hineinzuversetzen. Zu oft ist der Mensch auf seine alleinige Betrachtungsweise der Dinge fixiert und bleibt so in seiner eigenen Gedankenwelt verhaftet. Zuweilen wird schlichtweg vergessen, dass nahezu jedes Handeln und jede Kommunikation an Wert verliert, wenn nur von einer einzigen isolierten Perspektive ausgegangen wird. Sobald wir mit anderen in Beziehung treten, und dies ist das Wesen der Kommunikation, kommen wir nicht umhin, ganz explizit auf das Gegenüber einzugehen.

Die innere Einstellung auf den Gesprächspartner wird oft direkt durch mehrere zur Gewohnheit gewordene Verhaltensweisen verhindert. Viele Gespräche werden bereits unter bestimmten Vorzeichen begonnen, ohne dass zuvor viele Worte gewechselt wurden: Unsere Meinung zu einem Thema oder einer Sache steht meist mehr oder weniger fest. Folglich ist es nicht ganz einfach, den Drang zu (Vor-)Urteilen völlig abzulegen. Gerade dieser Filter der eigenen Erfahrungen und Ansichten behindert eine unvoreingenommene Wahrnehmung der gegebenen Situation. Wir sind es gewohnt, nach bekannten Mustern zu suchen, finden sie auch fast immer und können dann nach herkömmlichem Schema reagieren. Dieses Problem wird gerade in schwierigen Situationen und Gesprächen nochmals verstärkt. In heiklen Momenten sehen wir uns mit der Neigung konfrontiert, möglichst schnell zu reagieren. Wir wollen uns rasch eine Meinung bilden (oder auf eine bereits bestehende zurückgreifen) und meinen, am besten sofort eine Antwort oder Stellungnahme parat haben zu müssen. Dies geht dann zu Lasten des Einfühlungsvermögens in die Person des Gegenübers. Bedingt durch den dominierenden Antrieb, schnell mit einer Meinung und irgendeiner Reaktion aufwarten zu können, versäumen wir es, uns in die ganz spezifische Situation des Gesprächspartners hineinzuversetzen. Anstatt nun genau hinzuhören und auch einen Blick hinter die Worte, nämlich dahin, was sie tatsächlich besagen, zu werfen, geben wir uns mit den Vordergründigkeiten zufrieden.

Theoretisch ist jeder Mensch dazu in der Lage, die sich bietende Umwelt mit dem emotionalen und wahrnehmenden Blick einer anderen Person zu betrachten. Wir könnten also die Gefühlsregungen eines Gesprächspartners nachfühlen, dabei den echten Beweggründen für verbale Äußerungen auf die Spur kommen und gleichzeitig denkbare Gründe für die Empfindungen des Gegenübers ausfindig machen. Dies scheitert oftmals allein daran, dass wir es nicht verstehen, uns in den entscheidenden Momenten eines Gesprächs selbst zurückzunehmen und uns von vorgefassten Meinungen, die nicht selten echte Vorurteile sind, zu trennen. Hinzu kommt der Umstand, dass unser Gehirn hier oft schneller als das Gehör ist: Wir suchen schon nach Lösungsmöglichkeiten, Ratschlägen oder auch nur nach Allgemeinplätzen, während unser Gegenüber noch redet. Dabei driftet die Aufmerksamkeit ab, und wir hören gar nicht mehr richtig hin.

Nichts anderes meinte Marc Aurel schon vor über 1800 Jahren mit seiner Maxime für eine gute Kommunikation: *Gewöhne dich daran, ganz bei der Sache zu sein, wenn du jemandem zuhörst, und versetze dich nach Möglichkeit in die Seele des Redenden!*[34]

Eines der vornehmlichsten Ziele der Kommunikation überhaupt ist, wie gesagt, das gegenseitige Verstehen. Mittels praktizierter Empathie lässt sich jede Verständigung effektiver und reibungsloser gestalten, weil wir viel schneller auf das Wesentliche einer Sache kommen können, ohne uns in Missverständnissen, Fehlinterpretationen und Nebensächlichkeiten zu verlieren. Wer sich in sein Gegenüber hineinversetzt, wird seine Gedanken besser nachvollziehen und die Person selbst (und nicht nur seine Worte) verstehen können. Durch das Einfühlungsvermögen wird zudem eine grundsätzliche Schwierigkeit der Kommunikation zumindest reduziert: Emotionen werden selten verbalisiert, sondern in den meisten Fällen nonverbal zum Ausdruck gebracht. Und der empathische Mensch ist viel eher dazu fähig, nonverbale Signale präzise zu deuten. Hierfür gilt es, den Klang der Stimme, die Mimik, die Gestik – auch in Nuancen – aufmerksam wahrzunehmen. Dies erfordert immer große Aufmerksamkeit und die Bereitschaft, sich auf das Gegenüber wirklich einzulassen – also Empathie.

4.1.3 Das (aktive) Zuhören

Jede Art von Aufmerksamkeit unterstreicht die Wertschätzung, die wir einem Gesprächspartner entgegenbringen. Und nur wenige Dinge wirken sich fataler auf die Kommunikation aus, als ein unaufmerksamer Mensch, der ganz offensichtlich nicht bei der Sache ist. Ein gutes Gespräch erfordert also immer ein Gegenüber, das sich im Zustand gesteigerter Wachheit bei gleichzeitiger Aufnahmebereitschaft befindet. Im Gespräch kommt Aufmerksamkeit durch nichts stärker zum Ausdruck als durch konzentriertes Zuhören. Und ein guter Zuhörer ist immer ein beliebter Gesprächspartner, denn eben dieser zeigt deutlich, dass er wirklich verstehen will, was gesprochen wird. Zugleich erfahren die Kommentare und Äußerungen eines aufmerksamen Zuhörers immer weitaus größere Resonanz als die eines geistesabwesend wirkenden Menschen. Niemand wird viel um die Worte eines Menschen geben, der im Gespräch nicht ganz bei der Sache zu sein scheint. Immer sind gute Zuhörer die beliebtesten Gesprächspartner, sie gewinnen schnell Sympathie, bekommen Vertrauen geschenkt und gelten als seriös. Die souveräne Kommunikationspersönlichkeit ist folglich immer ein guter Zuhörer. Das Problem ist nur, wir reden zwar gerne und viel, tun uns jedoch überaus schwer damit, uns zurückzuhalten und aufmerksam zuzuhören. Schon Goethe wusste von dieser menschlichen Eigenart und formulierte: *Reden ist ein Bedürfnis, zuhören eine Kunst.*

Zuhören verlangt Aufmerksamkeit, und diese zeigt sich dem Gesprächspartner hauptsächlich durch nonverbale Signale. Wer seinen Körper einem anderen zuwendet und den Blickkontakt sucht, zeigt ganz offenkundig sein Interesse und wache Aufnahmebereitschaft; ein zwischenzeitliches Lächeln oder Kopfnicken wirkt aufmunternd auf den Gesprächspartner und signalisiert, dass man selbst ganz Ohr ist.

Alle Gespräche leben von der gegenseitigen Interaktion, aus dem Wechselspiel von *Zuhören* und *Sprechen.* Jedoch ist der Drang nach Mitteilung oft stärker als die Fähigkeit, zuzuhören und aufmerksam darauf zu achten, was das Gegenüber sagen will. Und oftmals sind wir bestrebt, die als etwas peinlich empfundenen Gesprächspausen schnell wieder mit Worten zu füllen. Doch gerade in der souveränen Gelassenheit, mit der auch Lücken im Wortwechsel „ertragen" werden, beweisen wir, dass wir nicht allein um der Worte willen sprechen. Wer aufmerksam zuhört, benötigt Denkpausen und wird solche immer auch seinem Gegenüber gewähren. Die Kunst des Zuhörens ist damit zumeist auch eine des Schweigens. Zugleich ist es entlarvend, ob jemand wirklich zu schweigen versteht oder nicht. Während die souveräne Persönlichkeit auch die Stille mit ruhiger Selbstverständlichkeit geschehen lässt, Bedenkpausen sogar sucht, wird der Unsichere hier schnell verkrampft und versucht, seine Verlegenheit durch unbedachtes Drauflosreden zu kaschieren. Durch unaufhörliches Reden werden häufig Unsicherheiten übertüncht, wo man durch ein ruhiges und besonnenes Innehalten Souveränität beweisen könnte. Gerade bewusst gewählte Bedenkpausen werden dabei als Zeichen besonderer Aufmerksamkeit bewertet. Schließlich wird nur ein wachsamer Zuhörer in sich gehen, seine Gedanken ordnen und das Gesprochene abwägen und von mehreren Seiten bedenken. Wer den Mut zum Schweigen findet, zeigt seinem Gesprächspartner, dass man seine Worte wirklich verstehen will und dass ihm die ungeteilte Aufmerksamkeit gehört. In der Gesprächspause widmen wir uns dem Gegenüber weitaus mehr, als wir es mit irgendwelchen Füllworten tun könnten. Oft sind Gesprächspartner geradezu dankbar für kurze Pausen. Denn sie erhalten nicht irgendeine Belanglosigkeit als Resonanz auf ihre Worte, sondern vielmehr eine echte und bedachte Meinung. Zudem wird so der unaufhörliche Redezwang auf beiden Seiten gemindert, was der Kommunikation ihre Anspannung nimmt. Auf diese Weise lässt sich fast immer viel besser zum Kern einer Sache vorstoßen. Sprechpausen sind also nicht nur erlaubt, sie sind eine wichtige Komponente eines guten und souveränen Gesprächs. Nicht selten ist es gerade die Fähigkeit zum Innehalten, die es ermöglicht, ein Gespräch qualitativ auf ein ganz neues Niveau zu heben.

Wer unaufhörlich selbst redet, kann sich währenddessen nicht seinem Gesprächspartner widmen und diesem zuhören. Allzu unausgewogene Redezeiten sind immer ein Indiz dafür, dass es an einer partnerzentrierten Haltung mangelt. Kein Gespräch darf zu einem fortwährenden Kampf um Sprechzeiten abdriften, deshalb ist eigene Zurückhaltung bei gleichzeitiger Aufmerksamkeit gefragt. Letztendlich ist nicht die Anzahl der gesprochenen Worte entscheidend, sondern, was gesagt und wie etwas gesagt wurde. Wer sein Gegenüber wirklich verstanden hat, dem gelingt es meist auch, mit prägnanten und klaren Sätzen, die Sache markant auf den Punkt zu bringen.

Eine wertvolle Hilfe ist hier der Sprung vom Zuhören zum aktiven Zuhören. Das aktive Zuhören basiert nicht mehr allein auf Aufmerksamkeit und Konzentration, hier geht es vor allem darum, sicherzustellen und auch nachzuprüfen, ob der Gesprächspartner tatsächlich richtig verstanden wurde. Hilfreich ist hierbei zunächst das *Paraphrasieren.* Hier werden die Gedanken des anderen nochmals mit eigenen Worten wiederholt. Dabei geht es noch nicht darum, Schlussfolgerungen, Meinungen oder Urteile vorzutragen, es sollen lediglich mögliche Missverständnisse, offene Fragen oder Unklarheiten frühzeitig aufgedeckt werden. Eine typische Paraphrasierung beginnt bspw. mit Worten wie *„Anders ausgedrückt ...“* oder *„Wenn ich richtig verstehe, dann bedeutet das ...“* usw. Etwaige Kommunikationsprobleme werden so bereits im Vorfeld umgangen, weil der Gesprächspartner die Gelegenheit erhält, korrigierend einzuwirken und seine Worte, wenn nötig, nochmals zu präzisieren.

Das zweite wichtige Element des aktiven Zuhörens ist das *Verbalisieren.* Dieses geht noch über die Überprüfung expliziter Aussagen hinaus. Das Verbalisieren hat die Aufgabe, auch den Dingen auf die Spur zu kommen, die nicht explizit gesagt wurden. Die mit der Kommunikation übermittelten Nachrichten haben zunächst einen Sachinhalt. Ob wir diesen verstanden haben, lässt sich durch das Paraphrasieren recht einfach überprüfen. Daneben schwingen in der Kommunikation jedoch auch immer Aspekte mit, die nicht explizit ausgedrückt und angesprochen werden. Das sind die Dinge, die quasi zwischen den Zeilen stehen. (Z.B. die Fragen: *Warum sagt er oder sie mir das? Was wird damit bezweckt? Was genau soll es bewirken?*) Es handelt sich also um indirekte Aussagen, die ein aufmerksamer (und insbesondere der empathische) Gesprächspartner dennoch entschlüsseln kann. Hierbei geht es meist um Aspekte, die Hoffnungen, Befürchtungen, Erwartungen, Absichten oder Wünsche usw. betreffen. Weil der aufmerksame Zuhörer diese eher unterschwelligen Botschaften ohnehin wahrnimmt und auf die eine oder andere Weise interpretiert, ist es sinnvoll, auch diese direkt im Gespräch zu überprüfen. Es geht also darum, derlei Dinge anzusprechen, von denen wir vermuten, dass unser Gesprächspartner sie sozusagen unter der Oberfläche kommuniziert. (*Es geht also auch darum, dass ...?* usw.)

Mithilfe einer solchen bewussten Gesprächsführung, die immer auf das Verstehen des Gegenübers abzielt, werden viele Kommunikationsstörungen vermieden. Souverän kommunizieren, heißt, niveauvoll und mit sicherer Gelassenheit zu interagieren, ohne dabei in eine der zahlreichen Fallen der möglichen Kommunikationsstörungen zu tappen. Sobald die Kommunikation schon grundsätzlichen Störungen unterworfen ist, kann auch das Ansehen der Person Schaden nehmen, wodurch Souveränität im Gespräch erheblich erschwert wird.

4.2 Vermeidung von Kommunikationsstörungen

Miteinander reden ist längst nicht so einfach, wie es zunächst erscheinen mag. Wir alle werden tagtäglich bei sämtlichen zwischenmenschlichen Beziehungen auch mit Kommunikationsproblemen konfrontiert. Einerseits besteht die Schwierigkeit, genau zu formulieren, was wir meinen – hinzu kommt dann das nicht minder große Problem, auch unser Gegenüber richtig zu verstehen. Die größten Probleme entstehen immer durch Unachtsamkeit, fehlende Aufmerksamkeit und durch den insgesamt meist nur wenig bewussten Umgang mit der Kommunikation. Das aktive Zuhören ist hier eine Möglichkeit, um die Kommunikation – und damit sämtliche Beziehungen in allen Lebensbereichen – harmonischer und effektiver zu gestalten. Diese Methode wurde, inspiriert durch den bereits erwähnten Psychologen Carl R. Rogers, von dessen Freund Thomas Gordon (ebenfalls Psychologe) entwickelt. Bei seinen Untersuchungen der menschlichen Kommunikation fand Thomas Gordon heraus, dass wir im Gespräch dazu neigen, in bestimmte Muster zu verfallen, die Kommunikationsstörungen geradezu heraufbeschwören. Solche Verhaltensweisen sind dabei keineswegs bösartiger Natur, vielmehr handelt es sich um die kleinen Marotten und Angewohnheiten, die wir – eben aufgrund ihrer Alltäglichkeit – bewusst kaum mehr wahrnehmen können. Wer ganz bewusst auf die allgemeinen Gepflogenheiten der Kommunikation mit all ihren Zwischentönen achtet, wird bald feststellen, dass in vielen Gesprächen oft eine geradezu destruktive Grundhaltung herrscht. Hier werden nach Schulmeisterart Ratschläge erteilt, die dem Gegenüber auf die Sprünge helfen sollen; Gedanken für den anderen zu Ende gedacht, noch bevor sie komplett ausgesprochen wurden; ruppige Kommandos erteilt; vorschnelle Urteile gefällt; Ausweichmanöver eingeleitet, wenn es mal etwas brenzlig wird oder, in unauffällige Floskeln verpackt, echte Erniedrigungen ausgesprochen usw.

Auch wenn derartige Fehlgriffe nur selten in die bewusste Wahrnehmung vordringen (zumal dann nicht, wenn wir es selbst sind, die sie begehen), beeinflussen sie doch immer auf negative Weise die Kommunikation. Sobald wir jemanden, auch wenn es nur beiläufig ist, in Form einer höheren Instanz sagen, was er zu tun und zu lassen hat, wie er sein soll und wie nicht, was begriffen werden muss oder was belanglos ist, provozieren wir eine deutliche Abwehrhaltung. Dass man sich selbst erhöht und folglich den Gesprächspartner erniedrigt, ist dabei schneller passiert, als man zunächst glauben möchte. Wir brauchen nur die Antwort auf eine beliebige Frage mit „Du *musst* ganz einfach ...“ einleiten und schon sind wir in die Falle getappt. Auch sind fast alle Menschen sehr großzügig im Gebrauch von mehr oder weniger sinnleeren Phrasen, die schnell zur Gewohnheit werden, um das eigene Nachdenken zu vermeiden. „Was soll's!“ – „Ach, das ist doch halb so wild!“ Wer auch immer Sprüche dieser Art auf ein auch nur halbwegs ernsthaftes Anliegen erntet, kann sich sicher sein, dass der Gesprächspartner nicht wirklich kommunizieren, sondern sich die Sache einfach nur vom Hals schaffen will, ohne dass es ihm wert ist, eingehend darüber nachzudenken.

Tatsächlich ist die Angelegenheit dann für den einen nur „halb so wild", denn die Sorgen des anderen interessieren ihn einfach nicht.

Die Anzahl derartiger Beispiele ließe sich bis ins Unendliche fortführen. All diese unachtsamen Gepflogenheiten haben gemeinsam, dass sie klare Beweise mangelnder Aufmerksamkeit sind und einer stilvollen oder gar souveränen Kommunikation komplett im Wege stehen. Eben weil sich viele störende Unarten bereits fest in unsere Art der Kommunikation eingenistet haben und längst zur selbstverständlichen Gewohnheit geworden sind, lohnt ein Blick auf die von Gordon zusammengestellten Kommunikationssperren, die hier in komprimierter Form wiedergegeben werden.

Die zwölf Kommunikationssperren nach Thomas Gordon

1. Befehlen, anordnen, kommandieren

Du musst ... Du solltest ... Ich will, dass ... Hör auf mit ...
Sobald ein Befehlston angeschlagen wird, löst ein solcher beim Gegenüber entweder völliges Desinteresse oder aber Widerstand und/oder Furcht aus. Zudem wird nicht selten genau das Gegenteil dessen getan, was der Kommandierende anordnet.

2. Warnen, mahnen, drohen

Mach das lieber nicht, sonst ... Wenn du nicht ..., dann ... Du hast nur die Möglichkeit, ...
Die möglichen Folgen bei Drohungen und dergleichen sind vielfältig: Ängste werden geschürt, womöglich wird sich der Ermahnte auch aus Unsicherheit den Warnungen beugen; es kann jedoch auch zu Protestverhalten kommen, welches dazu führt, dass quasi ausgetestet wird, ob das Angedrohte tatsächlich eintritt.

3. Moralisieren, predigen, heraufbeschwören

Es ist deine Pflicht ... Würdest du doch nur ... Du weißt doch, was dann passieren kann.
Hier wird mit Schuldgefühlen und Appellen an das Verantwortungsgefühl operiert. Nicht selten sind Trotz, Misstrauen oder Zurückweisung der Moralpredigten die Folge.

4. Ratschläge erteilen, beraten, Lösungen liefern

Ich wüsste ja, wie das geht ... Ich an deiner Stelle würde das so machen ... Dafür gibt es eine ganz einfache Lösung ...
Derartige Aussagen heißen oft nichts anderes, als dass der andere unfähig ist, seine Probleme selbst zu lösen. Der Gesprächspartner fühlt sich minderwertig, kann aber auch hier mit trotzigem Widerstand reagieren. Eine weitere Variante ist das Entstehen eines Abhängigkeitsverhältnisses: Anstatt Probleme eigenständig zu lösen, wird immer wieder der Ratgeber aufgesucht.

5. Belehren, auf die Logik berufen, Vorträge halten

Merkst du denn nicht, dass ... Schau dir doch mal die Fakten an, dann siehst du doch sofort ... Hast du noch nie gehört, dass ...
Bei solchen Doktrinen werden Gegenargumente und eine Verteidigungshaltung provoziert. Oder der Gesprächspartner zieht sich zukünftig mit seinen Anliegen zurück, weil er keine eindimensionalen Belehrungen hören möchte.

6. (Ver-)Urteilen, kritisieren, Vorwürfe machen

Da hast du aber nicht gründlich nachgedacht ... Das ist völlig falsch ... Du hättest dir wirklich mehr Mühe geben können ...
Weil sich niemand von seinem Gegenüber abwerten lassen will, wird ein Gesprächspartner, der schnell mit Kritik und Vorwürfen dabei ist, oft nicht wieder konsultiert – die Bereitschaft zur Kommunikation schwindet.

7. Loben, zustimmen, schmeicheln

Für dich sollte das doch kein Problem sein ... Du schaffst das schon ... Eigentlich machst du das doch ganz gut ...
Gerade Schmeicheleien driften schnell zu Plattitüden ab, die dann eher Misstrauen auslösen, als einen Ansporn bringen. Lobhudeleien können zudem oft als Manipulationsversuche interpretiert werden.

8. Beschimpfen, lächerlich machen, Klischees verwenden

Du kannst aber auch rein gar nichts ... Wenn das mal gut geht ... Na, das kann ja heiter werden ...
Alle Formulierungen, die das Gegenüber abwerten und sein Selbstwertgefühl negativ beeinflussen, vergiften jegliche Kommunikation. Sie können zur Eskalation bis hin zum völligen Kontaktabbruch führen; zumindest ist Gegenwehr vorprogrammiert.

9. Interpretieren, diagnostizieren, analysieren

Willst du nicht eigentlich etwas ganz anderes ... Du versuchst ganz eindeutig ... Was du brauchst, ist ...
Fehlinterpretationen, übereilte Diagnosen und leichtfertige Analysen werden oft als beleidigend wahrgenommen; dem „Patienten“ wird hiermit letztendlich ein Armutszeugnis ausgestellt. Obendrein besteht die Gefahr einer unangemessenen Verdrehung der Sachlage.

10. Beruhigen, trösten, aufrichten

Ganz so schlimm wird das schon nicht werden ... Du musst dir keine Sorgen machen, bei mir war das auch so ... Bald wirst du schon ganz anders darüber denken ...
Ein Gesprächspartner, der mit leeren Worten abgespeist und vertröstet wird, fühlt sich missverstanden oder nicht ernst genommen.

11. Forschen, fragen, verhören

Warum ... ? Wer ... ? Wieso ... ?
Durch eine verhörartige Fragesituation wird dem Gesprächspartner die Freiheit genommen, über das zu reden, was ihm wirklich wichtig ist. Häufige Folgen einer solchen Herumbohrerei sind Argwohn und Misstrauen.

12. Ablenken, ausweichen, ironisch werden

Da fällt mir etwas ganz anderes ein ... Wir wollen lieber über etwas Angenehmeres reden ... Da hast Du ja mal wieder Pech gehabt ...
Offensichtlicher als mit solchen Ausweichmanövern lässt sich Desinteresse kaum demonstrieren. Oft wirkt es sehr verletzend, wenn Probleme missachtet und als Belanglosigkeiten beiseite geschoben werden.

Die beschriebenen Kommunikationssperren sind der Ausdruck einer falschen Grundhaltung, sie sind Symptome einer Einstellung, die sich im Laufe der Zeit in das Kommunikationsverhalten eingeschlichen hat. Wenn die Grundeinstellung stimmt, kommt es folglich auch nicht zu den störenden Folgeerscheinungen. Die Symptome verschwinden, wenn wir dem anderen nicht mehr sagen:

- was er ist / nicht ist
- was er tun soll / nicht tun soll
- wie er sein sollte
- was er einzusehen hat

Ein Gesprächspartner gewinnt zweifellos an Ansehen, wenn er sein Gegenüber nicht mit vorgefertigten Meinungen und starren Positionen konfrontiert. Das Ausblenden der Interessen eines anderen zeugt ebenso wenig von Geistesgegenwart wie die Selbstüberhöhung von der Fähigkeit, frei zu denken und die Dinge sorgfältig abzuwägen. Souveränität und die sture Überzeugung, dass die eigenen Ansichten die einzig richtigen sind, schließen einander aus. Gerade der inflationäre und unüberlegte Gebrauch von abgedroschenen Phrasen und Floskeln ist in keinem Falle eine Bereicherung für die Kommunikation. Die Persönlichkeit eines Menschen zeigt sich vor allem durch seine Art der Kommunikation, insbesondere in der Sprache. Daher ist ein sorgfältiger und bewusster Umgang mit der Sprache unverzichtbar, wenn es darum geht, Souveränität zu entwickeln. Mit einer partnerzentrierten Haltung inklusive der Bereitschaft zum (aktiven) Zuhören und der im Gespräch praktizierten Empathie lassen sich die meisten Kommunikationsstörungen schon präventiv vermeiden. Gespräche mit souveränen Persönlichkeiten zeichnen sich durch Niveau und Höflichkeit aus, solche Gespräche sind zugleich verbindlich und bleiben gerne in Erinnerung. Die Kommunikation vieler Menschen ist durch störende Verhaltensweisen (auch, oder sogar erst recht, wenn es unbewusste sind) stark belastet. – Um solche Gesprächspartner wird man, wenn es denn irgend geht, auf Dauer lieber einen Bogen machen, während eine Persönlichkeit, die es versteht, souverän zu kommunizieren, immer wieder wohltuend wirkt und als Gesprächspartner gefragt bleibt.

4.3 Elemente einer souveränen Kommunikation

Die Gesamtheit der menschlichen Kommunikation bildet sich aus der Summe mehrerer Verhaltensweisen, Eigenschaften und zielgerichteten Handlungen, von denen das Sprechen nur eine unter mehreren ist. Parallel zu diesem differenzierten Zusammenspiel sollen mit der Kommunikation Botschaften der unterschiedlichsten Art möglichst präzise übermittelt werden, auch dann, wenn es sich dabei um sehr komplexe Sachverhalte handelt. Damit noch nicht genug: Die Interaktion soll derart durchgeführt werden, dass Missverständnisse möglichst ausgeschlossen sind, und die Kommunizierenden sollen eine störungsfreie Beziehung herstellen. Sämtliche Blockadepunkte sind sorgfältig zu vermeiden, damit keine Konflikte entstehen und die Kommunikation unbelastet und ohne Reibungsverluste stattfinden kann. Außerdem gilt es, nicht nur auf den Partner zu achten, ihm Aufmerksamkeit zu schenken – wir selbst wollen insgesamt im guten Licht dastehen, schlagfertig, eloquent und geistreich erscheinen. Kurz, wir wollen die Regeln der Kommunikation beherrschen und dabei eine gute Figur machen, bestenfalls rundherum souverän auftreten.

Das Repertoire unserer Ausdrucksmöglichkeiten ist dabei nahezu unerschöpflich. Neben der verbalen Sprache spielt die Stimme ebenso eine wesentliche Rolle wie die gesamte nonverbale Kommunikation, zu der – was zuweilen vergessen wird – auch das äußere Erscheinungsbild eines Menschen zählt. Jeder dieser Punkte, die erst im Zusammenspiel zur Kommunikationsfähigkeit führen, lässt sich in weitere Teilbereiche aufgliedern, welche wiederum spezifische Abteilungen beherbergen. Unsere Kommunikation ist also von extremer Komplexität und basiert in ihrer Gesamtheit auf einer Vielzahl von Faktoren, die mit anderen ein kontinuierliches Wechselspiel eingehen. In Anbetracht dieser vielschichtigen Struktur liegt es nahe, dass es einer Gratwanderung gleichzukommen scheint, wollen wir nicht gegen die Regeln einer gelungenen Kommunikation verstoßen und in eines der zahlreich bereitstehenden Fettnäpfchen treten. Allein wenn wir versuchen, die zuvor beschriebenen Kommunikationssperren nach Gordon zu vermeiden, bedeutet dies gleichzeitig, dass wir eben diese kennen müssen und bei der Wahl unserer Worte permanent daran zu denken haben, ob wir uns gerade in bedenkliche Gefilde begeben. Nehmen wir nun noch die Prinzipien der nonverbalen Kommunikation und den Umgang mit unserer Stimme etc. hinzu, könnte der Eindruck entstehen, wir bräuchten zunächst ein gründliches Studium der Kommunikation, um überhaupt jemandem gegenübertreten und den Mund aufmachen zu können. – Wo die Kommunikation als solche bereits so komplex ist, herrschen folglich unzählige Regeln und Gesetzmäßigkeiten, die es zu kennen gilt ... Und die Anzahl der Möglichkeiten, hier Fehler zu begehen, ist tatsächlich unerschöpflich.

Doch glücklicherweise bleibt es uns weitgehend erspart, Lehrsätze zu pauken und diese permanent im Hinterkopf zu behalten. Eben dies würde die Kommunikation ebenso zerstören wie allzu große Nachlässigkeit: Jede Spontaneität ginge unweigerlich verloren, sobald angestrengt versucht wird, alles immer „richtig" zu machen. Die Spielräume für eine nuancenreiche Konversation wären zu arg beschnitten, alle Gespräche bekämen einen gezwungenen, ja geradezu verkrampften Charakter. Selbst eine erstaunliche Fähigkeit, die gerade die menschliche Kommunikation so einzigartig macht, nämlich Gespräche mit Humor oder mit wohl dosiert eingesetzter Ironie zu würzen, ginge uns zwangsläufig verloren. Gespräche, die zu sehr auf bemühtem Regelwissen basieren, führen eher zur Entfremdung der Gesprächspartner und kaum zu einer erfreulichen Interaktion. – Aus diesem Grund ist es zwar hilfreich und richtig, bestimmte Regeln zu kennen, doch beginnt eine souveräne Kommunikation zuallererst einmal mit einer richtigen Grundeinstellung. Daher plädiert auch Thomas Gordon für eine gegebenenfalls notwendige Änderung der Grundeinstellung und eben nicht für ein schulmäßiges Erlernen der möglichen Fehlerquellen. Schon mit einer offenen Grundeinstellung und einer partnerzentrierten Haltung wird vielen Kommunikationsstörungen wie von selbst ihre Basis entzogen. Das Heranziehen von Regeln und entsprechenden Beispielen dient vor allem dazu, zu demonstrieren, dass Gesetzmäßigkeiten in der Kommunikation existieren; sie wollen uns die Augen öffnen und dazu bringen, genauer auf die eigenen Gepflogenheiten zu schauen. Indem wir unsere Kommunikation auf den Prüfstand stellen, ein Bewusstsein dafür entwickeln, was, wie und unter welchen Rahmenbedingungen wir kommunizieren, lassen sich mittels der gewonnenen Erkenntnisse punktuelle Korrekturen vornehmen. Die Kommunikation als Ganzes kann jedoch nur im Hinblick auf die jeweilige Grundeinstellung verbessert werden.

Eine souveräne Persönlichkeit wird nur als solche wahrgenommen, kann überhaupt nur dann wirklich souverän sein, wenn sie über ein entsprechendes Kommunikationsverhalten verfügt. Die Kommunikation profitiert ebenso von der Charakterstärke einer Person wie jeder Mensch von der Ausprägung seiner Kommunikationsfähigkeit. Das Vermögen, stilvoll, effektiv und weitgehend störungsfrei zu kommunizieren, geht immer Hand in Hand mit der Entfaltung einer souveränen Persönlichkeit. Wer also an seiner Persönlichkeit arbeitet, wird damit immer auch das Kommunikationsverhalten positiv beeinflussen – und umgekehrt.

Eine souveräne Kommunikation ergibt sich aus den Grundzügen einer souveränen Persönlichkeit. Und diese Grundeinstellung erfordert immer ein besonderes Bewusstsein hinsichtlich der eigenen Persönlichkeitsstrukturen. Diese zeigen sich anderen Menschen vor allem in den einzelnen Bereichen der Kommunikation. Werfen wir also einen Blick auf die relevanten Elemente der Kommunikation, die – insbesondere, wenn wir von der Perspektive anderer Menschen ausgehen – unsere Persönlichkeit entscheidend mitdefinieren.

⇢ Emotionen

Jedes Gespräch löst Gefühle irgendeiner Art bei den Gesprächspartnern aus. Die Gefühle resultieren dabei zum einen aus dem Inhalt, zum anderen aber auch aus der Art, wie etwas gesagt wird. Die Ausprägung der emotionalen Regungen eines Gegenübers gibt Aufschluss darüber, in welcher Weise der Erzählende von einem Geschehen betroffen ist. Emotionen zeigen sich vor allem in der Stimme sowie in der Körpersprache. Ein aufmerksamer Zuhörer und Beobachter kann daher meist recht klar erkennen, welcher Art die Gefühle des Gegenübers sind. Gerade starke Gefühle (Freude, Trauer, Wut etc.) lassen sich kaum verbergen, daher hängt ein Gesprächsverlauf immer ganz erheblich von der Relation zwischen dem Inhalt und den entsprechenden Emotionen ab. Der Umgang mit den Emotionen ist dabei für jedes Gespräch im wahrsten Sinne des Wortes tonangebend.

Zeigt ein Gesprächspartner wenig Gefühl, wird ein Gespräch meist schnell sehr fade, wird dadurch doch eine gleichgültige Haltung demonstriert. Andererseits wirken allzu gefühlsbetonte Menschen oft etwas pathetisch. Auch ist eine emotional aufgeheizte Stimmung, insbesondere wenn Gefühle wie Zorn oder Enttäuschung ins Spiel kommen, meist keine gute Grundlage für ein konstruktives Miteinander. Unkontrollierte, überbetonte Gefühle sind letztendlich ebenso belastend für eine gute Konversation wie demonstrativ zur Schau getragene Sachlichkeit und Gefühlskälte.

Der Umgang mit den eigenen Emotionen trägt maßgeblich zur Qualität der Kommunikation bei. Eine souveräne Person ist im Gespräch sicher nicht emotionslos, sie macht sich jedoch auch nicht zum Sklaven ihrer inneren Gefühlszustände. Gespräche leben von den Emotionen, schließlich soll das Gesprochene auf den Gesprächspartner einwirken und diesen nicht völlig kalt lassen, es kommt jedoch darauf an, kontrolliert und angemessen mit den Gefühlen umzugehen. Souverän mit den Gefühlen umzugehen, heißt zunächst einmal, mit dem Wissen ins Gespräch zu gehen, dass man sich seiner Gefühle nicht zu schämen braucht. Tatsächlich vorhandene Gefühlszustände lassen sich ohnehin kaum verbergen, allein der Versuch, Emotionen auszublenden, scheitert meist kläglich und führt nur dazu, dass Vertrauen verloren geht. Emotionen sind ein ganz natürlicher und wichtiger Bestandteil der menschlichen Kommunikation, sie sind zudem ein Spiegel der eigenen Persönlichkeit.

Wo positive Gefühle wie Begeisterung und Freude ein Gespräch beleben, wird der Umgang mit negativen Empfindungen oft problematisch. Wenn es um heikle und delikate Themen geht oder wenn ein Gesprächspartner sich im Ton vergreift, kühne Behauptungen aufstellt, die der eigenen Meinung widersprechen, können Emotionen schnell überkochen. Anfangs ist man vielleicht noch geneigt, Dinge zu überhören oder einfach zu schlucken – irgendwann ist schließlich ein Punkt erreicht, wo uns der Kragen platzt. Als Folge drohen dann schlimmstenfalls cholerische Ausbrüche oder verbale Tiefschläge: Entgleisungen dieser Art machen eine stilvolle Kommunikation abrupt zunichte, sie widersprechen obendrein der Grundhaltung einer souveränen Persönlichkeit. Denn wer einmal in Rage gerät, schießt oft über das Ziel hinaus und vergiftet damit das Gespräch. *Schon leichte Regungen von Ungeduld und Zorn reizen zu noch mehr Ungeduld und Zorn, woraus sich oft ein geradezu lächerliches Mißverhältnis zwischen Anlaß und Folge ergibt*[35]. Diesen Worten von Alain ist kaum zu widersprechen, weshalb die Lösung des Problems nur ein frühzeitiges Eingreifen sein kann, damit die Dinge gar nicht erst in den falschen Hals geraten und schließlich übersteigert aufstoßen. Emotionen sind dabei keineswegs verboten, nur sollten diese in objektivierter Form vorgetragen werden – noch bevor es zur Eskalation kommt. Wenn wir eine Sache oder ein störendes Verhalten, das Verärgerung hervorruft, ganz konkret ansprechen, zeugt dies von eigener Stärke. Dem Gesprächspartner werden Grenzen deutlich, und er sieht, wie weit er gehen kann.

Zu einer souveränen Gesprächsfüh ht die Verantwortung für unser Handeln überd ter) Umgang mit den eigenen Emotionen wie auch das Verdeutlichen, dass man nicht gewillt ist, sich auf ein bestimmtes Terrain jenseits einer niveauvollen Kommunikation zu begeben. Bei einer gradlinigen Einstellung, die immer auch von Offenheit und Höflichkeit gekennzeichnet ist, weiß der Gesprächspartner, woran er ist – nur so kann eine solide Vertrauensbasis entstehen. Eine aufgewühlte Atmosphäre mit plötzlichen und unvorhersehbaren Reaktionen demontiert dagegen die Souveränität der Gesprächspartner.

⇢ Verbale Ausdrucksweise

So wie die Kommunikation als Ganzes das Aushängeschild der Persönlichkeit eines jeden Menschen ist, ist es die verbale Ausdrucksweise im Speziellen. Immer sind es die Fähigkeiten im verbalen Ausdruck, die darüber entscheiden, wie ein Mensch von anderen wahrgenommen wird. Ob es einfach um Sympathie oder um Aspekte wie Kompetenz und Intelligenz geht – die Sprache ist es, von der hier die ausschlaggebenden Rückschlüsse gezogen werden. Ein Mensch, der sich nicht klar zu artikulieren versteht, sich nicht verständlich machen und letztlich nicht mit seinen Worten überzeugen kann, dem wird meist größere Intelligenz von vornherein abgesprochen. Gemeinhin gilt die Annahme: *Wer nicht klar reden kann, dem fehlt es auch an Klarheit im Denken.*

Weil nun wohl bekannt ist, dass Intelligenz und Sprache gemeinhin als untrennbar miteinander verwoben betrachtet werden, sind viele Menschen bemüht, sich eine distinguierte Sprache gewissermaßen anzuerziehen. Nun fällt es meist aber doch auf, ob die verwendete Sprache ein reiner Dressurakt oder tatsächlich authentisch ist. Auch ist es längst nicht immer ein probates Mittel, stets eine versierte und rhetorisch imposante Eloquenz an den Tag zu legen. – In der Kommunikation kommt es auf das gegenseitige Verstehen an, nicht darauf, eindrucksvolle Effekte zu erhaschen. Sich selbst und den inhaltlichen Überzeugungen adäquat Ausdruck zu verleihen, ist das vornehmliche Ziel aller Gespräche. – Die vornehmlichste Fähigkeit besteht hier nicht etwa aus rhetorischen Kunstgriffen, sondern vielmehr darin, sich auch rein sprachlich auf die sich bietenden Situationen einzustellen. Eine eindimensionale Sprechweise – ob sie nun aus einem eher spartanischen oder einem besonders exquisiten Vokabular besteht – ist immer eine Einschränkung. Souveränität zeigt sich oft gerade in der Anpassungsfähigkeit und dadurch, die jeweils richtigen Momente zu finden. Zuweilen ist es eine prägnante Sprache, dann ist es ein bestimmter Jargon, ein anderes Mal geht es darum, stilistisch einwandfrei zu sprechen. Der Könner kann hier auf ein breites Repertoire zurückgreifen und fährt niemals eingleisig – er verfügt über das richtige Gespür.

Häufig ist es die besondere Kunst, die Dinge auf den Punkt zu bringen und das wirklich Wesentliche im Auge zu behalten, ohne dabei auf Nebenschauplätze abzudriften. Dann kann es durchaus auch wieder Situationen geben, die es erlauben, etwas weiter auszuholen. Allein die jeweilige Situation entscheidet hier, welche Worte die jeweils angemessenen sind. – Grundsätzlich sind echte Aussagen irgendwelchen nebulösen Andeutungen oder simplen Allgemeinplätzen vorzuziehen. Ein souveräner Mensch versteht es, mit dem Nuancenreichtum der Sprache ungezwungen zu spielen, kann dabei Akzente setzen und auch neue Sichtweisen ins Spiel bringen und verfügt obendrein über die passende Portion Humor. Das heißt nicht, dass es darum geht, sich selbst in den Vordergrund zu spielen – oft ist das Gegenteil der Fall. Denn eine souveräne Sprache zeichnet sich wiederum auch durch die Kunst des Zuhörens aus. Das Gespräch ist kein Wettkampf, und die verbale Ausdrucksweise ist kein Gefecht mit Worten. Das Ziel bleibt die jeweils angemessene Form der bestmöglichen Verständigung, die mal leger und dann wieder förmlichen Regeln unterworfen sein kann. Für alle Fälle gilt: Nicht die Anzahl der Worte oder gar eine möglichst geschraubte Konstruktion der Sätze ist entscheidend, sondern das, was beim Gesprächspartner ankommt und hängen bleibt.

⇢ Stimme

Um bspw. bestimmte Wirkungen auf Tiere zu erzielen, benutzen selbst Menschen, die kein Haustier besitzen und keine Erfahrung im Umgang mit Tieren haben, ganz intuitiv die Modulation ihrer Stimme. Und tatsächlich lässt sich hier allein durch den Klang der Stimme eine Wirkung erreichen: Die Geschöpfe erkennen sofort, mit welcher Einstellung wir ihnen gegenübertreten; wir können sie beruhigen, ihnen Kommandos erteilen, Wohlwollen oder Ablehnung ausdrücken usw. – alles, ohne dass es auf den Inhalt der Worte ankommt. Und dieses Phänomen funktioniert selbst umgekehrt: Ohne auch nur über die geringste Fachkenntnis zu verfügen, ist der Mensch in der Lage, Tierlaute bis zu einem gewissen Grad zu interpretieren. Wir erkennen meist, ob es sich um Klagelaute, Angst- oder Freudensignale handelt. Dies zeigt, dass mittels der Modulation der Stimmlage, noch immer ganz unabhängig von den Worten selbst, Emotionen übertragen werden.

Der Ton der Stimme beherbergt ganz eindeutige Signale; die Stimme „verrät“ geradezu schonungslos, in welcher *Stimmung* sich ein Gesprächspartner befindet. Unsicherheit, Nervosität, Angst schlagen sich ebenso in unserer Tonlage nieder wie Selbstbewusstsein, Ausgeglichenheit und Entschlossenheit. – Selbst Menschen, die insgesamt sehr bewusst kommunizieren, vergessen leicht die überaus hohe Bedeutung der eigenen Stimme. Vertrauen oder Misstrauen, Sympathien oder Ablehnung: Nicht selten entscheidet tatsächlich der Klang der Stimme (zumindest mit) darüber, welchen Eindruck wir bei einem Gesprächspartner hinterlassen. Entsprechend haben Untersuchungen[36] von Stimmexperten ergeben, dass der erste Eindruck (und dieser ist bekanntlich der entscheidende) zu großen Teilen vom Klang der Stimme eines Menschen abhängt. *Der erste Stimm-Eindruck macht hörbar, wer wir sind, wofür wir stehen und wofür wir uns halten.*[37] Selbst Menschen, die für gewöhnlich achtsam ihr äußeres Erscheinungsbild pflegen, versäumen es häufig, sich den Klang der eigenen Stimme – und die damit verbundenen Möglichkeiten – ins Bewusstsein zu rufen. Ein Mensch, der ein professionelles Stimmtraining absolviert hat, ist noch immer eine Seltenheit, während es zugleich selbstverständlich ist, Zeit und Geld für andere Aspekte des Erscheinungsbildes zu investieren. Hier herrscht ein gewisses Missverhältnis, eben weil die Stimme ein komplexes Instrument ist, mit dem sich vielfältige Wirkungen erzielen lassen. Zudem werden, gerade aufgrund des meist wenig ausgeprägten Stimmbewusstseins, viele Fehler gemacht, von denen das zu schnelle, zu leise, zu monotone Sprechen in einer zu hohen Stimmlage die häufigsten sind.

Ein monotoner Singsang strengt die Ohren an und ist kaum dazu geeignet, Aufmerksamkeit zu wecken, während wir uns von einer wohl modulierten Stimme schnell fesseln lassen. Jeder Mensch ist dazu in der Lage, bei der Modulation seiner Stimme die unterschiedlichsten Register zu ziehen. Damit Gespräche eine akustische Aufwertung durch den Einsatz verschiedener Klangfarben erhalten, erfordert es jedoch mehr als nur ein ausgeprägtes Stimmbewusstsein: Die Grundlage für einen ansprechenden Umgang mit der Stimme ist eine in sich ruhende Gelassenheit. Dagegen gehen Unsicherheiten und Nervosität immer zu Lasten der Stimme – sie bricht, stolpert, wirkt unartikuliert und wird insgesamt unkontrolliert. Ein souveräner Mensch, der sich zudem auf seine kommunikativen Fähigkeiten verlassen kann, wird die eigene Stimme wie selbstverständlich adäquat und gut moduliert einsetzen. Die Stimme ist damit ein zuverlässiges Barometer für die emotionale Situation eines Gesprächspartners, das dem aufmerksamen Zuhörer unverhohlen anzeigt, wie es um das Gefühlsleben des Gegenübers bestellt ist.

Gerade weil die Stimme ein so facettenreiches Instrument ist, das große und unterschiedlichste Wirkungen erzielen kann, können die einzelnen Aspekte der Stimmmodulation hier nur begrenzt behandelt werden. – Hinsichtlich eines souveränen Kommunikationsverhaltens soll jedoch ein Aspekt ganz anderer Art nicht unberücksichtigt bleiben: Eine souveräne Persönlichkeit zeichnet sich im Gespräch oft dadurch aus, dass sie auch Willens und in der Lage ist, anderen die eigene Stimme zu verleihen. Gerade souveräne Personen stimmen eben nicht leichtfertig in den Chor einer opportunen Mehrheitsmeinung ein, sie stehen mit ihrer Stimme für die eigenen Überzeugungen ein und werden sich im Bedarfsfall eher auf die Seite eines vermeintlichen Außenseiters schlagen als weniger starke Charaktere. Wo sich andere vorsichtshalber ihrer

Stimme enthalten, um bloß nicht aus der Reihe zu tanzen, wird eine souveräne Person auch dann für eine Sache oder einen Menschen eintreten und Position beziehen, wenn sie sich damit gegen den allgemeinen Tenor stellt. Und wer auch in solchen Situationen noch in der Lage ist, stilvoll zu kommunizieren und mit verbindlicher Stimme zu sprechen, zeigt die ganze Spannbreite einer souveränen Kommunikation.

Körpersprache

Das erste Wort wird meist nach Ablauf des ersten Lebensjahres gesprochen, es folgen Einwortsätze, später Zwei- und Mehrwortsätze. Im Alter von 8 bis 12 Jahren sind wir bereits in der Lage, recht komplexe syntaktische Strukturen zu verwenden. Im Laufe der Zeit können wir dann unsere rhetorischen Fähigkeiten kontinuierlich weiter ausbauen und werden es schließlich zu einer gewissen Meisterschaft bringen: Wir beherrschen unsere Sprache (auch wenn der Prozess des verbalen Spracherwerbs niemals abgeschlossen ist und tatsächlich bis zum Lebensende andauert). – Neben der Muttersprache lernt heute fast jeder Mensch wenigstens eine zusätzliche Sprache, wodurch sich die Möglichkeiten der Verständigung nochmals erhöhen. Niemand wird widersprechen, dass es für das Leben von elementarer Bedeutung ist, über gute rhetorische Fähigkeiten zu verfügen und mindestens eine Fremdsprache weitgehend zu beherrschen. Ob es nun um die Perfektionierung der Ausdrucksmöglichkeiten in der Muttersprache geht oder darum, andere Sprachen versiert zu beherrschen: In beiden Fällen sind viele Menschen durchaus bereit, Zeit und Energie zu investieren.

Ganz anders sieht es mit unserer Körpersprache aus, die zu Recht als Primärsprache bezeichnet werden kann. Noch lange, bevor ein Mensch Worte oder gar Sätze sinnvoll einsetzen kann, um sich zu verständigen, verfügt er über ein gewisses Repertoire körpersprachlicher Ausdrucksmittel. Hiermit können elementare Bedürfnisse signalisiert und selbst emotionale Zustände kommuniziert werden. Ein Kleinkind etwa, das den Kopf mit weit aufgerissenen großen Augen in eine bestimmte Richtung wendet, zeigt deutlich Interesse und Neugier. Im fortschreitenden Kindesalter wird die Körpersprache zunächst noch ausgeprägter: Jede Handlung, jede Emotion und jeder Zustand wird mit einer entsprechenden Körpersprache begleitet. Verbale und nonverbale Sprache sind in diesem Stadium weitgehend kongruent, alle gesprochenen Worte sind also parallel mit entsprechenden körpersprachlichen Signalen verbunden: Gesprochenes, Mimik, Gestik und Körperhaltung besagen das Gleiche. Aufgrund dieser Deckungsgleichheit können sich Kinder im Allgemeinen auch sehr gut verständlich machen. Die Körpersprache der Kinder ist dabei nicht etwa reicher als die der Erwachsenen, sie ist nur unmittelbar im Einklang mit der gesprochenen Sprache. Diese körpersprachliche Kongruenz verkümmert allerdings im Laufe der Zeit, weil sie sich den körpersprachlichen Gepflogenheiten der Umgebung, also denen der Erwachsenenwelt, anpasst.

Nun kann sich jedoch niemand seiner Körpersprache entziehen oder sie unterdrücken – jederzeit werden mit den Elementen der Körpersprache wichtige Informationen über die innere Haltung und Einstellung unserer Gesprächspartner kommuniziert. Alle Gedanken, und insbesondere heftige Emotionen, sind untrennbar mit dem Körper als Ausdrucksmittel verbunden. Dies ist bspw. der Grund dafür, dass viele Unehrlichkeiten schnell zu entlarven sind: Oft zeigt sich an solchen Stellen eine Diskrepanz zwischen gesprochener Sprache und den körpersprachlichen Signalen. Umgekehrt erhöht sich die Authentizität einer Person, wenn alle Signale die gleiche Sprache sprechen.

Gerade die körpersprachliche Kommunikation verläuft meist nur sehr unbewusst und in einer etwas verkümmerten Form. Nur wenige wissen, die positiven Effekte zu nutzen, die sich aus einem passenden Zusammenspiel von verbaler und nonverbaler Sprache ergeben. Dies liegt nicht selten darin begründet, dass wir es zwar erlernen, unsere Worte kontrolliert zu gebrauchen, währenddessen jedoch nicht in der Lage sind, Kontrolle über unseren Körper zu erlangen. Gerade verunsicherte und unaufrichtige Menschen oder Personen, deren Selbst- und Fremdbild Irritationen aufweist, verwenden – ohne es selbst zu wissen – eine geradezu „verräterische" Körpersprache.

Dabei ist die Körpersprache nicht bloß eine Art lästiger Nebenkommunikation – von den eindeutigen Signalen und Botschaften, die von Gestik, Mimik und Körperhaltung ausgehen, können alle Gespräche profitieren. Der Pantomime Samy Molcho, der die Aspekte der Körpersprache insbesondere in Hinblick auf psychologische Elemente erweitern konnte, meint dazu: *Wenn wir offene Sinne und ein waches Auge für die Signale und Kommentare unserer Körpersprache haben, können viele Gespräche und Begegnungen leichter und erfolgreicher verlaufen. Die Kenntnis der Körpersprache, des lautlosen Frage- und Antwortspiels in unserem körperlichen Verhalten, öffnet direktere Wege zueinander und einen freieren Umgang miteinander. In manchen sprach-losen „Augen-blicken" spüren wir das ja auch: Da sagt ein Blick, eine Wendung des Kopfes, eine er-greifende Geste, eine abwehrende Gebärde mehr als tausend Worte.*[38]

Die Körpersprache ist also ein elementarer Bestandteil unserer Kommunikation, dem jedoch oft zu wenig Aufmerksamkeit geschenkt wird. Wir achten und bewerten zwar die Körpersprache anderer Menschen, vergessen dabei jedoch, die eigene Körpersprache bewusst einzusetzen. Auch hier leistet die Arbeit an der Grundeinstellung zur Kommunikation wichtige Vorarbeit: Offenheit, Verbindlichkeit und Aufrichtigkeit sind Elemente einer partnerzentrierten Haltung, eine solche „Haltung" wird sich – sofern sie authentisch ist – auch in der eigenen Körpersprache widerspiegeln.

In einem vom Autor des Buches geführten Interview über den Zusammenhang zwischen Körpersprache und Souveränität brachte es Körpersprache-Spezialistin Sabine Mühlisch auf den Punkt:

Körpersprachliche Souveränität bedeutet, die eigenen Hoheitsrechte uneingeschränkt auszuüben. Anders gesagt: Ein souveräner Mensch ist jeder Lebenssituation und damit dem (all)umfassenden Leben gewachsen. Nur wer ‚Herrscher' im eigenen Körper-Haus ist, wer Herr seiner Gedanken und Gefühle ist, kann dieses menschliche Erbrecht auch beanspru-

chen. Denn als geistige Wesen erschaffen wir mit jedem Gedanken ein Potenzial zur materiellen Verwirklichung – ausgedrückt zunächst und besonders in und mit unseren Körpern. Bei Wertfreiheit und Akzeptanz aller Möglichkeiten kann frei und angemessen ausgewählt werden. Dann werden aus Reaktion, Muster oder beschränkenden Glaubenssätzen durch die Wahrnehmung von ‚darüber' (lat. superanus) Aktion, Wahl und Innovation. Souveränität in der Körpersprache zeigt sich in Vielfalt, Ausgewogenheit und Angemessenheit des Gesamtausdrucks im Einklang mit der Situation.

Zusammenfassung

✓ Der Auftritt bzw. die Präsentation einer jeden Person wird maßgeblich vom jeweiligen Kommunikationsverhalten bestimmt.

✓ Mit der erfolgreichen präventiven Vermeidung von Kommunikationsstörungen werden Gespräche effektiver, zugleich treten die positiven Merkmale einer Persönlichkeit in den Vordergrund.

✓ Eine stilvolle Kommunikation basiert weder allein auf rhetorischen Kunstfertigkeiten noch auf Strategien, die ein Gespräch lediglich zu einem Wettkampf mit Worten degradieren; das primäre Ziel ist eine reibungslose Verständigung, die auch die Interessen der Gesprächspartner berücksichtigt.

✓ Eine gelungene Kommunikation basiert auf einer souveränen Grundeinstellung und setzt auf Komponenten wie die partnerzentrierte Haltung, Einfühlungsvermögen und die Bereitschaft zum Zuhören.

✓ Starre Meinungen, vorgefertigte Positionen und Belehrungsdrang wirken sich destruktiv auf die Interaktion zwischen Menschen aus, während Offenheit und Höflichkeit von wahrer Stärke zeugen.

✓ Die kommunikativen Fähigkeiten zeigen sich nicht allein auf rhetorischer Basis, neben der verbalen Ausdrucksweise sind die Stimme und alle körpersprachlichen Aspekte von entscheidender Bedeutung.

✓ Gerade die nonverbalen Elemente der Kommunikation werden meist nur sehr wenig bewusst und in verkümmerter Form zur Verständigung eingesetzt, dabei führt ein direkter Zugang zum Gesprächspartner in vielen Fällen über die Körpersprache.

✓ Eine souveräne Persönlichkeit versteht es, eine niveauvolle Kommunikationsatmosphäre zu schaffen und zu erhalten, ist dabei weder auf sich selbst fixiert noch will sie sich in den Vordergrund spielen. Die Basis dafür ist eine bewusste Kommunikation sowie ein reflektierender Blick auf die eigene Grundeinstellung.

Johnny Cash: Hello, I'm Johnny Cash

Johnny Cash, 1932 geboren, stammte aus ärmlichen Verhältnissen und arbeitete sich dennoch hoch zum Superstar, blieb es über lange Zeit, verschwand schließlich für einige Jahre von der Bildfläche und wurde im hohen Alter populärer als jemals zuvor. Sein Leben war voller Brüche und Veränderungen, jederzeit war es ihm am wichtigsten, unabhängig zu bleiben und sich die Bereitschaft, etwas Neues zu versuchen, nicht verloren gehen zu lassen. – Der Musiker war jedoch in seinem überaus bewegten Leben gleich mehrfach kurz davor, von den Mühlen der Musikindustrie zerrieben zu werden. Ein Grund dafür war die von der Musikindustrie eingeforderte, zumeist bedingungslose Unterordnung in ihr System. Die Branche gewährte ihren unter Vertrag stehenden Künstlern in den Fünfzigerjahren so gut wie keine Freiheiten und betrachtete sie eher als Eigentum denn als Partner. Was für die gesamte Musikindustrie galt, wurde im Bereich des Country nahezu gnadenlos praktiziert. Country war die Musikrichtung, die sich gerade nach 1950 besonders gut verkaufte, und ein Musiker, der bei den Plattenfirmen ein Country-Album aufnehmen konnte, hatte dies als einen Gnadenakt zu betrachten – war dies doch eine Möglichkeit, zu Geld und Ruhm zu gelangen. Erreichte ein Album tatsächlich gute Verkaufszahlen, galt es, rasch ein weiteres in gleicher Machart zu produzieren. Experimente oder besondere Wünsche der Künstler wurden nicht geduldet, die Spielregeln waren eindeutig. Ein Musiker war nicht mehr als ein Angestellter, und auch Johnny Cash bekam von seinem Label schnell ein Korsett verpasst, das nicht nur seine Persönlichkeit einengte, sondern unweigerlich zur künstlerischen Stagnation führen musste. Schon nach einigen erfolgreichen Aufnahmen bekam der Musiker den unliebsamen Country-Stempel aufgedrückt. Die Produzenten bestimmten nicht nur, welche Songs sich für Aufnahmen eigneten, sie ordneten ebenso an, in welcher Besetzung und Instrumentierung die Alben aufgenommen wurden. Wünsche oder gar Forderungen der Künstler wurden mit größtem Argwohn betrachtet und meist ignoriert, bestand doch die Gefahr, dass ein Verstoß gegen ein bewährtes Rezept zu Umsatzeinbußen führen könnte. Nur die Wenigsten wagten es hier, aus der Reihe zu tanzen. Das Erfolgsrezept (und Geld war und ist natürlich ein gutes Lockmittel) war in den meisten Fällen die völlige Unterordnung.

Nun war es nicht gerade Johnny Cashs Art, sich von vorgegebenen Konditionen beeindrucken zu lassen und sich ihnen bedingungslos zu fügen. Zwei Umstände kamen ihm hierbei zugute: Schon mit seinen frühen Aufnahmen landete Cash mit „I walk the line“ einen unvergänglichen Superhit, der bis heute immer wieder und in unzähligen Coverversionen gespielt wird. Fast wichtiger aber noch, als Cashs Hit-Repertoire, war der Umstand, dass sein Publikum ihn gerade wegen seiner authentischen Persönlichkeit verehrte. – Bis zuletzt begrüßte der Sänger sein Publikum mit den Worten: „Hello, I´m Johnny Cash“. Damit signalisierte er seine Bodenständigkeit und erreichte zugleich eine dauerhafte Sympathie seines Publikums. Und das Publikum bestand aus einfachen Menschen und zuweilen auch aus Außenseitern – es waren die normalen und auch etwas weniger normalen Menschen, die seine Alben kauften. Johnny Cash war kein Marketingprodukt wie viele andere Musiker, sondern eine Persönlichkeit mit reichlich Ecken und Kanten, die keine Konflikte scheute. Seine Auftritte waren bis zuletzt emotional bewegend und von größter Authentizität und Glaubwürdigkeit gekennzeichnet.

Dennoch blieb Cashs Karriere eine unaufhörliche Gradwanderung und vor allem ein stetiger Machtkampf gegen die Musikindustrie. Nicht selten musste der Musiker einen Spagat zwischen (von den Plattenfirmen gewolltem) Kitsch, Kommerz und aufrechter Kunst versuchen. Er scheiterte mehrmals, ließ sich von den Plattenbossen zu Aufnahmen hinreißen, die weder seinen künstlerischen Ansprüchen noch seiner Persönlichkeit entsprachen, fand schließlich jedoch immer wieder Möglichkeiten, seinen eigenen Weg zu gehen. Dass Johnny Cash ein Gespür dafür hatte, auch gegen äußeren Widerstand das Richtige zu tun, zeigen beispielsweise seine legendären Gefängniskonzerte. Allein die Vorstellung, dass ein berühmter Star in einem Gefängnis vor Verbrechern auftreten wollte, löste bei den Produzenten größte Bedenken aus. Und dann wählte Cash für seinen Auftritt auch noch San Quentin, ein Gefängnis, das neben Alcatraz den übelsten Ruf hatte. Das hatte nicht mehr viel mit der Glamourwelt des Showgeschäfts zu tun. – Der Auftritt in San Quentin fand unter größten Sicherheitsvorkehrungen und vor ebenso viel Wachpersonal wie Gefangenen statt. Bis dahin war es undenkbar, dass ein Star ein Gefängnis als Bühne für ein Konzert wählte. Nach Cashs legendärem Auftritt hingegen zogen etliche andere Musiker nach, es wurde für Musiker zum Marketingtrick, Konzerte in Gefängnissen zu geben. Die Authentizität von Cashs Auftritt blieb jedoch für allezeit absolut unerreicht. Cash lieferte keine sterile Show, sondern absolvierte einen Auftritt voll knisternder Intensität. Er verstand es auch, die schon von den äußeren Bedingungen gegebene Distanz zum Publikum zu überwinden: Am Vorabend des Konzertes suchte ihn der Gefängnispastor auf und gab ihm eine Bandaufnahme, auf der ein Song eines der Inhaftierten zu hören war. In der Nacht hörte er dieses Stück *immer wieder*, und am nächsten Tag spielte Cashs Band den Song des Häftlings Glen Sherley, der ganz vorne saß. Sherley und alle anderen konnten sich anhören, wie es klang, wenn der Song von einer der besten Livebands ihrer Zeit in voller Besetzung vorgetragen wurde. Anschließend sagte Cash: *This song was written by our friend Glen Sherley*, und reichte dem tief bewegten Häftling die Hand. – Diese ehrliche Geste jenseits aller Showeffekte festigte nochmals den Ruf des schon damals berühmten Musikers.

Auch später blieb Cash wenig konform und war für seine Plattenfirma nicht gerade leicht zu handhaben. Das oft reaktionäre Publikum der typischen Country-Szene konnte es ihm kaum verzeihen, dass Cash bspw. Partei für die Rechte der Schwarzen oder für die indianische Urbevölkerung Amerikas ergriff. Für entsprechende Äußerungen erntete Cash mehrfach gröbste Anfeindungen bis hin zu Morddrohungen, was ihn nicht davon abhielt, weiterhin seinen eigenen Weg zu gehen.

Irgendwann in den Achtzigerjahren forderten die Anstrengungen der vorangegangenen Jahrzehnte ihren Tribut. Cash erzielte nicht mehr die gewohnt großen Verkaufszahlen, weigerte sich jedoch, den Forderungen seiner Plattenfirma nachzukommen, worauf diese nur gewartet zu haben schien: Sie kündigten seinen Vertrag, und Cash – einer der berühmtesten Musiker Amerikas – stand ohne Vertrag und Plattenfirma da. Zugleich war er inzwischen gesundheitlich angegriffen und kam in ein Alter, das es schwierig machte, ein Comeback zu ermöglichen. Doch auch jetzt sollte Cash alle seine Neider und Rivalen nochmals von seinem Potenzial überzeugen. 1993 erhielt der fast schon in Vergessenheit geratene Johnny Cash einen Anruf von dem unkonventionellen Plattenproduzenten Rick Rubin. Rubin war überzeugt, dass Cash von Leuten umgeben war, die seine Kreativität nicht mehr ernst nahmen. Für Rubin war klar, dass eine der letzten lebenden Musiklegenden des 20. Jahrhunderts nur ein würdiges Umfeld benötige, um wieder seine volle Größe entfalten zu können. Genau dies wollte Rubin ihm geben. So kam es, dass der alternde Star sich dem jungen Produzenten und seinem eigens gegründeten Plattenlabel anvertraute. Rick Rubin unterschied sich in fast jeder Hinsicht von allen Produzenten, mit denen Cash jemals zu tun hatte. Der Hauptunterschied lag jedoch vor allem darin, dass er sich nicht weiter einmischen wollte. Er sagte lediglich, welche Art von Aufnahmen ihm vorschweben: Cash allein und mit Gitarre. Und genau das war es, was Cash seit 30 Jahren machen wollte, wofür er aber keine Plattenfirma finden konnte. Nun endlich bekam er die Freiheit, die man ihm nie geben wollte. Das Ergebnis sind die legendären „American Recordings“ (benannt nach Rubins Plattenlabel), die heute zu den besten Aufnahmen zählen, die Cash jemals veröffentlicht hat. Hier zeigt sich ein mit Würde gealterter Mann, der sich durch nichts auf seinem Weg behindern lässt und der sich noch immer in Experimentierlaune befindet. Dementsprechend ehrfürchtig blicken Kritiker und selbst renommierteste Musikerkollegen, damals wie heute, auf das Spätwerk des schon zu Lebzeiten zur Legende gewordenen Sängers. Seine Songs selbst, die er hier zuletzt von seiner Krankheit schwer gezeichnet und tatsächlich im Angesicht des Todes einspielte, demonstrieren und beweisen seine ungeheure persönliche Kraft, der sich kaum ein Hörer entziehen kann. Sein Produzent der letzten Jahre, dessen wichtigen Einfluss Cash niemals herunterspielte – auch das macht seine Größe aus –, berichtet außerdem vom starken Willen, der natürlichen Bescheidenheit (die für einen Star dieses Formats sicher alles andere als selbstverständlich ist) und insbesondere über seine Aufgeschlossenheit gegenüber allem Unbekannten, die Cash bis zu seinem Tod erhalten blieb.

Johnny Cash stirbt am 12. September 2003 nach langer und schwerer Krankheit. Die Aufnahme-Reihe im Rahmen der American Recordings sind sein ganz besonderes

Vermächtnis. Spätestens hiermit wurde Cash zum Sinnbild des aufrechten Künstlers, der sich selbst bis zuletzt treu geblieben ist. Mit seiner einzigartigen Authentizität überzeugte Cash junge und alte Musikerkollegen und Hörer aller Generationen. Er scheint ein Mittel gefunden zu haben, das sämtliche Grenzen zwischen Generationen, quer durch alle Musikstile und sozialen Zugehörigkeiten gleichermaßen sprengte. Dieses Zaubermittel, das dazu führte, dass Cash insbesondere während seiner letzten Jahre Respekt und Anerkennung von den unterschiedlichsten Seiten erntete, war nichts anderes als seine spezielle gradlinige Persönlichkeit.

5. Eigenschaften einer souveränen Persönlichkeit

Wie auch immer die individuellen Merkmale eines Menschen gestaltet sind, eines steht fest: Sie sind immer vielgestaltig und zudem einem komplexen Wechselspiel und den unterschiedlichsten, sich fortwährend ändernden Einflüssen unterworfen. Und eine Einordnung der Eigenschaften eines Menschen in bestimmte Kategorien mag zwar vordergründig plausibel erscheinen, kann als Erklärungsmodell für weit verzweigte Konstellationen alleine jedoch nicht bestehen. Entsprechend schwierig ist es, Souveränität mit ganz eindeutigen Merkmalen zu belegen. Bestimmte Eigenschaften souveräner Persönlichkeiten lassen sich zwar durchaus separieren, doch sind es weniger diese Eigenschaften selbst, die zur Souveränität führen – vielmehr kommt es auf die jeweilige Ausprägung derselben und auf das Zusammenspiel aller Einzelaspekte an. Damit ist es nahezu unmöglich, einzelne Zutaten zu benennen, daraus ein buntes Kompendium zusammenzustellen und zu behaupten, damit Souveränität erklärt zu haben. Die Beschaffenheit eines Menschen lässt sich eben nicht auf eine simple Formel reduzieren, alle eindimensionalen Erklärungsversuche müssen hier zwangsläufig in die Irre führen.

Allerdings lassen sich Eigenschaften und Verhaltensweisen herausarbeiten, die unentbehrlich sind, um individuelle Souveränität entfalten zu können. Andere wiederum sind absolut kontraproduktiv und verhindern ein souveränes Gesamtbild einer Person. Souveränität erfordert dabei keineswegs Perfektion in allen Bereichen, vielmehr geht es darum, das harmonische Zusammenspiel mehrerer Qualitäten nicht durch ein großes Manko auf einer anderen Seite wieder zu sabotieren. Problemlos können wir uns einen Menschen denken, der – bspw. im Berufsleben – ein akutes Problem insgesamt sehr weitsichtig und offensichtlich souverän meistert, dann aber an irgendeiner Stelle, verursacht durch eine Lappalie, doch wieder die Beherrschung verliert. Kommt es dann plötzlich zu einem cholerischen Ausbruch, der weit über das Ziel hinausschießt und jeglicher Objektivität entbehrt, bleibt nicht das vorherige souveräne Handeln im Bewusstsein – sondern letztlich nur die überzogene Folgereaktion. Fast grundsätzlich kann jede gewonnene Souveränität wie eine Seifenblase schnell wieder zerplatzen: Selbst wer zehnmal die Eigenschaften einer souveränen Persönlichkeit beweist, steht in der Eigen- und Fremdwahrnehmung doch wieder ganz anders da, wenn beim elften Mal die Fassung verloren geht. Und selbstverständlich ist gerade ein gewollt zur Schau getragenes souveränes Verhalten exakt das Gegenteil von dem, worum es tatsächlich geht. – Gerade bei Souveränität ist die Berücksichtigung der Perspektive besonders relevant: Sie wird zwar auch von der Außenwelt wahrgenommen, wo sie nicht selten eine große Anziehungskraft ausübt, kann in allen Fällen jedoch nur von innen kommen. Eine allein der Außenwelt wegen aufgesetzte (Schein-)Souveränität ist immer ein Widerspruch in sich, weil hier die Fremdbestimmung dominiert, wodurch die entsprechende Person ihre Autonomie verliert. Dies entspricht der Feststellung des Philosophen Alain, wenn er sagt, dass man Charakter zunächst einmal haben muss, bevor man ihn zeigen kann.[39] Für den souveränen Menschen steht dabei niemals im Vordergrund, was andere von ihm denken. Und durch die individuelle Unabhängigkeit, die Selbstbestimmung erst möglich macht, gewinnt eine souveräne Persönlichkeit ihren besonderen Stellenwert.

Wie eingangs beschrieben, lässt sich Souveränität nicht allein durch das Vorhandensein bestimmter positiver Eigenschaften auf der einen Seite und das Fehlen negativer Eigenschaften auf der anderen Seite erklären. Zweifellos sind bei jeder souveränen Persönlichkeit bestimmte Kerneigenschaften besonders stark ausgeprägt. Aus der Summe dieser Kernelemente wird zumindest eine recht konkrete Annäherung an das Phänomen Souveränität möglich. Die jeweiligen Souveränitätsfaktoren werden anschließend in die Teilbereiche einer vor allem nach außen sichtbaren Souveränität und den inneren Voraussetzungen gegliedert. Erst das harmonische Zusammenspiel dieser Bereiche sowie die enthaltenen Grundeigenschaften führen schließlich zum Gesamtkomplex Souveränität, die – wenn auch stets auf ein und derselben Basis beruhend – doch immer wieder in ganz unterschiedlicher Gestalt in Erscheinung tritt.

5.1 Souveränität in der Wahrnehmung der Außenwelt

Der fremdgesteuerte Mensch ist im erheblichen Maße von der Außenwelt abhängig und damit das Gegenstück einer souveränen Persönlichkeit. Er bezieht seinen Selbstwert vornehmlich aus der (positiven) Bewertung seiner selbst durch andere. Sein Verhalten ist geradezu fixiert auf die Beurteilung von außen. Er ist auf die Gunst anderer angewiesen, will im guten Licht dastehen und kann es nicht ertragen, wenn das fieberhaft ersehnte Feedback von außen ausbleibt. Die fremdgesteuerte Person ist darauf ausgerichtet, die von außen gesetzten Kriterien und Erwartungen zu erfüllen und nimmt dabei, wenn auch meist nicht bewusst, selbst größere innere Konflikte in Kauf. – Ein Dilemma ist dabei, dass gerade die allzu opportune Ausrichtung auf die Außenwelt oft genau das Gegenteil vom eigentlich Erhofften zur Folge hat. Die Betroffenen stehen unaufhörlich unter Druck und bewegen sich dabei zwischen Versagensängsten und Perfektionismus oszillierend. Tatsächlich liegen diese vordergründigen Gegensätze oft sehr nah beieinander und werden durch dieselbe Quelle gespeist: Dem unbedingten Willen oder Drang, es anderen recht und immer alles richtig zu machen.

Die Folge ist meist eine Mischung von Konformismus, einer Haltung, die durch Angleichung der eigenen Einstellung an die herrschende Meinung gekennzeichnet ist, und negativen Folgeeffekten, die daraus resultieren, dass Dauerkonformität im Leben schlichtweg unmöglich ist. – Wer zu sehr auf die Meinung der Außenwelt setzt, von dort seine ganze Energie bezieht, verliert jede souveräne Gelassenheit und manövriert sich nicht selten selbst in vertrackte Situationen hinein. Aus Opportunismus und einem Mangel an Gradlinigkeit kommt es zu enervierenden Verstrickungen: Der abhängige Mensch steht permanent zwischen zwei Stühlen und muss sich bei seiner Gratwanderung immer wieder irgendwie aus der Affäre ziehen.

Hiermit ist das bekannte Phänomen verbunden, dass in den allermeisten Fällen gerade diejenigen Menschen, deren Verhalten nicht auf die Beurteilung von außen fixiert ist, häufig über ein wesentlich besseres Ansehen verfügen, als andere, die letztendlich nur Sklaven ihrer Geltungssucht sind. An dieser Stelle kommen wichtige Eigenschaften zum Tragen, die zwischen Abhängigkeit und Souveränität unterscheiden. Viele dieser Merkmale fallen wiederum in den weit gefächerten Bereich der Kommunikation. Bereits im Kapitel über die kommunikativen Fähigkeiten wurde angesprochen, dass sich aus dem Kommunikationsverhalten eines Menschen immer auch bestimmte Charaktereigenschaften ablesen lassen. Hier zeigt sich ganz unmittelbar, ob echte Souveränität im Spiel ist oder doch nur Eigenschaften, die diese mitunter schon im Keim ersticken. Viele Eigenschaften, die souveränen Menschen zu Eigen sind und die auch von außen deutlich wahrgenommen werden, führen immer wieder zum Stichwort Authentizität, wo sie schließlich gebündelt zusammentreffen.

5.1.1 Authentizität

Jede Verhaltensweise, die im Widerspruch zum eigentlichen inneren Dasein eines Menschen steht, wirkt aufgesetzt, gekünstelt und erzwungen. Immer wenn zwischen Schein und Sein ein deutliches Missverhältnis besteht, geht dies zu Lasten der persönlichen Authentizität. Der Terminus umfasst die miteinander verquickten Begriffe Echtheit, Glaubwürdigkeit und Zuverlässigkeit. Die besondere Relevanz hinsichtlich der Souveränität ergibt sich allein schon daraus, dass eine unecht wirkende, unglaubwürdig auftretende oder unzuverlässig erscheinende Person sicher niemals den Status einer souveränen Persönlichkeit erreichen kann. Entsteht auch nur bei einem dieser Bereiche ein deutliches Manko, geht damit immer ein Reputationsverlust einher, der kaum mehr kompensiert werden kann.

Echtheit im Verhalten resultiert aus einer möglichst großen Übereinstimmung von Selbst- und Fremdbild. Sobald Eigenschaften vorgetäuscht, simuliert oder einzig aus Kalkül eingesetzt werden, bleiben sie doch immer nur ein Abklatsch eines echten Daseinszustandes. Hier verhält es sich ganz so wie bspw. bei einem Filmstar und seinem Doppelgänger: Das Imitat wird, was es auch immer tut, niemals die Ausstrahlungskraft des Originals erreichen. Durch mangelnde Authentizität geht nicht nur ein großer Teil der Ausstrahlungskraft verloren, jede Selbstinszenie ür unser Handeln überd einigen Fällen auch sein mag – stellt die Glaubwürdigkeit einer gesamten Person infrage. Wer in eine Rolle schlüpft, wird von dieser stark vereinnahmt, wodurch zwangsläufig wichtige Spielräume verloren gehen: Natürlichkeit und Gelassenheit bleiben schließlich auf der Strecke. Wo immer etwas gekünstelt und angestrengt wirkt, bleibt der Weg in Richtung Souveränität versperrt. Und die Außenwelt hat oft einen sehr analytischen Blick dafür, ob sie es mit einem Original oder mit einer Fälschung zu tun hat. Authentische Personen ernten dort Vertrauen, wo andere auf Skepsis und Argwohn stoßen. Ein überdehnter Spagat zwischen Schein und Sein bringt die eigene Persönlichkeit ins Wanken, während der souveräne Mensch in sich gefestigt und kaum aus dem Gleichgewicht zu bringen ist.

Glaubwürdigkeit und das Kommunikationsverhalten sind untrennbar miteinander verwoben. Eine souveräne Persönlichkeit wird kaum mit Lippenbekenntnissen um sich werfen, sondern vielmehr ihren Worten auch Taten folgen lassen. Jeder Gesprächspartner weiß es sehr wohl zu schätzen, wenn sein Gegenüber nicht nur heiße Luft produziert, sondern explizit zu dem steht, was er sagt. Vertrauen entsteht immer erst dann, wenn ein Mensch für vertrauenswürdig befunden wird und diese Vertrauenswürdigkeit auch unter Beweis stellen kann. Nicht umsonst sind es vorzugsweise die charakterstarken Menschen, denen wir unser Vertrauen schenken, weil wir hier zu Recht davon ausgehen können, dass eben diese das in sie gesetzte Vertrauen nicht missbrauchen. Die Fähigkeit, Vertrauen zu erwecken, nimmt eine Schlüsselrolle ein, weil erst aus einer Vertrauensatmosphäre heraus die Dinge gedeihen können. Dem glaubwürdigen Menschen wird geradezu automatisch mit einer gewissen Hochachtung begegnet, allein, weil man hier weiß, dass es sich um eine ausgewogene Persönlichkeit handelt, bei der Worte und Taten übereinstimmen. Es sind Menschen, an die man sich halten und an denen man sich orientieren kann, die weder durch ein sprunghaftes Hin und Her irritieren noch mit ihrer Überzeugung hinterm Berg halten und die, wenn es darauf ankommt, auch kein Blatt vor den Mund nehmen.

Souveräne Persönlichkeiten, die zugleich immer auch vertrauenswürdige sind, zeichnen sich dadurch aus, dass sie allen Intrigen, Klatsch und Tratsch sowie Schuldzuweisungen und Anschwärzungen mit größter Zurückhaltung begegnen. – An solchen Stellen ist grundsätzlich Vorsicht geboten, begibt man sich doch schnell in Gefilde, die eine Vorstufe zum Vertrauensverlust markieren. Die Kommunikation ist der Maßstab, mit dem die Glaubwürdigkeit eines Menschen gemessen wird. Eine Person, die Intrigen schmiedet, sich allzu oft zu unbedachten Äußerungen hinreißen und die Gerüchteküche brodeln lässt, hat zwar immer etwas zu erzählen, wird von anderen jedoch sicher niemals große Vertrauenswürdigkeit attestiert bekommen.

Häufig ist letztlich nichts anderes als fehlende Courage ursächlich dafür, sich an den unterschiedlichsten Taktlosigkeiten zu beteiligen. Tatsächlich erfordert es ebenso viel Mut wie auch Feingefühl, bestimmte Grenzen (welche durch die eigenen Wertmaßstäbe definiert werden) zu stecken und selbst nicht zu übertreten sowie den eigenen Mitteilungsdrang zu bremsen bzw. in konstruktive Kanäle zu lenken. Wird eine souveräne Persönlichkeit ins Vertrauen gezogen, heißt das oberste Gebot selbstverständlich Verschwiegenheit. Allerdings ist es mit der Diskretion insgesamt oft nicht weit her – schnell kommt ein Wort zum anderen, wobei die Sachverhalte gerne noch farbenfroh ausgeschmückt und mit eigenen Kommentaren gewürzt werden. Gerade das unter dem Deckmantel der Verschwiegenheit Mitgeteilte, das „Geheime", Private oder gar Intime scheint durch seine Exklusivität einen besonderen Reiz auszuüben. Viele Menschen sind geradezu begierig darauf, irgendeine Besonderheit zu erhaschen, um mit dieser hinter vorgehaltener Hand hausieren gehen zu können. Damit ist dann sicher für interessanten Gesprächsstoff gesorgt – die persönliche Integrität ist derweil dahin.

Zu den deutlich ausgeprägten Eigenschaften einer souveränen Persönlichkeit gehört dagegen immer eine Selbstverpflichtung zur Diskretion, wann immer diese geboten ist. Zugleich verfügt sie über den Mut zum offenen Wort. Die Dinge geradeheraus und unverhohlen anzusprechen, ist eine Fähigkeit, mit der die Reputation eines Menschen immer wächst. Auf Klatsch und dergleichen sollten wir also immer sehr skeptisch reagieren und uns schon gar nicht aktiv daran beteiligen. Stattdessen gilt es, auf Gradlinigkeit und Offenheit zu setzen – mit diesen Eigenschaften lassen sich insbesondere auch dubiose Machenschaften hinter den Kulissen ausbremsen, denn der aufrichtige Mensch demonstriert damit seine klare Abneigung gegenüber allen Doppelzüngigkeiten. Eine gradlinige und offene Kommunikation wirkt obendrein fast immer ansteckend. Wer die Dinge, insbesondere auch Streitpunkte, beim Namen nennt, Probleme offen und zugleich respektvoll anspricht und damit den Kern der Sache anpackt, gibt damit ein unmissverständliches Statement über sich selbst ab. Und gerade schwächere Charaktere neigen dazu, die Kommunikations- und Verhaltensweise anderer zu adaptieren. Somit kann eine reife und integre Persönlichkeit durchaus eine Kettenreaktion auslösen und positiv auf ihre Außenwelt abstrahlen. Es zeigt sich gerade in vertrackten Situationen immer wieder, dass nur irgendjemand den Anfang machen und ein offenes Wort sprechen muss, um damit einen Knoten zu lösen. Dieser „Irgendjemand" ist dann meist allerdings eben nicht irgendwer, sondern eine starke Persönlichkeit, die den Überblick behält und dies mittels ihrer Kommunikation nach außen transportiert. Gerade bei Streitpunkten und ernsthaften Problemsituationen, ob nun privater oder beruflicher Natur, zeugt es immer von Reife, wenn die Ursachen beim Schopf gepackt werden, anstatt sie anderen in die Schuhe zu schieben. – Durch Schuldzuweisungen werden nur höchst selten Probleme gelöst, alle wissen es, doch nur die Wenigsten handeln danach.

Insbesondere der Umgang mit eigenen Fehlern hat hier eine sehr große Aussagekraft: Während wir uns durch Abwiegelungen und Vertuschungen nur selbst diskreditieren, demonstrieren wir Größe, wenn wir den Mut und die Bereitschaft aufbringen, Fehler offen einzugestehen. Obendrein ist es ein Gebot der Fairness, Fehler nicht auf andere abzuwälzen. Die authentische Person unternimmt erst gar nicht den ohnehin zum Scheitern verurteilten Versuch, nach außen hin makellos erscheinen zu wollen. Ihre Glaubwürdigkeit und Zuverlässigkeit wird vielmehr dadurch noch gefestigt, dass auch Irrtümer ohne Umschweife eingeräumt werden.

5.1.2 Emotionale Intelligenz

Der vom amerikanischen Psychologen Daniel Goleman[40] geprägte Begriff *Emotionale Intelligenz* wird immer dann herangezogen, wenn die Ursachen für den Erfolg oder Misserfolg bestimmter Menschen erklärt werden soll. Ist man lange Zeit davon ausgegangen, dass insbesondere für den beruflichen Erfolg die „herkömmliche" Intelligenz, nämlich der messbare Intelligenzquotient, die dominierende Rolle spielt, fällt die Betrachtungsweise heute differenzierter aus. Das konventionelle Intelligenzmodell, das sich mithilfe des IQs in Zahlen abbilden lässt, wurde inzwischen um den Faktor EQ erweitert. Mittlerweile gilt nicht mehr allein der IQ als Maßstab für den Erfolg eines Menschen, vielmehr wurde erkannt, dass der Erfolg zu großen Teilen von der *Intelligenz der Gefühle* abhängt. Und tatsächlich tragen die mit dem IQ messbaren Fähigkeiten nur einen überraschend geringen Anteil zum allgemeinen Lebenserfolg bei. Ob es nun um die berufliche Karriere, Partner- und Freundschaften oder generell um die persönliche Zufriedenheit geht, im Vordergrund steht in allen Fällen die Emotionale Intelligenz. Sie ist es, die uns in die Lage versetzt, insgesamt vernünftig zu handeln, angespannte Situationen zu entschärfen, den Überblick zu behalten, auch übergeordnete Aspekte einzubeziehen und kreative Ideen in die Tat umzusetzen. – Für Goleman ist die Emotionale Intelligenz eine Art Metafähigkeit, mit der es erst möglich wird, dass ein Mensch seine sonstigen Fähigkeiten effektiv einsetzen kann. Damit kann der Wirkungsgrad und Nutzen eines hohen IQs nicht mehr isoliert, sondern immer nur im Zusammenspiel mit der Emotionalen Intelligenz bewertet werden.

Daraus lässt sich folgern, dass selbst ein im herkömmlichen Sinne überdurchschnittlich intelligenter Mensch, im Leben nicht über das Mittelmaß hinaus kommt, evtl. oft sogar zum Scheitern verurteilt ist, wenn es ihm auf der anderen Seite an der besagten Metafähigkeit mangelt. Diese These wird vom Neurologen und Gehirnforscher Antonio R. Damasio[41] durch die Langzeitbeobachtung seiner Patienten eindrucksvoll belegt. Das bekannteste Beispiel ist der Fall Elliot: Elliot war bis zum Zeitpunkt seiner Erkrankung ein hochintelligenter und erfolgreicher Geschäftsmann mit einem glücklichen Privatleben. Damasio musste bei seinem Patienten einen apfelsinengroßen Gehirntumor diagnostizieren und eine schwierige Operation durchführen. Nach der Gehirnoperation zeigte sich Elliot bald in guter körperlicher wie geistiger Verfassung. Bei mehreren psychologischen Tests erwies er nach wie vor eine überdurchschnittliche Intelligenz, und er verfügte noch immer über ein gutes Gedächtnis sowie über ein ausgeprägtes Wahrnehmungs- und Lernvermögen. – Allerdings, und das war die folgenschwere Überraschung, war Elliot nach der Operation seiner Emotionen beraubt. Der Patient erschien emotional teilnahmslos und war zu keiner geistigen Gefühlswahrnehmung mehr in der Lage. Diese Tatsache zeigte sich auch in Tests, bei denen Elliot Bilder mit erschütternden Inhalten gezeigt wurden, auf die eine starke emotionale Reaktion normal gewesen wäre. Er war sich der schockierenden Inhalte der Bilder zwar völlig bewusst, zeigte jedoch keinerlei emotionale Regung.

Bald wurde deutlich, dass ihm durch die fehlenden Emotionen zudem seine Fähigkeit, rationale Entscheidungen zu treffen, völlig abhanden gekommen war. Der Patient konnte zwar weiterhin mühelos bspw. mathematische Aufgaben lösen, war jedoch nicht mehr fähig, seine Gefühle einzubeziehen, um das Leben als solches zu meistern. – Nach seiner Entlassung aus dem Krankenhaus konnte Elliot sich seine Arbeitszeit nicht mehr einteilen, er ließ sich auf zweifelhafte Geschäfte ein und verlor bald sein gesamtes Vermögen wie auch jegliche Art von sozialer Kompetenz. Schließlich trennte er sich von seiner Frau und seinen Kindern, ging noch eine kurze zweite Ehe ein und ließ sich letztendlich nur noch durchs Leben treiben. Der direkte Bezug zu seinen Gefühlen war ganz offensichtlich verschwunden. Weil Elliot durch die Krankheit seine Gefühle (oder die Wahrnehmung seiner Gefühle) verloren hatte, konnte er keine Verbindung mehr ziehen zwischen seinem Denken und Handeln auf der einen Seite und seinen Gefühlen auf der anderen Seite. Somit hatte Elliot mit seinen Emotionen sämtliche Orientierung gebenden Wertmaßstäbe und infolgedessen seine Ratio verloren: Er war nicht mehr zur Vernunft fähig. Und die Vernunft ist das Vermögen des Menschen, Einsichten zu gewinnen, Zusammenhänge zu erkennen, etwas zu überschauen und sinnvoll einzuordnen, die Rangordnung der gegebenen Werte zu erkennen und sein Handeln danach zu richten – ohne Emotionen sind all diese Fähigkeiten nicht vorhanden.

Der Fall Elliot zeigt, dass selbst höchste Intelligenz und größte Begabungen auf unfruchtbaren Boden fallen, wenn es am emotionalen Hintergrund mangelt. Es sind die Gefühle, die dem Menschen die richtige Richtung anzeigen, die vermitteln, welche Verhaltensweisen gut und wichtig sind und welche wir vermeiden sollten. Nur durch den kontrollierten Umgang mit den Emotionen ist der Mensch in der Lage, aus den Unmengen an Möglichkeiten diejenigen herauszufiltern, für die es sich zu entscheiden gilt. Der emotional intelligente Mensch kennt seine Emotionen, weiß damit umzugehen und kann sie konstruktiv kanalisieren. Erst dadurch kann soziale Kompetenz entstehen, weil ein emotionsloser Mensch (den es im Normalfall nicht gibt) oder ein anderer, der seinen Emotionen ausgeliefert ist, nicht zur Empathie fähig ist und auch nicht mit den Emotionen anderer umgehen kann. Dadurch entstehen Störungen im Umgang mit Beziehungen zu anderen Menschen, also hinsichtlich aller sozialen Kontakte. Das heißt, wer sich nun auf sozialem Parkett souverän bewegen will, benötigt einen direkten Bezug zu den eigenen Gefühlen. Denn ein Mensch, der sich seiner Emotionen wenig bewusst ist, kann folglich kaum Einfluss auf sie ausüben, er wird zum Sklaven seiner Stimmungen und verliert dabei seinen inneren Kompass.

Emotionale Intelligenz ist damit nicht nur für die Zielsicherheit von Entscheidungen und der persönlichen Zufriedenheit relevant, sondern auch in besonderem Maße für die Beurteilung eines Menschen von seiner Außenwelt. Und diese ist wiederum bedeutend für den persönlichen und vor allem auch beruflichen Erfolg. In beiden Fällen ist soziale Kompetenz unbedingt erforderlich, gemeint ist hiermit die Beziehungs- und Konfliktfähigkeit. Nur wer in der Lage ist, Beziehungen und Kontakte zu knüpfen und auch dauerhaft aufrechtzuerhalten (was den wichtigen Aspekt beinhaltet, unnötige Konflikte zu vermeiden und andere lösen zu können, bevor sie eskalieren), verfügt über ausgeprägte soziale Fähigkeiten. Unsichere, affektierte oder stark egozentrische Verhaltensweisen im sozialen Umgang sind Indizien für einen Mangel an Emotionaler Intelligenz und verhindern ein souveränes Auftreten. – Die Emotionale Intelligenz ist, im Vergleich zum IQ, der durch Schulung nicht oder kaum mehr verändert werden kann, durchaus ausbaufähig. Souveräne Menschen zeigen hier oft die besondere Eigenschaft, dass der Status quo von ihnen niemals als Endzustand betrachtet wird: Eine fortwährende Selbstreflexion (mit einer Überprüfung von Selbst- und Fremdbild), die bewusste Selbststeuerung, die Bereitschaft, Einfühlungsvermögen zu zeigen und das persönliche Kommunikationsverhalten zu verbessern, können erheblich zur Steigerung der Emotionalen Intelligenz beitragen.

Der emotional intelligente Mensch ist in der Lage, aus sich selbst heraus und im richtigen Augenblick das Richtige zu tun, er kann auf die gegebenen Situationen und seine Umwelt adäquat reagieren und versteht es, mit destruktiven oder ungeeigneten Handlungsimpulsen angemessen umzugehen. Alle unbewussten (und damit die nicht beeinfluss- oder steuerbaren) Vorgänge in der eigenen Gefühlswelt führen zum Verlust oder zu Einschränkungen hinsichtlich der Emotionalen Intelligenz. Die Emotionale Intelligenz schließt die Fähigkeit ein, Gefühle präzise wahrzunehmen, zu bewerten und zu formulieren, außerdem das Vermögen, einen direkten Zugang zu den eigenen Gefühlen zu finden, wodurch Denk- und Entscheidungsprozesse erleichtert werden. Außerdem beinhaltet sie die Fähigkeit, Gefühle zu verstehen und auf diesem Wege ein emotionales Wissen aufzubauen. Wer dadurch in der Lage ist, seine Emotionen zu regulieren, auf sie selbstbestimmt einzuwirken, wird das eigene emotionale und intellektuelle Wachstum vergrößern und kann so zu einer mündigen Persönlichkeit reifen.

5.1.3 Charakterstärke

Die Charakterstärke ist eine, wenn vielleicht noch nicht exklusive, so doch sicherlich vornehmliche Eigenschaft souveräner Menschen. Auch wenn bis hierhin sicher Einigkeit besteht und jeder eine gewisse Vorstellung von der Bedeutung des Begriffs hat, ist damit noch nicht explizit gesagt, was er genau meint. Eine konkrete Definition lässt sich in einem Satz zusammenfassen: Wenn man von einem Menschen behauptet, er verfüge über einen starken Charakter, so meint man, dass er zu wollen weiß und dass er sich nicht gängeln oder manipulieren lässt.[42] Das spezielle Attribut, über Charakterstärke zu verfügen, bekommen nur einige wenige Menschen zugeschrieben, was sicher darin begründet liegt, dass es gar nicht so leicht ist, die genannten Kriterien tatsächlich zu erfüllen. Bereits dass jemand wirklich „zu wollen weiß“, ist eine recht rare Eigenschaft.

Allein um zu wollen, erfordert es immer Antrieb und eben auch eine Selbstreflexion, die klarstellt, was überhaupt dem eigenen Willen entspricht. Die Motivation, die jedem Willen vorausgeht, führt dabei entweder auf eine negative oder aber positive Komponente zurück: Bei der negativen Motivation stehen immer Unerfreulichkeiten im Vordergrund. Hier malt man sich aus, was passiert, wenn irgendeine Sache nicht in Angriff genommen wird („Wenn ich nicht, dann wird ... – also muss ich!“). Allein weil wir uns vergegenwärtigen, dass ein Ausbleiben einer Handlung zu Ärger oder Unannehmlichkeiten führt, erhalten wir den benötigten Antrieb. Das Resultat ist eine rein rationelle Handlung, die nicht der Sache wegen oder gar aus Freude, sondern aus rein verstandesbedingten Erwägungen durchgeführt wird. Derartige Impulse können natürlich schnell ins Stocken geraten und erfordern ständigen Motivationsnachschub, also Druck (entweder von außen oder durch uns selbst). Man will alleine deswegen, weil man weiß, dass man muss – hier liegt keine freie Entscheidung im eigentlichen Sinne vor. – Anders sieht es bei einer positiven Motivation aus. Der Antrieb entspringt hier einem echten inneren Willen, der dadurch eine weitaus größere und beständigere Dynamik erreichen kann. Hier stehen erfreuliche Aspekte und Vorfreude auf das Ziel im Vordergrund. Folglich wird man sich mit Freude und unermüdlicher Kraft der Sache widmen, weil man sie sozusagen aus ganzem Herzen erreichen will. Dabei wird dann oft große Kreativität entwickelt, um seine ureigene Sache in die Tat umzusetzen. Es erfordert allerdings mehr als positive Energie, um nicht nur zu wollen, sondern auch *wissen zu wollen.*

Der Wille alleine wird noch nicht viel bewirken, wenn der Weg zum gesetzten Ziel unklar und nebulös bleibt. Zwischen der Idee und dem Erreichen eines Zieles gilt es immer, mit sicheren und kontinuierlichen Schritten, von Widerständen und Hindernissen unbeirrt, voranzuschreiten. Weil nun kaum eine Strecke völlig unbehindert beschritten werden kann, zeigen sich hier weitere Aspekte, die einen starken Charakter ausmachen. Es sind die Merkmale Entschlossenheit und Hartnäckigkeit, mit der eine starke Persönlichkeit ihren Plan verfolgt. Das Universalgenie, der Maler, Bildhauer, Baumeister, Zeichner und Naturforscher Leonardo da Vinci – der aufgrund seiner innovativen, in einigen Fällen für die damalige Zeit geradezu phantastisch anmutenden, Ideen oft großen Widerständen ausgesetzt war – brachte die Relevanz der Entschlossenheit auf die Formel: *Hindernisse können mich nicht aufhalten; Entschlossenheit bringt jedes Hindernis zu Fall.*

Wer sich aus freiem Entschluss Mühe macht, ist immer zufriedener und tatkräftiger als derjenige, der sich allein dem Zwang der Notwendigkeit zum Handeln ausgesetzt sieht. Der entschlossene Mensch besticht durch konsequentes Handeln und zeigt dabei keine Angst vor dem ersten Schritt, kann sich auch auf unbequeme Menschen einlassen und geht ihnen nicht aus dem Weg, während der Unentschlossene, und das ist der entscheidende Unterschied, unaufhörlich die Folgen des einen Schrittes gegen die des anderen abwägt, ohne je von der Stelle zu kommen. Fehlende Charakterstärke führt mangelnde Entschlusskraft mit sich, ein Handeln nur im Gedanken führt letztendlich zu nichts – alles bleibt, wie es ist. Entschlossenheit ist dagegen praxisbezogen, nach dem Entschluss folgt die Tat. Dies erfordert nicht nur Mut, sondern ebenso eine ordentliche Portion Pragmatismus. Der Philosoph Alain versucht sich einen unentschlossenen Mathematiker vorzustellen und kommt zu dem Schluss, dass genau dies nicht möglich ist. Denn: *Wieviele Punkte hat eine Gerade? Weiß man wirklich, was man denkt, wenn man zwei Parallelen denkt? Der Mathematiker entscheidet kurzerhand, daß man's weiß, und schwört einzig, nichts an seiner Entscheidung zu ändern und nie wieder darauf zurückzukommen.*[43] Um ein Vorhaben in die Tat umzusetzen, ist also eine pragmatische Vorgehensweise unabdingbar, eine unentschlossene Haltung dagegen, die fortwährend nur mit sich selbst beschäftigt ist, bremst die Dinge bereits, bevor sie überhaupt Konturen angenommen haben. Entschlussfreudigkeit in Verbindung mit dem Mut zur späteren Kurskorrektur, sollte sich ein Richtungswechsel als absolut erforderlich herausstellen, steht einer müßigen Kleinkariertheit gegenüber, die sich doch meist nur im Detail verzettelt und damit jedem Anfang behindernd im Wege steht.

Mit der Entschlossenheit einher geht die Verbindlichkeit einer Person. Der entschlossene Mensch zeigt, dass es ihm damit ernst ist, was er sagt. Wir wissen, was Verbindlichkeiten in der Kaufmannssprache bedeuten: Wer hier Verbindlichkeiten eingeht, macht Schulden. Und wer Behauptungen aufstellt oder leichtfertige Versprechungen macht, dann aber nicht dazu steht, der bleibt etwas schuldig. Verbindlich ist derjenige, der seine Schulden nicht auftürmt, sondern begleicht. Auf Behauptungen dürfen also keine Ausflüchte, auf Versprechen oder Zusagen keine Vertröstungen folgen. Bei verbindlichen Menschen bilden Worte und Taten eine Einheit, ohne dass dazwischen eine unüberbrückbare Lücke klafft. Andernfalls bleiben unbezahlte Rechnungen offen. Häufen sich zu viele solcher offenen Rechnungen an, bleibt die Verbindlichkeit und damit die Vertrauenswürdigkeit auf der Strecke. Auf die Aussagen eines verbindlichen Menschen kann man sich verlassen, sie haben Hand und Fuß und sind nicht an den Haaren herbeigezogen. Das unverbindlich Gesagte, zuweilen geradezu Ausposaunte, ist dagegen mehr oder weniger unbedeutend, darauf kann und sollte sich niemand berufen, hier weiß man nicht, woran man ist. Die Gültigkeit bleibt hier immer fragwürdig. Wer partout unverbindlich bleiben will, zeigt damit, dass er keine Verantwortung übernehmen kann oder will. Das Ansehen eines Menschen wächst allerdings immer dann ungemein, wenn ein gesprochenes Wort tatsächlich gilt, wenn es Bestand hat, verlässlich ist und mit Sicherheit eingelöst wird. Viele souveräne Menschen fallen dabei insbesondere dadurch auf, dass sie eben nicht viel Aufhebens und große Worte machen, dass sie nicht nur unaufhörlich davon reden, was sie zu tun gedenken, sondern die Sache selbst geradewegs angehen. Auf diese Weise auch sind die folgenden Goethe-Worte zu verstehen:

Der Worte sind genug gewechselt,
Laßt mich auch endlich Taten sehn!
Indes Ihr Komplimente drechselt,
kann etwas Nützliches geschehn.[44]

Der verbindliche Mensch verbürgt sich für seine Worte, übernimmt Verantwortung und wird das in ihn gesetzte Vertrauen nicht enttäuschen. Dies gilt sowohl für die vielen kleinen Alltäglichkeiten des Lebens als auch für größere Zielsetzungen. Gerade beim letzteren erfordert auch ein mit großer Entschlossenheit gefasster Plan zusätzlich immer Disziplin. Gemeint ist an dieser Stelle allerdings keineswegs allein die Eigenschaft, sich in ein bestehendes Gefüge einzuordnen, Disziplin setzt sich für den souveränen Menschen zunächst aus den Aspekten Hartnäckigkeit, Beständigkeit, Zähigkeit und auch Geduld zusammen. Daher sind ihm impulsive und unbesonnene Handlungen weitgehend fremd; gerade mit der Mischung von Ausdauer und Ruhe werden sprunghaftes Verhalten und Wankelmütigkeit unterbunden. Alle leichtfertigen, im genannten Sinne undisziplinierten Handlungen sind der beständigen Gefahr der Manipulierbarkeit ausgesetzt, während ein auf Kontinuität basierendes, zielgerichtetes Dasein weitaus weniger den äußeren Einflüssen gehorcht. Alle Pläne, Ziele und Vorhaben, die auf Entschlossenheit aufbauen, für die unermüdlich gearbeitet wird und die mit Verbindlichkeit angegangen werden, justieren den inneren Kompass, sodass ein Weg auch trotz äußerer Angriffe oder misslicher Begleitumstände unbeirrt beschritten werden kann. Eine souveräne Persönlichkeit wird sich auch von oppositionellen Meinungen oder lenkenden Eingriffen nicht beeindrucken lassen; sie zieht alternative Möglichkeiten und Gesichtspunkte in Betracht, bleibt jedoch autonom in der Entscheidung. – Gerade souveräne Menschen sind nicht auf Konformität aus, weshalb sie mit ihren Überzeugungen zuweilen auch bei anderen anecken. Viele der großenteils fremdgesteuerten Menschen nehmen bspw. schnell Anstoß an einem anderen, der zu autonomen Entscheidungen und Handlungen in der Lage ist – das Motiv dafür ist oft nichts anderes als reiner Neid und Missgunst. Was genau auch immer die Intention für äußere Angriffe sein mag, der souveräne Mensch zieht die Blicke der Außenwelt auf sich und bekommt es dabei natürlich nicht nur mit wohl gesonnenen Menschen zu tun. Doch gerade durch diese eigene Standhaftigkeit wird die Souveränität erneut unter Beweis gestellt. Hierfür bedarf es des Selbstvertrauens und der Fähigkeit, den eigenen Standpunkt nach außen adäquat zu vertreten – beide Attribute wachsen aus der persönlichen Kompetenz.

5.1.4 Kompetenz

Der Begriff Kompetenz wird allgemein mit Sachverstand oder Zuständigkeit beschrieben. Genau genommen lassen sich jedoch drei Bedeutungen unterscheiden:

1. konkret definierte Kompetenzen, die gleichzusetzen sind mit einer Befugnis, etwas tun zu dürfen;
2. Kompetenzen im Sinne von angeeigneten Fähigkeiten, die jemanden in einer bestimmten Sache oder auf mehreren Gebieten als Experten ausweisen;
3. Kompetenzen als Merkmale, die jemanden in einer Wettbewerbssituation als besonders geeignet erscheinen lassen.

Neben diesen drei eher grundsätzlichen Definitionen wird, insbesondere was Punkt 2 angeht, der Begriff für eine ganze Reihe von Spezialkompetenzen verwendet. Dies sind bspw. bestimmte Kompetenzen, die auch von der Außenwelt stark wahrgenommen werden. Der souveräne Mensch vereint hier, wie schon in Kapitel 2 kurz angerissen, mehrere spezifische Kompetenzarten:

1. Die technische oder fachliche Kompetenz – hier geht es um die unterschiedlichsten fachspezifischen Fertigkeiten und die Fähigkeit, Probleme oder Fragestellungen analytisch zu durchdringen und bei der Suche nach Lösungen Alternativen einzubeziehen; außerdem darum, erworbenes Wissen miteinander zu verknüpfen, um es zum sachbezogenen Handeln heranzuziehen.

2. Die konzeptionelle oder methodische Kompetenz – gemeint ist hiermit die Fähigkeit, einen Sachverhalt in seinem Gesamtbild zu erkennen, unterschiedliche Perspektiven einzubeziehen, Auswirkungen folgerichtig zu prognostizieren sowie Prämissen zu setzen und gegeneinander abzuwägen.

3. Die soziale und kommunikative Kompetenz – hierzu zählen Fähigkeiten hinsichtlich einer guten Kommunikation, eigene Standpunkte zu verdeutlichen und andere zu verstehen, einen Konsens über mögliche Vorgehensweisen zu erzielen, komplexe Systeme zu überblicken und effektiv, rationell und kooperativ darin zu agieren. Zudem beinhaltet die Sozialkompetenz, offen auf andere zuzugehen, eine positive Grundhaltung anderen gegenüber einzunehmen, die Fähigkeit, mit Konflikten angemessen umzugehen, Einfühlsamkeit zu zeigen und solidarisch und tolerant zu handeln.

4. Die Persönlichkeitskompetenz – umfasst die individuelle Leistungsbereitschaft; das Erkennen und die objektive Einschätzung eigener Stärken und Schwächen; die Bereit-

schaft, Verantwortung zu übernehmen; sich selbst Verhaltensziele zu setzen; zielstrebig und ausdauernd zu arbeiten; mit Misserfolgen umgehen zu können; die Bereitschaft, konstruktive Hinweise anderer aufzunehmen; Hilfe zu leisten und auch anzunehmen sowie die Fähigkeit zur Selbstreflexion.

Insbesondere was souveräne Persönlichkeiten angeht, ließe sich noch die ethische Kompetenz hinzufügen, welche meint, dass jedes Handeln an den eigenen Maßstäben und Werten Orientierung findet. – Unter dem Begriff Kompetenz im Allgemeinen und den jeweiligen Konnotationen im Speziellen lassen sich also viele der bereits ausgeführten Aspekte, die zu den Eigenschaften eines souveränen Menschen zählen, zusammenfassen. Die Wirkungen der Kompetenz, wie sie im Einzelfall auch immer geartet ist, lassen sich auf eine einfache Formel bringen: Kompetenz vermittelt Vertrauen nach außen, verhilft zu Selbstvertrauen sowie zu Sicherheit im Auftreten und führt zur Zufriedenheit. Inkompetenz dagegen ruft Misstrauen hervor, bewirkt Unsicherheit und macht unzufrieden.

Kompetenz auf mehreren Ebenen zählt damit zu den Kerneigenschaften souveräner Menschen. Aus der Summe einzelner Kompetenzen erwirbt der Mensch seine Handlungskompetenz. – Die Vorstellung von einem Fachverkäufer, der keine Ahnung von seinen Produkten hat, wäre geradezu paradox. Erst sein Fachwissen verleiht ihm seine Legitimation und die notwendige Selbstsicherheit; seine Kompetenz versetzt ihn in die Lage, andere von seinen Produkten zu überzeugen und souverän aufzutreten. Dieses kleine Beispiel lässt sich auf nahezu alle Bereiche des täglichen Lebens übertragen. Kompetenz überzeugt in allen Fällen, steigert immer die Ausstrahlungskraft, weckt Vertrauen und ist nebenbei die Basis für Begeisterungsfähigkeit. Allenfalls kurzsichtig Denkende werden sich mit Elan für etwas einsetzen, obwohl sie die gesamte Tragweite und volle Bedeutung ihres Handelns nicht überblicken können.

Ein Mensch, der sich an irgendeiner Stelle als inkompetent erweist, setzt damit sofort seine Reputation aufs Spiel und verliert seine Glaubwürdigkeit. Für den souveränen Menschen wird es damit zwangsläufig erforderlich, auf verschiedene und möglichst breit gefächerte Kompetenzen als Ressourcen zurückgreifen zu können. Kompetenz lässt sich dabei nur schwerlich suggerieren oder vortäuschen, sie muss tatsächlich vorhanden sein, um als solche anerkannt zu werden. Allein der kompetente Mensch ist fähig, professionell und in den unterschiedlichsten Situationen souverän zu bleiben und entsprechend zu agieren.

5.1.5 Physische Energie

Ganz gleich, um welche der zuvor erwähnten Eigenschaften einer souveränen Persönlichkeit es geht – die physische Energie ist in allen Fällen auch der Treibstoff für jede geistige Fähigkeit. Wer physisch erschöpft und ausgebrannt ist, wird es immer auch auf allen anderen Ebenen sein und kann sich höchstens sehr mühsam wieder aufrappeln. Es ist daher eine absolute Notwendigkeit, eine Balance zwischen Energieverbrauch und -erneuerung zu finden. Demnach ist es übrigens sicher kein Zufall, dass – wie aus mehreren Studien hervorgeht[45] – ausgerechnet Führungskräfte durchschnittlich mehr Sport treiben als die deutsche Allgemeinbevölkerung. Während von den Führungskräften 76 Prozent körperlich aktiv sind, sind es bei der Allgemeinbevölkerung weniger als 50 Prozent. – Es sind also gerade solche Berufsgruppen, bei denen es auf eine hohe geistige Belastbarkeit und eine gute Ausstrahlungskraft ankommt, die deutlich mehr auf die körperliche Gesundheit achten als die Allgemeinbevölkerung. Wer beruflich einem hohen Druck ausgesetzt ist, weiß einerseits um die Bedeutung des physischen Wohlbefindens, andererseits aber auch, dass die körperlichen Reserven nicht unerschöpflich sind: Sie müssen von Zeit zu Zeit aufgetankt werden. Zumal zwischen der physischen Stabilität und der geistigen Belastbarkeit eindeutige Zusammenhänge bestehen. Die unterschiedlichen Kapazitäten bedingen sich hier ganz klar gegenseitig. Wer sehr müde ist, wird sich einfach nicht gut konzentrieren können; wer eine schlechte Kondition hat, sich ausgelaugt fühlt, wird kaum ausdauernd arbeiten können usw.

Die souveräne Persönlichkeit, es wurde schon mehrfach erwähnt, handelt immer eigenverantwortlich. Das bedeutet, sie übernimmt Verantwortung auch für sich selbst – und dies eben auch hinsichtlich des eigenen Energiehaushaltes. Sie kennt also ihre Grenzen und weiß, wann es an der Zeit ist, eine Pause einzulegen. Es ist ein klares Zeichen der Mündigkeit und inneren Reife, auch für das eigene Wohlergehen zu sorgen. Gerade Menschen voller Tatendrang und mit hohen Ansprüchen an sich selbst, benötigen eine gute Ernährung, ausreichend Schlaf und eine verlässliche Kondition, um dauerhaft leistungsfähig zu bleiben. Weil wir mit einem leeren Tank nicht mehr lange vorwärts kommen, ist es besonders wichtig, für emotionalen Ausgleich zu sorgen und sich Entspannungsphasen zu gönnen. Gerade souveräne Menschen laufen eben nicht ständig auf Hochtouren, sie verfügen über die nicht zu unterschätzende Fähigkeit, auch mal richtig abzuschalten. Wer abschalten und die Seele baumeln lassen kann, wird seine Batterien dabei immer schneller wieder aufladen als jemand, der ständig unter Strom steht.

Auch wer noch so gerne fit und stark erscheinen will, ist es doch nicht, wenn alle Energie aufgebraucht ist und von jeder Reserve gezehrt wurde. Stress ist die Folge – Ruhe und Gelassenheit gehen hier ebenso verloren wie manchmal auch der Überblick und die geistige Elastizität. Der souveräne Mensch behandelt sich selbst nicht schlechter als andere: Er beutet sich nicht aus und nimmt seine Verantwortung auch gegenüber sich selbst wahr, achtet also gleichermaßen auf seine eigenen Bedürfnisse.

5.2 Souveränität und die inneren Voraussetzungen

Auch die zuvor erwähnten Aspekte der Souveränität, die in gewisser Weise dazu prädestiniert sind, insbesondere von der Außenwelt als besondere Eigenschaften wahrgenommen zu werden, basieren immer auf einer entsprechenden inneren Grundeinstellung. Dabei lebt und agiert der souveräne Mensch natürlich nicht allein für die Aufmerksamkeit der Außenwelt, er befindet sich vielmehr fest und sehr bewusst in seiner Selbst verankert und ist dabei eben nicht vornehmlich darauf aus, bestimmte Effekte zu erzielen – und daher rührt die spezielle Ausstrahlungskraft souveräner Persönlichkeiten. Für den Außenstehenden wirken souveräne Individuen oft geradezu charismatisch, d.h. der Grad der Wertschätzung, Bewunderung und auch Zuneigung, die sie von außen erfahren, geht über das ansonsten übliche Maß hinaus. Doch ist keine der nach außen wirkenden Komponenten für sich allein gesehen möglich, zumindest darf ihre Echtheit angezweifelt werden, wenn es an einer inneren Entsprechung mangelt. Souveränität kommt immer von innen, so auch die bisher genannten Eigenschaften – sie basieren dabei auf inneren Konstellationen und Einstellungen, die von außen zuweilen eher auf den zweiten oder auch erst dritten Blick wahrgenommen werden. Alles, was nach außen hin wirkt, entspringt einem inneren Grundzustand. Dieser lässt sich nicht wie auf Knopfdruck herbeiführen oder in irgendeiner Weise verordnen, sondern wird – unter bestimmten Bedingungen – wachsen und allmählich heranreifen. Diese Bedingungen liegen in uns selbst und können folglich im Rahmen der Selbstbestimmung günstig beeinflusst werden.

Der souveräne Mensch unterscheidet sich insofern von anderen, dass er in der Lage ist, sein inneres Selbst mit großer Klarheit wahrzunehmen. Auch hält er sich dabei die Möglichkeit offen, hier Veränderungen und Korrekturen vorzunehmen. Damit hat ein souveränes Individuum eine besondere Verfügungsgewalt über seine inneren Angelegenheiten, womit es sowohl der Fremdbestimmung als auch einer lähmenden Stagnation gegenübertreten kann. Ganz generell ist es wohl weniger die unterschiedliche innere Struktur der Menschen, die den einen souverän macht und den anderen nicht – vielmehr ist es die Art und Weise der Einflussnahme auf die inneren Angelegenheiten. Während die einen ihrer Persönlichkeitsstruktur mehr oder weniger ausgeliefert sind und kaum mehr Korrekturen vornehmen können, besitzen die anderen die Fähigkeit, Einfluss auf sich selbst auszuüben.

Nun ist es fast eine etwas seltsam anmutende Vorstellung, dass der Mensch unaufhörlich seine eigene innere Ordnung bedenkt und immer wieder erneut in Frage stellt. Niemand kann sich ständig ernsthaft mit der Frage beschäftigen, wie man denn nun souverän sein kann. – Gerade der souveräne Mensch wird zwar immer ein sich selbst reflektierender bleiben, braucht sich diese Frage dennoch nicht mehr zu stellen, gerade weil sein Denken nicht in sich selbst festgefahren und damit offen für neu- und andersartige Bewertung ist. Aus diesem fortgeschrittenen Stadium heraus entwickelt sich ein Gefühl, das ein souveränes Individuum wie ein verlässlicher Kompass in die entsprechende Richtung lenkt. Der innere Kompass des souveränen Menschen hat sich im Laufe eines (meist längeren) Bewusstseinsbildungsprozesses sehr exakt justiert, während ein fremdgesteuerter Mensch noch auf der Suche nach einem verlässlichen Wegweiser ist und damit die angezeigte Richtung stärker hinterfragen muss.

Die Frage, ab wann nun ein Individuum tatsächlich souverän ist, lässt sich natürlich nicht mittels irgendeiner Punkteskala beantworten. Klar ist nur, dass zwischen Abhängigkeit oder Unselbstständigkeit und Souveränität ein Bereich bleibt, der kaum als halbsouverän bezeichnet werden kann. Nehmen wir eine Anleihe bei der Staatstheorie (dem Ursprung des Begriffs Souveränität), so heißt es dort: Von souveränen Staaten sind solche zu unterscheiden, *die in ihrer Souveränität durch einen anderen Staat beschränkt sind, missverständlicher Weise oft ‚halbsouveräne' Staaten genannt, weil sie in Wirklichkeit keine Souveränität haben.*[46] Das heißt im übertragenen Sinne, auch ein Individuum ist entweder souverän oder eben nicht – sobald eine Persönlichkeit von Einschränkungen dominiert wird, besteht keine Souveränität, bzw. eine erreichte Souveränität geht verloren. Sehr häufig sind es starre Gewohnheiten und unflexible Denkmuster, die zu Einschränkungen der Souveränität – und somit zum Verlust derselben – führen. Die Souveränität, ganz gleich, ob sie ein angestrebtes Ziel oder bereits erreicht ist und erhalten werden soll, bedarf damit immer einer guten Pflege.

Im Folgenden geht es daher vornehmlich um Eigenschaften oder Zustände, die einerseits Voraussetzungen der Souveränität bilden, andererseits jedoch besonderer Pflege bedürfen, um nicht von alten Gewohnheiten und traditionellen Denkweisen erstickt zu werden.

5.2.1 Selbstwertgefühl

Zur Zeit des Sokrates gab es in Delphi eine vom Gott Apollo inspirierte Sybille, die jedem, der wollte, Ratschläge verkaufte. Doch hatte Apollo seine immergültige Wahrheit bereits am Tempelgiebel angeschrieben. Und wenn einer das Orakel aufsuchte, um zu erfahren, was die Dinge für oder gegen ihn bereithielten, konnte jeder Mensch den für alle gleich nützlichen Spruch lesen: *Erkenne dich selbst.* – Dass Souveränität immer ein hohes Maß an Selbsterkenntnis bedingt, wurde aus gutem Grund bereits mehrfach erörtert. Aus der Selbsterkenntnis wächst schließlich das erforderliche Selbstbewusstsein, welches jedoch noch nicht völlig mit dem Selbstwertgefühl identisch ist. Dieses ist sozusagen die gefühlsbedingte Seite unseres Selbstbewusstseins. Und Gefühle sind selten völlig gleich bleibend – sie schwingen zwischen der einen und der anderen Seite hin und her, bis sie sich an einer Stelle eingependelt haben und sind auch dann noch gewissen (Stimmungs-)Schwankungen unterworfen. Natürlich ist ein Mensch, dessen Gefühle hinsichtlich seiner eigenen Persönlichkeit insgesamt positiv gestaltet sind, gegenüber einem anderen, dessen Gefühle hier eher negativer Natur sind, immer im Vorteil. Alle Aspekte, die den Wert des Lebens ausmachen – ob es sich nun um konkrete Leistungen und Erfolge, die eigene Zufriedenheit, Motivation oder schlicht und einfach um Glück handelt – können sich niemals isoliert von einem positiven Selbstwertgefühl ergeben. Die positive Selbstwahrnehmung, zu der vor allem auch eine möglichst umfassende Akzeptanz der eigenen Person zählt, ist damit zugleich die Quelle eines freien und mündigen Lebens.

Das Selbstwertgefühl ist nichts anderes als die positive Empfindung für den eigenen Wert, verbunden mit der Akzeptanz der eigenen Person. Die Ausprägung des Selbstwertgefühls bestimmt dabei zu großen Teilen die Art und Weise, wie ein Mensch sein Dasein bewältigt. So wie ein gesundes Selbstwertgefühl mit einer optimistischen Grundeinstellung verbunden ist, resultiert aus einer negativ gestörten Selbstwahrnehmung immer ein pessimistischer Zustand. Die prinzipielle Einstellung zu den Dingen wird damit immer vom Selbstwertgefühl beeinflusst.

Es gibt die Zukunft, die ohne unser Zutun entsteht, und die Zukunft, welche wir selber bestimmen. Die tatsächliche Zukunft setzt sich aus beiden zusammen. [...] Wenn ich glaube, daß ich fallen werde, falle ich; wenn ich glaube, daß ich machtlos bin, bin ich machtlos. Wenn ich glaube, daß mich meine Hoffnung täuscht, täuscht sie mich. Ich selber bin es, der hier Schönwetter und Sturm macht, und zwar zuerst in mir selber, sodann aber auch bei meinen Mitmenschen. Denn sowohl Verzweiflung wie Hoffnung teilen sich schneller mit, als am Himmel die Wolken wechseln.[47]

Menschen mit einem gesunden Selbstwertgefühl sind damit weitaus robuster gegenüber den Einflüssen der Außenwelt und beziehen somit mehr Kraft aus ihrem Inneren. Ein selbstbestimmtes Individuum weiß, dass die Ausgestaltung des Lebens zuerst immer von der eigenen Grundhaltung abhängt. Das Selbstwertgefühl stellt hier die Weichen, entweder in die eine oder eben in die andere Richtung. – Ein mangelndes Selbstwertgefühl bringt immer destruktive Momente mit sich und determiniert ein souveränes Dasein. Hier besteht eine große Anfälligkeit gegenüber Ersatz- und Kompensationshandlungen. Ein Mensch mit einem geringen Selbstwertgefühl fühlt sich klein und ist in sich blockiert, ist leicht manipulierbar, will es allen recht machen und wird die Fahne opportun nach dem Wind hängen. Selbstvorwürfe, Schuldgefühle, Unzufriedenheit, ein negatives Selbstbild usw. zeigen sich jedoch auch durch entgegengesetzte „Ersatz-Selbstwertgefühle". Menschen, die sich einen solchen Ersatz suchen (oder besser: ihm ausgeliefert sind) neigen zu Arroganz, kokettieren mit Äußerlichkeiten, sie übernehmen Allüren, die ihrer Meinung nach zu exzeptionellen, anerkannten, freien und autonomen Menschen gehören – ohne dies alles selbstkritisch zu hinterfragen oder auch nur bewusst zu erleben. Menschen mit einem unechten, aufgesetzten Selbstwertgefühl wollen so sein, wie andere es sind, sie zeigen dabei nicht ihr authentisches Selbst, sondern nur eine verschleierte Variante desselben. Aufgrund dieser mangelnden Authentizität wirken sie nach außen oft verkrampft, unnatürlich, verbissen und zuweilen sogar etwas grotesk. – Diese meist einfach zu entlarvende Pseudoautonomie mit einem zwanghaft aufgestylten Selbstbild konterkariert die Persönlichkeitsentfaltung, eben weil die eigene Persönlichkeit negiert wird, sie verhindert Souveränität schon ganz prinzipiell.

Mit der Negierung der eigenen Persönlichkeit, ihrer Verschleierung und der Ausflucht in Kompensationen bleibt Souveränität in allen Fällen unerreichbar. Ein defizitäres Selbstwertgefühl führt in der Regel dazu, dass gar nicht mehr versucht wird, die echten Gefühle für sich selbst wahrzunehmen. Hierdurch entsteht eine gefährliche, sich ständig hochschraubende Spirale, weil das eigene Selbst immer mehr aus dem Blickfeld gerät, während Ausgleichshandlungen mit dem Ziel eines Prestigegewinns (was zur echten Profilneurose führen kann) in den Vordergrund geraten. Das Selbstwertgefühl ist das elementare positive Grundgefühl in der Persönlichkeit, das einen Menschen für weite Strecken seines Lebens zu tragen vermag[48] und ihn in die Lage versetzt, sich auch von zwischenzeitlichen Erschütterungen und Krisen nicht in seiner Substanz gefährden zu lassen.

Das Bewusstsein und Fühlen des eigenen Wertes entsteht nicht aus sich selbst heraus, sondern entwickelt sich über viele Jahre hinweg und ist mit einer ganzen Kette von relevanten Erfahrungen verbunden (wovon die Erziehung sicher eine Schlüsselrolle einnimmt). Aufgrund der Komplexität im Entstehungsprozess des Selbstwertgefühls kann einem Defizit nicht mit Patentrezepten begegnet werden. Korrektive Eingriffe beginnen jedoch in allen Fällen damit, die Gefühle für sich selbst überhaupt erst einmal ungefiltert wahrzunehmen.

5.2.2 Toleranz

Die wohl wichtigste und zugleich universell gültige ethische Regel ist hierzulande vor allem in seiner sprichwörtlichen Form *Was du nicht willst, dass man dir tut, das füg auch keinem andern zu* und, nach Kant, unter der Bezeichnung *kategorischer Imperativ* bekannt. Weltweit ist dieser Grundsatz als *Golden Rule* verbreitet. Alle verschiedenen Formulierungen der *Goldenen Regel*, die sich in Kants *Grundlegung zur Metaphysik der Sitten*, aber auch schon lange zuvor in den Schriften wohl aller großen Religionen finden, laufen in letzter Konsequenz auf ein und dasselbe Stichwort hinaus: Toleranz. – Übertragen als Richtlinie für jegliche Art von Gedankens-, Glaubens- und Gewissensfreiheit hat die Maxime seit der Aufklärung in den Verfassungen vieler Staaten Rechtsverbindlichkeit erlangt; auf ihrer Grundlage werden hier die wichtigsten Grund- und Menschenrechte des Individuums festgeschrieben.

Das aus dem Lateinischen stammende Wort *tolerare* heißt in der genauen Übersetzung *erdulden.* Toleranz ist demnach das Dulden, Hinnehmen und Respektieren von anderen Meinungen und den unterschiedlichsten Formen der Andersartigkeit. Wird von Toleranz gesprochen, geht es meist um ethische Fragen von einiger Tragweite. Vergessen wird hierbei, dass Toleranz bereits im Kleinen beginnt und gerade hier das Zusammenleben von Menschen überhaupt erst möglich macht: Wer auch immer irgendeine Meinung hat, muss auch eine abweichende Meinung erdulden, sie also tolerieren können. Ohne eine solche Akzeptanz der Meinungen anderer würde jedes gesellschaftliche Gefüge zwangsläufig auseinander brechen, Kommunikation, Kooperation und Harmonie wären unmöglich. – Wir brauchen also Toleranz, weil die Menschen leider oder vielmehr glücklicherweise nicht immer einer Meinung sind. Dies heißt übrigens im Umkehrschluss: Wer keine Meinung hat, der kann auch nicht tolerant sein – er benötigt einfach keine Toleranz, gibt es doch nichts, was zu erdulden wäre. Nur derjenige, der eine Meinung hat und folglich eine andere dulden und respektieren muss, kann tolerant sein. Deshalb ist Toleranz auch keinesfalls gleichzusetzen mit Indifferenz; wer gleichgültig und ohne eigene Meinung ist, wem ohnehin alles egal ist, kann eher als stumpf und konturlos, niemals jedoch als tolerant bezeichnet werden.

Die Toleranzfähigkeit eines Menschen hängt immer mit seiner inneren Struktur zusammen, sie ist ein Zeichen für ein ausgeprägtes Selbstbewusstsein, für ein gesundes Selbstwertgefühl und ganz generell für eine autonome und mündige Persönlichkeit. Umgekehrt kann davon ausgegangen werden, dass intolerante Menschen genau an dieser Stelle defizitär vorbelastet sind. Moderne Persönlichkeitstheorien[49] erklären bspw. Fremdenfeindlichkeit, ein Paradebeispiel der Intoleranz, damit, dass die Ursache nicht etwa in den Fremden, sondern in der Persönlichkeitsstruktur der Fremdenfeinde selbst liegt. Hinter der feindseligen Einstellung verbirgt sich nämlich eine Furcht vor dem Fremden, und diese Furcht ist eben kein Ergebnis eines bedrohlichen Verhaltens der Fremden, sie ist vielmehr die Folge eigener Unsicherheit und Furchtsamkeit. Und diese wiederum hat ihren Ursprung in einem schwachen, verunsicherten oder auf andere Weise defizitären Selbstwertgefühl.

Tatsächlich basiert Toleranz immer auf einem stimmigen Selbstbewusstsein und einem guten Selbstwertgefühl. Beides ist notwendig, um einem stereotypen Denken zu entgehen und die Courage aufzubringen, sich mit dem Andersartigen oder Unbekannten, das mitunter absolut der eigenen Meinung widersprechen kann, auseinanderzusetzen. Es ist durchaus nicht immer einfach, die Interessen und Positionen anderer grundsätzlich (und sogar über das Grundsätzliche hinaus auch im spezifischen Einzelfall) anzuerkennen und gelten zu lassen, sie zu dulden. Bei der Toleranzfähigkeit geht es darum, dem Andersartigen nicht schon prinzipiell verschlossen gegenüber zu stehen und sich zugleich sachlich und objektiv damit auseinanderzusetzen. Der tolerante Mensch braucht sich also auch nicht zu scheuen, den Meinungen anderer gradlinig zu begegnen und in kontroversen Gesprächen die eigene Position zu bekunden und sie auch zu behaupten.

Das Denken der Menschen (und selbst noch das der aufgeklärten) ist selten völlig frei von Vorurteilen, den Vor-Verurteilungen. Viele Meinungen sind, oft unbewusst, klischeebehaftet und an Stereotypen ausgerichtet. Die Ursache dafür ist vertrackt und einfach zugleich: Keine Gesellschaft ist komplett frei von gewissen Ressentiments, damit ist es auch nicht der einzelne Mensch. Schon während der Erziehung werden bestimmte Ängste und Vorurteile, wenn auch längst nicht immer bewusst oder vorsätzlich, zementiert. Das dominierende Wahrnehmungsmuster ist zuweilen tief in unsere Sprache eingebettet und wird über scheinbar harmlose Kinderlieder und Geschichten an die nächste Generation weiter vermittelt. Ein prägnantes Beispiel ist etwa das Wort *schwarz.* Schon in der Umgangssprache verbindet sich mit dem Wort häufig etwas Ungesetzliches, Schlechtes oder Trauriges: Schwarzmarkt, Schwarzer Peter, Schwarzarbeit, schwarzsehen, jemanden anschwärzen, warten, bis man schwarz wird oder schwarze Trauerkleidung. Bei der Fülle der Redensarten kommt eine positive Bedeutung des Begriffs *schwarz* jedenfalls kaum vor. In deutschen Kinderliedern werden schon frühzeitig negative Klischees vermittelt: *Zehn kleine Negerlein; Wer fürchtet sich vorm Schwarzen Mann* usw. – Nun mag es zunächst nicht verwundern, dass eine derartige Vorprägung, wenn auch oft nur unterschwellig, nicht ganz folgenlos bleibt. Doch selbst, wenn wir uns tolerant und reflektiert geben, sind wir noch immer nicht völlig gegen solche Ressentiments gefeit. Hier kommt der Umstand zum Tragen, dass man sich viel leichter an Beispiele erinnert, die ein Klischee stützen als an andere, die es entkräften würden.

Wenn wir nun schon früh mit Vorurteilen konfrontiert werden und bspw. dahingehende Meinungen eingeimpft bekommen, die Amerikaner, Briten, Russen, Polen oder auch Bayern oder Sachsen, bestimmte Berufsgruppen, Menschen irgendeiner bestimmten Couleur oder wer auch immer seien so oder so, dann wird sich dieses stereotype Denken im späteren Leben immer sehr schnell bestätigen. Treffen wir dann bspw. einen Amerikaner, der das Klischee wirklich gar nicht bedient, halten wir ihn schnell für die berühmte Ausnahme, die doch nur wieder die Regel bestätigt – das Vorurteil bleibt weiterhin hartnäckig und unverändert bestehen. Hier bekommen wir es mit dem Phänomen zu tun, dass wir uns immer eher an Beispiele, die ein Stereotyp untermauern, erinnern, während andere, die es infrage stellen, nur zu leicht übergangen werden. Und jedes Vorurteil führt geradezu zwangsläufig zu intoleranten Verhaltensweisen.

Unser Handeln bleibt also voller versteckter Vorurteile, die dann schnell viel weniger im Verborgenen liegen, wenn wir persönlich betroffen sind. Man glaubt, durchweg tolerant zu sein, ist es dann aber plötzlich nicht mehr, wenn wir selber mit einer bestimmten Situation, die dann echte Toleranz erfordern würde, konfrontiert werden. Sobald etwas nicht mehr den eigenen (Wunsch-)Vorstellungen entspricht, ist die Realität mitunter ernüchternd. – Wirkliche Toleranz kann nur aus dem Kern der eigenen Persönlichkeit kommen, andernfalls ist sie ebenso wenig authentisch wie ein nur für die persönliche Fiktion aufpoliertes Selbstwertgefühl. Intoleranz führt in vielen Fällen zu Irrtümern, Fehlurteilen und falschen Interpretationen der Sachlage und immer zu Einschränkungen der Wahrnehmungsfähigkeit.

Souveräne Menschen mit einer ausgeprägten emotionalen Intelligenz und der Bereitschaft, empathisch zu leben, sind weitaus stärker gefeit gegen jegliche Form von Intoleranz (die sich oft auch gerade in den kleinen Dingen zeigt). Sie bewerten nicht auf Grundlage eindimensionaler Stereotype, sondern objektiv und sachbezogen. Sie vergessen dabei auch nicht, so paradox es zunächst klingen mag, dass gerade Toleranz auf einer bestimmten Seite immer auch Intoleranz erfordert: Wer aus sich selbst heraus tolerant ist, wird bestimmte Verhaltensweisen eben nicht dulden. Der tolerante Mensch steht mit seiner Toleranz dafür, dass er nicht bereit ist, engstirnige Intoleranz zu akzeptieren. Hier sind der Toleranz, die keineswegs beliebig ist, klare Grenzen gesetzt. Eine souveräne Persönlichkeit ist zwar für vieles, aber eben doch nicht für alles offen. – Souveränität und Toleranz sind enge Verwandte und starke Verbündete gegen eine verblendete Einstellung, gegen Kurzsichtigkeit und jegliche Form der Ignoranz. Der selbstbestimmte Mensch benötigt keine Uniformität zur Herstellung der eigenen Sicherheit und wird sich daher gegenüber stupider Intoleranz verwahren und zugleich für sich selbst, die persönlichen Meinungen und Überzeugungen Toleranz bei anderen einfordern. Aus dieser Quelle beziehen souveräne Persönlichkeiten ihre Unbefangenheit gegenüber allem Unbekannten und dem anders Denkenden, und auch im Umgang mit sich selbst.

5.2.3 Kreativität

Der Begriff Kreativität ist schon seit längerer Zeit ein beliebtes Modewort und inzwischen fast schon zum Reizwort geworden. Wir sollen kreativ wohnen, schreiben, malen, reisen, uns kreativ bewerben, ebenso arbeiten – unsere Freizeit, die Partnerschaften, ja, unser ganzes Leben kreativ gestalten. Kurz: Wir sollen kreativ sein. Allerorts und nahezu überall gilt Kreativität als obligatorische Eigenschaft einer echten Persönlichkeit. Sobald Sie auch nur den Annonceteil einer beliebigen Zeitung aufschlagen, werden Sie sehen, dass Kreativität einerseits als werbewirksames Schlagwort beschworen und andererseits auch als wichtige Qualifikation bei sehr vielen Stellenanzeigen vorausgesetzt wird. Der Gebrauch des Begriffs erfolgt dabei meist wenig reflektiert – wenn beispielsweise von „kreativen Erholungsreisen" oder von Kursen in „kreativer Handarbeit" die Rede ist, wird offensichtlich, dass Kreativität hier kaum mehr als nur eine leere Floskel ist. Der Begriff wird in äußerst verschiedenen und fast widersprüchlichen Bedeutungen verwendet, häufig ohne jede Rücksicht oder auch nur Kenntnis vom tatsächlichen Begriffsinhalt. Was Kreativität nun überhaupt ausmacht, woher sie kommt und was sie bedeutet, wird nicht erkenntlich. Der Begriff selbst erscheint daher etwas verbraucht. Was bleibt, *ist eine Zauberformel, mit welcher man kreatives Verhalten erhofft und beschwört, wohl kaum aber gezielt in Gang bringt, bzw. fördert.*[50]

Dennoch zählt Kreativität sicherlich zu den Eigenschaften souveräner Persönlichkeiten. Nur ist an dieser Stelle mit Kreativität etwas anderes gemeint als mit der sonstigen inflationären Verwendung des Wortes. Der aus dem Lateinischen hergeleitete Terminus ist zunächst die Übersetzung des etwas altmodischen Begriffs des Schöpferischen. Vor dem Hintergrund der insbesondere in Amerika betriebenen Intelligenz- und Kreativitätsforschung ist Kreativität inzwischen nicht mehr mit Schöpfungskraft gleichzusetzen. Klar ist, dass Kreativität etwas anderes meint als das fast schon religiös geprägte Schöpferische. Weiterhin steht auch fest, dass mit dem Begriff heute eine eigenständige Definition verbunden ist. Weniger klar ist dagegen, wie sich Kreativität nun jedoch ganz konkret erklären lässt. Die entsprechenden Erklärungen driften an diesem Punkt etwas auseinander. Als kleinsten gemeinsamen Nenner hat man sich auf die folgende Definition geeinigt: *Kreativität ist die Fähigkeit, Neues zu produzieren und zu entdecken.*[51] Und hierzu zählt insbesondere auch die Fähigkeit, neue Gedanken zu produzieren. Eben dieser Aspekt scheint der springende Punkt hinsichtlich der Kreativität zu sein. Der Forschung stellte sich allerdings das Problem, dass Kreativität nicht mit Intelligenz gleichzusetzen ist und sich folglich auch nicht mit dem Intelligenzquotienten beschreiben lässt. Vielmehr gibt der IQ für sich genommen absolut keine Hinweise auf die Kreativität einer Person.

Das Geheimnis der Kreativität liegt daher vielmehr in der Art des Denkens. Viele Menschen, und insbesondere diejenigen mit einem hohen IQ, verfügen über die ausgeprägte Fähigkeit des konvergenten Denkens. Konvergentes Denken kann dabei als Oberbegriff für das zielgerichtete, in logischen aufeinander aufbauenden Schritten verlaufende und lineare Denken verstanden werden. Unsere gesamte Gesellschaft ist – angefangen bei der Erziehung, über Schule und Studium bis hin zum Beruf – darauf ausgerichtet, eben dieses konvergente Denken zu fördern. Gemeint ist bspw. die Art des Denkens, für das sich Bewertungen (z.B. in Form von Schulnoten) geben lassen. Ein gutes Abschneiden im Bereich des konvergenten Denkens ist eine wichtige Voraussetzung für den persönlichen Erfolg. Bei vielen, durchaus auch sehr anspruchsvollen Berufen, wird insbesondere das konvergente Denken gefordert. Dieses Denken macht es überhaupt nur möglich, dass bewährte Systeme funktionieren. Ein Fluglotse beispielsweise folgt immer einem strengen Schema und wird davon niemals abweichen. Für jedes Problem gibt es eine passende Lösung, die sehr schnell, absolut zuverlässig, selbst unter großem Druck, konsequent und extrem zielgerichtet angewendet werden muss. Ähnliches gilt etwa auch für Astronauten in der Raumfahrt. Hier wird bei Problemen nach dem Wahrscheinlichkeits- und Ausschlussverfahren gearbeitet: Es gibt ein Problem und eine wahrscheinliche Ursache. Kommt die wahrscheinlichste Ursache nicht infrage, folgt die zweitwahrscheinlichste usw. Auch hier sind größte analytische Fähigkeiten und unbedingte Übersicht gefragt. Doch auch bei den meisten anderen, weniger herausragenden Berufen ist vor allem das konvergente Denken entscheidend. Ein Fabrikarbeiter kennt seine Maschine sehr genau und wird daher sehr effizient arbeiten, wenn er die gegebenen Rahmenbedingungen jederzeit berücksichtigt und sich dabei an die gängigen Regeln hält. Ein weiteres gutes Beispiel ist das Militär: Hier gibt es ganz klare Abläufe, präzise Entscheidungen und Anordnungen – die Denkprozesse sind dabei keinesfalls trivial, dafür sind sie jedoch ganz auf Anpassungsmechanismen ausgerichtet. Niemand darf oder kann hier aus der Reihe tanzen, damit wäre das gesamte System gefährdet. Konvergentes Denken geht deshalb oft auch mit Anpassungsfähigkeit einher. Die Einordnung in eine bestehende Struktur ist bekanntermaßen oft notwendig, um bestimmte Ergebnisse überhaupt erzielen zu können. Wissen im Allgemeinen und Fachwissen im Besonderen fördern dabei die Fähigkeit zum konvergenten Denken. Auf Grundlage von Erfahrungswerten und verinnerlichten Schemata ergibt sich ein sachbezogenes und insgesamt intelligentes Handeln.

Die Alltagsrealität verlangt von uns hauptsächlich, dass wir uns an bekannte, vorkonfektionierte (Denk-)Muster halten, was zur Folge hat, dass die Fähigkeit zum divergenten Denken verkümmert. Das divergente Denken wird im normalen Leben nur wenig gefordert, zuweilen ist es auch gar nicht erwünscht. Doch liegt gerade im divergenten Denken die Wurzel der Kreativität. Im Gegensatz zum konvergenten Denken ist das divergente Denken dabei nicht mithilfe eines Quotienten messbar. Hier handelt es sich um die Fähigkeit des assoziativen oder auch lateralen Denkens – es ist das Denken, das in der Umgangssprache als unorthodox bezeichnet wird. Es ist nicht logisch-linear, sondern wird vielmehr von Spontaneität und einer Denkweise jenseits vorgegebener Konventionen bestimmt. – Das Denken selbst wird häufig mit einer Flüssigkeit verglichen, die in verschiedene (jedoch vorbestimmte) Richtungen fließt. Für das divergente Denken eignet sich am ehesten das Bild einer Gießkanne, die das Wasser in viele Richtungen versprengt. Das divergente Denken umfasst zunächst zweierlei Aspekte: spontan und in kurzer Zeit viele Ideen hervorzubringen und dabei zugleich ungewöhnliche Einfälle zu haben. Der amerikanische Psychophysiker und Psychometriker J.G. Guilford war einer der ersten, der Untersuchungen auf dem Gebiet des divergenten Denkens durchführte. Guilford findet wesentliche Indizien für das Vorhandensein von Kreativität bei der Beantwortung der Frage: *Neigt ein Proband dazu, sich in alten Fahrbahnen zu bewegen, oder zweigt er bereitwillig in neue Kanäle des Denkens ab?*[52]

Divergentes Denken führt zu Kreativität, wenn sich daraus eine große Assoziationsfähigkeit (bei gleichzeitiger geistiger Beweglichkeit) und eine Originalität im Denken ergeben; wenn sich durch das geistig verknüpfte Denken neue Antworten auf bekannte Fragen finden lassen und wenn diese Antworten zwar ausgefallen, jedoch weiterhin sinnvoll sind.

Das divergente Denken – und folglich Kreativität – zeigt sich nicht dadurch, dass ein Mensch allerlei bunte Einfälle hat. Einfallsreichtum alleine ist noch keine Kreativität, sondern eher auf dem Gebiet der Phantasie anzusiedeln. Eine kreative Persönlichkeit zeichnet sich also dadurch aus, dass sie sich von den vorgefertigten Bahnen des konvergenten Denkens trennen kann wie von einem ausgetretenen Pfad, um dadurch neuartige Möglichkeiten nutzbar zu machen. Kreativität durchbricht damit starre Normen und beinhaltet ein hohes Maß an geistiger Flexibilität. Damit sind es vorzugsweise kreative Individuen, die in unterschiedlichsten Situationen bereit sind, ein bewährtes Vorgehen zu hinterfragen und – wenn es die Umstände erfordern – auch zu verändern. Das divergente Denken entspricht also dem Denken, das einen Menschen in die Lage versetzt, ohne Vorbereitung und ohne Anwendung bestehender Muster eine Lösung zu einem neuartigen Problem zu konstruieren. Die konstruktive und effektive Bewältigung aller Situationen, mit denen wir keine Erfahrungen haben und bei denen wir nicht auf konventionelle Schemata zurückgreifen können, erfordert divergentes Denken – also Kreativität. Unbestritten wären selbst die uns heute so simpel erscheinenden Erfindungen wie die Glühbirne, das Streichholz, der Reißverschluss oder die Schere nicht zustande gekommen, hätte es nicht kreative Geister mit originellen Einfällen gegeben. Kreativität ist also Bestandteil aller Bereiche des menschlichen Daseins, andernfalls würden wir heute noch in Höhlen hausen. Zusätzlich ist Kreativität auch im zwischenmenschlichen Bereich erforderlich, immer dann, wenn konventionelle Verhaltensweisen Probleme nicht mehr lösen können – oder ganz generell, wenn Verbesserungen oder Veränderungen des gesellschaftlichen Lebens gesucht werden.

Kreativität führt also zu neuen oder bislang unbekannten Lösungen, weil sich das Denken hier nicht durch Normen oder Konventionen einengen lässt. Divergentes Denken allein, dies sei ausdrücklich betont, macht noch keine Kreativität aus – es ist lediglich eine Voraussetzung dafür. Die Divergenz (das Auseinandergehen von Meinungen, die Gegensätzlichkeit) führt natürlich auch zu Problemen. Daher gelten kreative Menschen zuweilen auch als Querdenker, was bspw. bei einem Künstler (dem Paradebeispiel für angewandte Kreativität) noch als Extravaganz gebilligt wird, führt im Alltagsleben mitunter zu Schwierigkeiten. Nonkonformismus gilt eher als Makel denn als herausragende Eigenschaft. Und tatsächlich ist divergentes Denken nur wenig konstruktiv, wenn es sich kategorisch gegen alle bestehenden Normen wendet. Die Kreativität einer souveränen Persönlichkeit äußert sich daher auch in einer Sensibilität dafür, Einschränkungen, die auf verkrusteten und starren Denkweisen beruhen, überhaupt aufzuspüren, zu empfinden und zu erkennen. Daraufhin erst werden, wenn notwendig, neue Wege beschritten, die dann auch jenseits bekannter Pfade liegen können. Souveränität ergibt sich, wenn die Fähigkeit zum divergenten Denken als geistiges Potenzial nutzbar bleibt und wenn das individuelle Denken eine Synthese bildet, die divergentes und konvergentes Denken miteinander vereint. Erst diese Kombination bildet eine flexible Persönlichkeit, dessen Denken von keinen Schranken versperrt wird. Souveräne Individuen verstehen es, die ganze Spannbreite des geistigen Potenzials zu nutzen und können im Einzelfall entscheiden, ob das Bewährte oder das Originelle zu den jeweils besten Ergebnissen führt. Sie können ihr Denken in beide Richtungen lenken. Die Kreativität bildet eine zusätzliche Option, den Problemstellungen des Lebens entgegenzutreten, verhindert jedoch nicht, weiterhin auch konvergent und im Einklang mit bestehenden Konventionen zu denken und zu agieren.

5.2.4 Reife

Während für den Begriff Kreativität, wie wir gesehen haben, letztlich wissenschaftlich fundierte Definitionen gefunden werden können (auch wenn diese oft dem allgemeinen Sprachgebrauch widersprechen), bleibt es schwierig, der Reife eines Menschen konkrete Merkmale zuzuordnen. Zugleich ist auch persönliche Reife ein Kriterium, das häufig und in verschiedenen Kontexten, bspw. wiederum in Stellenanzeigen, gefordert wird. Mit Reife scheint also ein gewisser Status gemeint zu sein, mit dem gleichzeitig bestimmte Fähigkeiten oder Charaktereigenschaften verbunden werden.

Reife ist dabei ein für alle Menschen gleichermaßen erstrebenswerter Zustand. Schon rein biologisch gilt der Mensch erst dann als vollwertig, wenn ein bestimmter Reifegrad erreicht ist. In der Botanik ist mit Reife der Zeitpunkt gemeint, bei dem Stoffeinlagerungen in Früchten und Samen abgeschlossen sind, so dass die Ernte erfolgen kann. Unreife Früchte können ihre vorgesehene Bestimmung nicht erfüllen. Sie sind ungenießbar und auch nicht für die Fortpflanzung geeignet. Beim Menschen ist Reife derweil ungleich komplexer zu bestimmen, lässt sich Reife hier eben nicht auf den Abschluss eines biologischen Prozesses reduzieren. Eine geschlechtsreife und körperlich ausgewachsene Person mag zwar eine gewisse geistige Reife erreicht haben, wird dennoch nicht automatisch auch die Erwartungen erfüllen, die an eine reife Persönlichkeit gestellt werden.

Die Lebensphasen des Menschen werden in mehr oder weniger voneinander abgegrenzte gesellschaftlich und kulturell definierte Abschnitte unterteilt. Die europäische Tradition unternimmt hier eine Einteilung in Kindheit (0-14 Jahre), Jugend (14-21 Jahre), Erwachsenenalter (21-40 Jahre) und reifes Erwachsenenalter. Während es in allen Bereichen immer wieder zu kleineren Verschiebungen kommt, wird für das reife Erwachsenenalter entweder die Zeitspanne bis zum Tode oder aber der Zeitraum von 40 – 60 Jahren angegeben, woraufhin im letzteren Fall noch das Alter als letztes Stadium folgt. Unabhängig davon, wie sinnvoll eine solche Einteilung (die sich in Anbetracht der insgesamt steigenden Lebenserwartung und der gleichzeitig immer früher einsetzenden Geschlechtsreife ständig selbst revidiert) überhaupt sein mag, zeigt sich, dass bis zum Eintritt ins reife Erwachsenenalter offensichtlich mehrere Jahrzehnte vergehen müssen. Demnach, so der Umkehrschluss, kann kein Mensch seine volle – körperliche und geistige – Reife erzielen, bevor nicht auch ein bestimmtes Alter erreicht wurde. Und tatsächlich wird kaum jemand widersprechen, dass persönliche Reife immer mit einem bestimmten Alter einhergeht. Viele Beispiele belegen jedoch, dass ein Zusammenhang von Alter und Reife nicht unbedingt gegeben ist. – Weder sind alle Menschen über 40 reife Persönlichkeiten noch mangelt es allen jüngeren zwangsläufig an Reife. Der französische Dichter Arthur Rimbaud (1854 – 1891) zählt heute unbestritten zu den Klassikern der französischen Literatur und war zugleich eine dominierende Figur der literarischen Moderne – sein Hauptwerk schrieb Rimbaud im Alter von 17-19 Jahren! Mangelnde Reife kann dem Dichter, der seine literarische Karriere aus freiem Willen im Alter von 21 für beendet erklärte, sicherlich niemand vorwerfen. In Deutschland war es Georg Büchner (1813 – 1837), der mit seinen extrem innovativen Werken überraschte und dabei scharfe Einblicke in die menschliche Psychologie gab – er starb mit 24 Jahren. Und natürlich ist Mozart (1756 – 1791) ein Paradebeispiel der frühen geistigen Reife: Hier sind Sinfonien überliefert, die der Komponist bereits im Alter von acht Jahren geschrieben hat. Viele seiner wichtigsten Werke entstanden noch vor Vollendung seines 20. Lebensjahres. Und schon diesen frühen Werken wird von Musikkritikern eine erstaunliche künstlerische Reife attestiert.

Natürlich handelt es sich bei den genannten Beispielen um herausragende Einzelfälle, die sich nicht auf die Allgemeinheit übertragen lassen. Diese Beispiele zeigen dabei jedoch, dass persönliche Reife nicht ausschließlich und allein dem Alter vorbehalten ist. Dementsprechend kommt eine der wenigen Definitionen von Reife auch ganz ohne Alters- oder Zeitangaben aus: Selbstkomplexität ist ein Maß für den Entwicklungsstand des Selbst. Je mehr Konstrukte jemand benutzt, um sich zu beschreiben, desto mehr ist seine Persönlichkeit „gereift". Persönliche Reife wird demnach funktional explizierbar: Je mehr Unstimmigkeiten eine Person beachtet und dann in die ganzheitliche Repräsentation persönlicher Erfahrungen integriert, desto reifer ist sie.[53] Das heißt, Reife ergibt sich nicht nach einer bestimmten Zeit, die es einfach abzuwarten gilt, von selbst, sondern nur im Zusammenhang mit der Bereitschaft zur kontinuierlichen Selbstreflexion. Wer sich also der Selbstreflexion verschließt oder gänzlich verweigert, wird somit niemals seine ganz individuelle Reife entfalten können. Reife ist also das Resultat einer unaufhörlichen Auseinandersetzung mit sich selbst und auch mit anderen. Dies kann als ein Prozess angesehen werden, der niemals zum Abschluss kommt, der jedoch ab einem gewissen Stadium als Reife bezeichnet werden kann.

Sammelt man einige Faktoren, die für eine reife Persönlichkeit stehen, zeigt sich, dass eben diese zugleich auch als Merkmale von Souveränität übernommen werden können. Es sind weniger die reichhaltigen Lebenserfahrungen, die eine reife Persönlichkeit ausmachen, vielmehr ist es ein umfassendes Lebenswissen. Im Alltagskontext begegnet uns Reife als ein Kriterium, das mit bestimmten Befähigungen in Verbindung gebracht wird (Mittlere Reife, Hochschulreife etc.). Als reif gilt dementsprechend, wer:

- mit Übersicht, statt mit hastiger Impulsivität agieren kann;
- seinen Blick auf das Wesentliche zu konzentrieren vermag;
- es versteht, mit Krisen umzugehen;
- über eine zuverlässige Urteilsfähigkeit verfügt;
- soziale Kompetenz im Umgang mit anderen Menschen aufweist;
- auch in kritischen Situationen gelassen bleibt;
- über große Menschenkenntnis verfügt;
- in der Lage ist, auch komplexe Zusammenhänge zu sehen;
- sich seine eigene Meinung bilden kann;
- die Meinung anderer akzeptiert;
- über Veränderungs- und Entwicklungsbereitschaft verfügt;
- auf seine Kreativität im Sinne des divergenten Denkens zugreifen kann;
- mit seiner Persönlichkeit zu überzeugen vermag;
- Selbstreflexionen nicht scheut usw.

Dieser Aufzählung lassen sich gewiss noch einige Punkte mehr hinzufügen. Doch kommt es hier weniger auf Vollständigkeit an. Wichtiger ist, dass die entsprechenden Kriterien gleichermaßen erfüllt werden – besteht bei nur einem Aspekt ein deutliches Defizit, kann nur noch schwerlich von Reife gesprochen werden. Reife Menschen erkennen die Komplexität des Daseins und begegnen ihr mit positiver Gelassenheit und glauben dabei jedoch nicht, die Weisheit mit Löffeln gegessen zu haben. Reife ist damit vor allem ein Zustand der inneren Ausgewogenheit und Balance, sie impliziert ein Zusammentreffen vieler der zuvor beschriebenen Eigenschaften einer souveränen Persönlichkeit.

Zusammenfassung

- ✓ Der Begriff Souveränität ist zunächst abstrakt und lässt sich daher nicht ohne Weiteres konkretisieren. Durch eine reine Aufzählung und Zuweisung bestimmter Eigenschaften wird lediglich eine Annäherung an den Begriff erreicht.
- ✓ Weil die Festlegung auf einzelne Persönlichkeitseigenschaften immer subjektiv bleibt, wird hier eine Beschränkung auf außer Frage stehende Kerneigenschaften vorgenommen.
- ✓ Die Kerneigenschaften einer souveränen Persönlichkeit werden mehr oder weniger stark von der Außenwelt wahrgenommen, sind dabei jedoch im grundsätzlichen Wesen eines Individuums verankert.
- ✓ Keine der erwähnten Eigenschaften entsteht von selbst, auch sind dieselben nicht, nachdem sie einem Menschen attestiert werden können, automatisch von dauerhafter Natur. Alle diese Merkmale werden im Laufe eines Prozesses erworben und bleiben nur bei kontinuierlicher Pflege, die sich in erster Linie aus der Bereitschaft zu Selbstreflexion und Selbsterkenntnis ergibt, erhalten.
- ✓ Als Kerneigenschaften werden hier Authentizität, Emotionale Intelligenz, Charakterstärke, Kompetenz, physische Energie, ein positives Selbstwertgefühl, Toleranzfähigkeit, Kreativität und Reife besonders hervorgehoben. – Bei einigen dieser Merkmale unterscheidet sich dabei die allgemeine Konnotation beim Gebrauch dieser Begriffe von ihrer tatsächlichen Bedeutung. Bspw. ist die tatsächliche Bedeutung des Begriffs Kreativität ungleich komplexer, als der allgemeine Sprachgebrauch zunächst vermuten lässt.
- ✓ Der Begriff Reife kommt dem Begriff Souveränität bereits sehr nahe, wobei die Verwendung des Wortes zumeist Assoziationen weckt, die einer tieferen Untersuchung nicht immer standhalten. Insbesondere der oftmals vorausgesetzte Zusammenhang von Alter und Reife (und letztlich auch Souveränität) ist nicht zwangsläufig gegeben. Auch wenn eine reife Persönlichkeit in der Realität meist ein bestimmtes Alter erreicht hat, sind der Faktor Zeit oder das Kriterium Alter eher Begleiterscheinungen als zwangsläufige Notwendigkeit. Damit besteht kein grundsätzlicher Zusammenhang von Alter und Reife oder Alter und Souveränität.

Coco Chanel: Wenn man schon ohne Flügel geboren wurde, darf man sie nicht am Wachsen hindern

Mademoiselle, wie sie sich am liebsten nennen ließ, verabscheute die Mode des frühen 20. Jahrhunderts, die die Frauen in Korsetts einklemmte und unter absurde Hüte steckte. Die 1883 geborene Coco Chanel ist diejenige, der es zu verdanken ist, dass sich hieran etwas ändern sollte. Doch bis dahin war es noch ein weiter Weg: Als Chanel 12 Jahre alt war, starb ihre Mutter, und der Vater lieferte seine beiden ältesten Töchter, darunter Gabrielle alias Coco, in einem Waisenhaus ab. Vielleicht hatte sie hierbei sogar noch Glück, wurde sie doch als Wohlfahrtsfall in ein Internat für höhere Töchter aufgenommen. Hier absolvierte sie eine gute Schulbildung, lernte aber auch schon früh die Härte des Lebens kennen – und sie erlernte das Nähen. Nach der Schule schlug sie sich als Textilverkäuferin und Näherin durch. Mit 25 lernte sie einen reichen Textilerben kennen und nahm einen Kredit bei ihm auf, um sich als Hutmacherin in Paris niederzulassen. Weil Chanel die damalige Mode boykottierte und sich, statt in aufgerüschten Gewändern, lieber in Hose und Bluse kleidete, fiel sie schon rein äußerlich auf. Doch ihre Kunden waren vom Stil der angehenden Modeschöpferin begeistert. So besorgte sie sich einen Restposten Jerseystoff und entwarf ihre erste Kollektion mit klaren Linien anstelle der bislang üblichen Verzierungen. Genau darauf schien die Welt gewartet zu haben: Nur wenige Zeit später beschäftigte die ehemalige Näherin ihrerseits 300 Näherinnen. Mit ihrem ersten Geld beglich sie sofort ihren Kredit, was ihr besonders wichtig war, weil sie von niemandem abhängig sein wollte.

Was danach geschah, ist mittlerweile Geschichte: Chanel zeigte größtes unternehmerisches Geschick und besaß mehr als genügend Entschlossenheit, um ihr Talent zur vollen Geltung zu bringen. Vor allem verfügte sie über einen zeitlosen Geschmack und über ausreichend Courage, ihre Vorstellungen entgegen der vorherrschenden Mode durchzusetzen. Von nun an gab es keine Korsage mehr, sondern Kleider aus einfachem Jersey – ein Stoff, der bis dahin allenfalls für Unterwäsche verwendet wurde. Sie ist die erste, die eine Kollektion ganz in Schwarz herausbringt. Das berühmte „kleine Schwarze“ gilt damit als Chanels Erfindung. Die zeitlose Aktualität dieses Stils ist bis heute ungebrochen und erfährt eine Renaissance nach der anderen. Chanel war selbstsicher genug, der Welt zu zeigen, dass es Spaß macht, mit geringstem Aufwand die größte Wirkung zu erzielen. (Passend dazu auch ihr als Provokation verstandener Ausspruch: Ich liebe es, falschen Schmuck zu tragen.) In der Mode war Beweglichkeit von Anfang an das Kennzeichen des Chanel-Looks. Mit dem Verzicht auf alles Extreme ist es ihr gelungen, ihre Kollektionen zeitlos und zugleich wirklich tragbar zu machen. Ihren berühmten Purismus übertrug sie zudem auf das legendäre Parfum „Chanel No 5". Sie brachte es zu ihrem 40. Geburtstag in einer eckigen, völlig schnörkellosen Glasflasche auf den Markt. Wieder war ein Klassiker geboren.

Bis zum Ausbruch des Zweiten Weltkrieges hatte Mademoiselle bereits alles erreicht, was in der Modewelt zu erreichen war. Dann brachten die Wirren des Krieges zwar die Geschäfte, nicht aber den Tatendrang der Modeschöpferin vorübergehend zum Erliegen. Nach einer Pause von fast 15 Jahren galt Chanel nur noch als historische Größe, jedoch nicht mehr als Modeschöpferin, mit der man noch zu rechnen hatte. Immerhin war sie inzwischen 70 Jahre alt (und wird von der Presse fast schon spöttisch „die Alte" genannt). Ihre Kreativität und ihr Wille sind jedoch noch lange nicht gebrochen. Coco Chanel arbeitet unbeirrt an ihrer neuen Kollektion, und abermals gelingt ihr ein großer Wurf: das Chanel-Kostüm – erneut Mode, wie für die Ewigkeit gemacht und auch ein weiterer Verkaufsschlager.

Chanel blieb, nach den Jahren der Jugend, zeitlebens unabhängig und zögerte niemals, sich gegen den Trend zu wenden. (Sie war es übrigens auch, die mit ihrem Kurzhaarschnitt Anfang des 20. Jahrhunderts ganz nebenbei den berühmten Bubikopf etablierte – eine Frisur, die damals noch fast skandalträchtig war, dann aber überall auf der Welt kopiert wurde.) Sie verstand sich zudem sehr geschickt darauf, ihre Produkte nicht nur über den typischen Stil und eine obligatorisch hohe Qualität zu verkaufen. Ihr selbstsicheres Auftreten und ihre Lebensart, insbesondere der von ihr gepflegte Umgang mit zahlreichen berühmten Künstlern, machten sie selbst zum unnachahmlichen Markenzeichen. Das von ihr ausgehende Charisma und das besondere Flair ihrer Person haben sich wie selbstverständlich auf ihre Kreationen übertragen. Die 1971 verstorbene Coco Chanel hat die Welt nicht nur vom, aus dem 19. Jahrhundert übernommenen, konservativen Kleiderkodex befreit und ihren Bewunderern dabei einen neuen, eigenständigen Stil hinterlassen: Ihre Kreationen und nicht zuletzt ihre Person haben zudem den Übergang in eine neue, modernere Gesellschaft markiert. Mademoiselle war schon in jungen Jahren eine der erfolgreichsten Geschäftsfrauen ihrer Zeit. Noch heute ist der von ihr ins Leben gerufene puritanische Stil präsent, die Marke Chanel hat bisher alle Trends der hektischen Modewelt überdauert, wofür sicher nicht zuletzt Karl Lagerfeld, der seit 1983 das Design des Hauses Chanel leitet, mitverantwortlich ist. Unter seiner Leitung und mit geschickt eingesetzten Reminiszenzen ist das Haus seinem ursprünglichen Stil treu geblieben, ohne sich dabei dem Zeitgeist zu verschließen.

6. Das Prinzip Souveränität in der Praxis

Die vorangegangenen Kapitel haben u.a. gezeigt, welche persönlichen Voraussetzungen und Eigenschaften für die Souveränität eines Menschen ausschlaggebend und konstituierend sind. Es genügt jedoch nicht, lediglich festzustellen, dass man diese Eigenschaften besitzt, um sich dann zufrieden darauf auszuruhen. Solange diese Merkmale ohne Folgen für das konkrete Handeln bleiben, sind sie bedeutungslos. – Denn letztlich bewähren kann sich die souveräne Persönlichkeit nur in ihren Handlungen und in ihrem Verhalten zu den Mitmenschen. Nur in der konkreten Anwendung lässt sich die Zuschreibung souveräner Attribute verifizieren.

Wie bereits im vorigen Kapitel angemerkt, ist persönliche Souveränität nichts, was sich mit einer Auflistung bestimmter Eigenschaften umfassend beschreiben ließe. Denn es kommt auf mehr als nur die einzelnen Teile an. Entscheidend ist das komplexe Gesamtgefüge der Einzelmerkmale mit seinen vielfältigen Beziehungen und Wechselwirkungen. Das Gleiche gilt auch für das souveräne Handeln. Handlungs- oder Verhaltensbeispiele können immer nur einen begrenzten Einblick in das Gesamtphänomen leisten, können einzelne Gesichtspunkte aufgreifen und an ihnen darunter liegende Prinzipien veranschaulichen. Die Gesamtheit des Phänomens ist in einer bloßen Anhäufung von verschiedenen Aspekten nicht erfassbar. Deshalb wird mit den im folgenden Kapitel erläuterten Handlungsbereichen, in denen Souveränität in konkreter Umsetzung zum Tragen kommt, eher eine Art und Weise des Handelns dargestellt, die sich an bestimmten Prinzipien orientiert, als dass konkrete Handlungsvorschriften entwickelt werden. Persönliche Souveränität hat grundlegende Auswirkungen auf das Verhalten und Handeln von Menschen; und die Grundeinstellung, auf der souveränes Handeln beruht, ist auf den jeweiligen Einzelfall übertragbar. Deshalb ist es nicht notwendig, für jede denkbare Situation eine eigene Verhaltensregel zu entwickeln, solange eine souveräne Grundhaltung das Verhalten leitet.

6.1 Die Einstellung zu sich, zu anderen und zu dem, was man tut

Bereits die persönliche Einstellung, mit der ein Mensch anderen Menschen, sich selbst und seinem eigenen Tun begegnet, ist mitentscheidend für die Ausprägung von persönlicher Souveränität und für die Möglichkeit souveränen Handelns. Im vorigen Kapitel wurde ausführlich erläutert, welch wichtigen Stellenwert Selbsterkenntnis und ein positives Selbstwertgefühl für die innere Haltung einnehmen. Und insbesondere die darauf basierende innere Einstellung zur eigenen Person hat weitreichende Auswirkungen, denn sie beeinflusst in grundlegendem Maße, wie ein Mensch seinen Mitmenschen gegenübertritt und woran er sein Handeln ausrichtet. Fehlt eine positive Einstellung zu sich selbst, leidet darunter oft die Einstellung zu anderen, denn wer in sich selbst das Gute nicht sehen kann, kann dies nur schwerlich in anderen Personen finden. Und dass echtes souveränes Handeln nicht möglich ist, wenn der oder die Handelnde sich selbst nicht positiv wahrnimmt, liegt auf der Hand.

Eine positive Grundhaltung kann sich in verschiedensten Verhaltensweisen zeigen. Beispielhaft werden im Folgenden einige davon erläutert, für die man sogar sagen kann, dass sie ohne eine positive Grundeinstellung und ohne persönliche Souveränität gar nicht möglich wären.

6.1.1 In der Ruhe liegt die Kraft

Obwohl mancher glaubt, dass Dauerstress und hektisches Treiben anderen Menschen zeigen, wie wichtig, unentbehrlich und viel beschäftigt man selbst ist, sind derartige Phänomene doch eher ein klares Zeichen dafür, dass es an persönlicher Souveränität mangelt. Souveräne Menschen, die wissen, was sie wollen und wie sie es erreichen, haben Stress und Hektik nicht nötig. Im Gegenteil: Die Ruhe stellt sich quasi von selbst ein, wenn man mit klarem, konzentriertem Blick die Übersicht behält und weiß, was zu tun ist. – Wer hingegen hektisch und voll hastiger Unruhe agiert, macht immer den Eindruck, als hätte er die Lage nicht im Griff und als fehle ihm die notwendige Klarheit über die Situation und die entsprechenden Anforderungen. Das Wesentliche gerät ihm dabei schnell aus dem Blick und wird von vielen Kleinigkeiten überlagert, auf die dann sprunghaft und losgelöst vom Ganzen reagiert wird. Die entsprechenden Entscheidungen erscheinen infolgedessen unausgereift und können kaum überzeugen. Den Aktionen und Argumentationen dieser Menschen mangelt es deshalb oft an einer wohldurchdachten Zielrichtung.

Ein hohes Maß an Souveränität ist hingegen unerlässlich, um Aufgaben und Situationen mit der nötigen Ruhe und Gelassenheit zu begegnen. Denn nur wer sich auf die eigenen Qualitäten und Fähigkeiten besinnen und selbstbestimmt agieren kann, kann auch innere Ruhe und Gelassenheit entwickeln. Die Ruhe hilft dann dabei, das Wesentliche zu erkennen und sich darauf zu konzentrieren, um ausgewogene und angemessene Entscheidungen treffen zu können. Sie verleiht außerdem Energie und Durchhaltevermögen und stärkt das Vertrauen in die eigenen Fähigkeiten. Nicht zu vergessen, dass Ruhe notwendige Voraussetzung ist, um den Gedanken freien Lauf lassen zu können und damit den Kopf frei zu bekommen. So kann Ruhe dazu beitragen, auch in angespannten Situationen einen klaren Kopf zu behalten und z.B. eventuelle Denkblockaden aufzulösen. Nur dann können mit wachem Verstand auch kreative Lösungsansätze und effektive Methoden gefunden werden. Es ist zu sehen, dass Ruhe und Gelassenheit sich insgesamt positiv auf die innere Verfassung auswirken – was wohl auch den normalen Erfahrungen eines jeden Menschen entsprechen dürfte – und somit ein Wechselspiel eröffnen, in dem sich die einzelnen Elemente gegenseitig positiv beeinflussen.

Diese positive Beeinflussung erstreckt sich auch auf die Ausstrahlung von ruhigen Menschen: Sie wirken oft besonders charismatisch und ziehen ihre Mitmenschen mit ihrer Ausgeglichenheit in ihren Bann. Gerade in schwierigen oder hektischen Situationen sind sie Ruhepole für ihre Umwelt und strahlen angenehme Gelassenheit aus. Sie lassen sich von Hektik und Stress eben nicht aus der Ruhe bringen, weil sie sich auf ihre souveräne Persönlichkeit stützen können. Oft verleiht ihnen ihre besonnene Herangehensweise eine hohe Überzeugungskraft und vermittelt auch anderen Beteiligten ein Gefühl von Sicherheit, was den Gesamtprozess bzw. die Gesamtsituation und die Beziehungen zwischen den Akteuren äußerst positiv beeinflussen kann. Ist das Geschehen von Ruhe und Gelassenheit gekennzeichnet, bleibt bspw. auch Gelegenheit, kontroverse Positionen mit zu bedenken, und Standpunkte anderer müssen nicht durch autoritäre Entscheidungen übergangen werden, können stattdessen – sofern sie sich als fruchtbar erweisen – in die Vorgehensweise einfließen. Das stärkt nachhaltig die Beziehung zwischen den Beteiligten und mobilisiert überdies im besten Falle reichhaltiges Potenzial. So ermöglicht eine gelassene Grundhaltung eine gewisse Offenheit für die Belange anderer, wohingegen Menschen, die von Stress und Hektik getrieben werden, kaum genug Zeit und Aufmerksamkeit für ihre eigenen Angelegenheiten haben.

Ruhe und Gelassenheit bedeuten jedoch nicht, dass man fern jeglicher Realität in eine Art Trancezustand verfällt und sich gegenüber äußeren Einflüssen gänzlich abschottet. Vielmehr ist es die Fähigkeit, diese Einflüsse angemessen zu handhaben und sich nicht zu ihrem Spielball machen zu lassen. Auf diese Weise bewahrt man sich den Überblick und die nötige Sicherheit im eigenen Handeln. Diese Fähigkeit zeugt von persönlicher Souveränität und stärkt sie gleichzeitig.

6.1.2 Souveräner Umgang mit den eigenen Gefühlen

Die eigenen Gefühle und die der anderen spielen sowohl für die Gestaltung des individuellen Lebens als auch für das Miteinander der Menschen eine sehr große Rolle. Jeder weiß aus eigener Erfahrung, dass Verstandesentscheidungen immer auch von Gefühlen beeinflusst werden. Welch grundlegende Bedeutung Emotionen für das Entscheiden überhaupt haben, wurde bereits im Abschnitt zur Emotionalen Intelligenz erläutert: Fehlen Emotionen, sind Entscheidungen praktisch nicht möglich. Denn Gefühle sind Resultat der Bewertung einer Situation oder eines Ereignisses und geben die Impulse für das Entscheiden und Handeln.

So ist es nicht verwunderlich, dass Menschen auf der Gefühlsebene viel leichter anzusprechen und zu erreichen sind als auf der Verstandesebene. Deshalb sind Emotionen gerade für das soziale Leben von außerordentlich großer Bedeutung. Und das gilt in gleicher Weise für die Gefühle anderer wie auch für das eigene Gefühlsleben, denn beide Bereiche stehen in enger Beziehung miteinander. Daniel Goleman benennt als *ein Grundprinzip sozialen Lebens: Emotionen sind ansteckend*[54]. Nach Goleman bedeutet diese Ansteckung zunächst einmal ganz einfach, dass wir – oft ohne es zu merken und sehr subtil – einerseits anderen unsere Stimmungslage vermitteln und andererseits die Stimmung von anderen auffangen und dann die Gefühle, die wir beim Gegenüber wahrnehmen, in gewissem Maße imitieren. Durch dieses Imitieren entsteht nach und nach in uns selbst die Stimmung des anderen.

Diese Prozesse laufen weitgehend im Unbewussten ab, und das Ausmaß der Übertragung bzw. Übernahme von Emotionen ist abhängig davon, wer von den Beteiligten aktiver bzw. passiver agiert. Die Emotionen desjenigen, der seine Gefühle stärker äußert, färben in höherem Maße auf den Passiveren ab als umgekehrt. Durch die Übertragung der Emotionen pendeln sich die jeweiligen Stimmungen der Interaktionspartner gewissermaßen in ein Gleichgewicht ein und erreichen einen bestimmten Grad an Synchronisation, der darüber entscheidet, ob die Beteiligten das Gefühl haben, dass eine Interaktion erfolgreich verläuft oder nicht. *Generell deutet ein hohes Maß an Synchronisation in einer Interaktion darauf hin, daß die beteiligten Personen sich mögen.*[55] Findet dieser Synchronisationsvorgang nicht statt, leidet darunter häufig die Beziehungsebene der Akteure, denn es stellt sich nicht das Gefühl von gegenseitigem Verstehen und wechselseitiger Sympathie bzw. Zuneigung ein. Beziehungsschwierigkeiten sind die Folge.

Deshalb zählt zu den wichtigen Fähigkeiten, die eine Person auszeichnen, die in sozialen Zusammenhängen erfolgreich agiert, die Gewandtheit, mit der sie die emotionale Synchronisation in Gang setzen kann. *Wenn Menschen sich auf Stimmungen anderer einzustellen wissen oder andere leicht in den Bann ihrer eigenen Stimmung ziehen können, laufen die Interaktionen auf der emotionalen Ebene reibungsloser ab.*[56]

Da diese Vorgänge überwiegend unbewusst verlaufen, ist es besonders wichtig, dabei auf eine souveräne und vor allen Dingen authentische Persönlichkeit zurückgreifen zu können, in der Äußeres und Inneres im Einklang miteinander stehen. Ist dies nicht der Fall, entstehen Unstimmigkeiten zwischen dem, was das Gegenüber von uns wahrnimmt und eben auch übernimmt, und unseren tatsächlichen inneren Zuständen. Auf der anderen Seite wirken sich diese Unstimmigkeiten auch auf unsere Wahrnehmung der Emotionen des anderen aus, da unter Umständen (unbewusst) auch hier eine Abweichung von den tatsächlichen inneren Zuständen unterstellt wird. Eine echte Synchronisation kann sich auf dieser Basis nicht vollziehen und die Beziehungsebene wird negativ beeinflusst.

Außerdem kann man nur aufgrund authentischer Emotionen das richtige Maß zwischen Übertragung der eigenen Gefühlszustände auf das Gegenüber und der Übernahme der Emotionen des anderen finden. Es braucht ein angemessenes Verhältnis zwischen Aktivität und Passivität, dessen Grundlage eine gefestigte, souveräne und authentische Persönlichkeit ist. Ansonsten ist es schwer, die eigene Stimmungslage im erforderlichen Rahmen zu behaupten und sich gleichzeitig ausreichend auf die Stimmungslage des Gegenübers einzulassen, ohne sie als Bedrohung oder Gefahr für sich selbst wahrzunehmen und in der Folge abzuwehren. Voraussetzung dafür ist, dass man überhaupt in der Lage ist, die eigenen und auch fremde Emotionen wahrzunehmen.

In der gelebten Praxis ist es jedoch nicht die Regel, dass Menschen ihre Gefühle in Worten ausdrücken; stattdessen werden Emotionen in den meisten Fällen über nonverbale Signale vermittelt. Das macht es schwieriger, diese Signale richtig zu deuten, und die Emotionen des Gegenübers zutreffend wahrzunehmen. Es bedeutet ein hohes Maß an Emotionaler Intelligenz und sozialer Kompetenz, wenn ein Mensch über ein ausgeprägtes Vermögen verfügt, die Stimmungen und Emotionen anderer Menschen wahrzunehmen und sich in sie einzufühlen. Grundlage dieses Vermögens ist die bewusste Wahrnehmung der eigenen Gefühle und Gefühlsäußerungen. Je aufgeschlossener wir uns selbst wahrnehmen, umso besser können wir die Emotionen anderer Menschen erkennen und deuten.

Obgleich die Frage nach den Emotionen von überaus großer Bedeutung für das soziale Miteinander von Menschen und für jeden Einzelnen ist, fällt es vielen Menschen immer noch schwer, ihren Emotionen auch Ausdruck zu verleihen und sie nicht aus vermeintlichem Selbstschutz zu verbergen oder zu verschleiern. *Eine wichtige soziale Kompetenz besteht darin, seine eigenen Gefühle äußern zu können*[57], stellt Daniel Goleman fest. Doch gerade in der Berufswelt scheint sich dieser Gedanke nur schwer durchzusetzen, obwohl die Vorteile von Offenheit auch auf emotionaler Ebene auf der Hand liegen.

Thomas Gordon[58] hat dazu beobachtet, dass Rationalität und Unverbindlichkeit in der Arbeitswelt scheinbar noch immer die zwischenmenschlichen Beziehungen bestimmen und auch bestimmen sollen. Gefühle und Emotionen werden dieser Anforderung entgegengesetzt und von der Arbeitswelt möglichst ausgeschlossen. Ein bekanntes Sprichwort ist die Rede von Sorgen, die man gefälligst Zuhause lassen sollte. Die Angst davor, Gefühle auszudrücken wird auf diese Weise bestärkt und führt zur Vermeidung von Gefühlsäußerungen, was einerseits der psychischen Gesundheit der Beteiligten schadet und andererseits Einbußen in der Produktivität des Unternehmens nach sich zieht. Denn dieser Zustand ignoriert die Wirklichkeit der gemeinsamen Arbeit mehrerer Menschen: Soziales Miteinander – und Zusammenarbeit ist vor allen Dingen soziales Miteinander – lässt Gefühle der verschiedensten Art entstehen. *Ungesund ist nicht, solche Gefühle zu haben, sondern sie zu verdrängen.*[59] (Ganz abgesehen davon, dass unterdrückte oder verdrängte Gefühle nicht unwesentlich von der Arbeit ablenken können.)

Statt zu versuchen, Gefühle und Emotionen aus dem Arbeitsleben zu verbannen, sollte den Beteiligten klar sein, dass ein offenes Klima, in dem Gefühle auch verbalisiert werden können, sich für alle auszahlt – auch für das Unternehmen selbst. Denn Gefühlsäußerungen können Auskunft darüber geben, wie es um die zwischenmenschlichen Beziehungen innerhalb der Gruppe bestellt ist. Vor allen Dingen können sie als Warnsignal fungieren für den Fall, dass in der Gruppe etwas nicht in Ordnung ist, denn hier liegen oft die Ursachen für negative Emotionen. Insofern helfen Gefühlsäußerungen eher dabei, Gefahren abzuwenden, als dass sie selbst eine Gefahr darstellen.

Aus diesem Grunde ist es ratsam, das Äußern von Gefühlen auch im Unternehmenszusammenhang zu unterstützen und zu fördern, um über die genaue Betrachtung der Gefühle zum eigentlichen Problem vorzudringen.

Souveräne Führungskräfte können hier mit gutem Beispiel vorangehen und auch ihre eigenen Gefühle zeigen. Wie sie mit ihren Gefühlen umgehen, wird darüber entscheiden, ob Gefühlsäußerungen ihre Souveränität beeinträchtigen oder stärken. Leugnen oder überspielen sie ihre Emotionen, werden die Mitarbeiter das früher oder später bemerken. Darunter werden die Glaubwürdigkeit des Vorgesetzten, das Klima im Unternehmen und das Verhältnis zu den Mitarbeitern zweifellos leiden. Und die Souveränität des Vorgesetzten wird unter diesen Umständen wahrscheinlich sehr bald angezweifelt werden. Zeigt er hingegen, dass er zu seinen Gefühlen steht und darauf bedacht ist, die Beziehungsebene nicht zu vernachlässigen, dass er versucht, mit den eigenen Gefühlen bewusst und auch nach außen offen umzugehen, sie zu erkennen und die Ursachen für bestimmte Gefühlsregungen zu ergründen, wird das seine Souveränität mit Sicherheit unterstreichen und die Persönlichkeit stärken. Außerdem wird es den Mitarbeitern vermitteln, dass Aufgeschlossenheit, Verständnis und Akzeptanz den Umgang mit Emotionen im Unternehmen kennzeichnen, sodass eine offene Auseinandersetzung möglich ist.

6.1.3 Positive Einstellung zu sich selbst und zu anderen

Im Zusammenhang mit der Persönlichkeitskompetenz souveräner Menschen sind die Aspekte Gelassenheit und Zuversicht bereits erläutert worden. Sie sind Ausdruck einer positiven Einstellung zu sich selbst und zu den eigenen Fähigkeiten und prägen auch die Erwartungen, die man an sich selbst stellt. Positiv untermauerte und zuversichtliche Erwartungen sind wiederum Zeugnis dessen, was man sich selbst zutraut.

Kaum jemand wird mehr erreichen, als er sich auch zutraut. Denn an dem Vorstellbaren orientieren sich Ziele und Ausmaße von Visionen. Wenn ich mir nicht vorstellen kann – mir nicht zutraue –, dass ich in absehbarer Zukunft bspw. Profi-Rennfahrer werde, obwohl es einer meiner größten Träume ist, werde ich mir eine Rennfahrer-Laufbahn sicher nicht zum Ziel setzen und deshalb auch nicht an der Verwirklichung dieses Traumes arbeiten. Es wird ein Traum bleiben. Die Gestaltung der eigenen Zukunft hängt also nicht unwesentlich davon ab, von welcher Einstellung unsere Erwartungen geprägt sind. Die sogenannten sich selbst erfüllenden Prophezeiungen sind das bekannte Beispiel dafür. Paul Watzlawick definiert sie wie folgt: *Eine sich selbst erfüllende Prophezeiung ist eine Annahme oder Voraussage, die rein aus der Tatsache heraus, dass sie gemacht wurde, das angenommene, erwartete, oder vorhergesagte Ereignis zur Wirklichkeit werden lässt und so ihre eigene ‚Richtigkeit' bestätigt.*[60] Die Gestaltung unseres Lebens liegt demnach in erheblichem Maße auch in unserer Hand.

Ebenso relevant sind in diesem Zusammenhang unsere Einstellung gegenüber unseren Mitmenschen und die daraus resultierenden Erwartungen an sie und ihre Fähigkeiten. Auch hier bestätigt sich immer wieder das Prinzip, dass das Ergebnis einer Handlung geprägt wird von der Erwartung, die wir an das Ergebnis haben. Je mehr ich also meinen Mitmenschen zutraue, umso mehr werden sie erreichen. Je konstruktiver meine Erwartungen an die Mitglieder einer Gruppe oder einer Gemeinschaft sind, umso besser werden die Resultate und die Leistungen sein, die diese Gruppe erreicht. Wenn ich hingegen überwiegend destruktive Erwartungen an Menschen habe, wird die Entfaltung ihrer Möglichkeiten und ihres Leistungspotenzials unterdrückt. Wichtig ist es, durch konstruktive Erwartungen die Entwicklung zu fördern und zu unterstützen.

Die Bereitschaft, in einer solchen Weise zu agieren, setzt voraus, dass man selbst souverän genug ist, um zu erkennen, dass auf diese Weise nicht zukünftige Konkurrenten, sondern wertvolle Partner heranwachsen. Wer nicht über eine positive Einstellung zu sich selbst verfügt, wird allerdings wohl kaum darauf achten, möglichst Positives von anderen zu erwarten, damit deren persönliches Potenzial zur vollen Entfaltung kommt. Die tatsächliche innere Einstellung zu sich selbst prägt also in hohem Maße auch die Einstellung zu anderen. Das hat entscheidende Auswirkungen auf die Erwartungen, die ich an mich und an meine Mitmenschen hege und letztlich auch auf das, was möglich ist.

Gerade in solchen Situationen und im sozialen Miteinander überhaupt zeigt sich, ob ein Mensch in der Lage ist, auf echte persönliche Souveränität zurückzugreifen. Und es sind nicht zuletzt die Bereiche, in denen auch persönliche Auseinandersetzungen, Konflikte oder Konkurrenzsituationen entstehen können, für die eine souveräne Grundhaltung entscheidende Vorteile für alle Beteiligten bedeuten kann.

6.1.4 Win-win-Denken

Sozialkontakte werden sehr stark davon beeinflusst, mit welcher Intention ein Mensch anderen gegenübertritt und inwieweit eventuell gegebene Machtunterschiede zum Tragen kommen. Kommt es mir in erster Linie auf meinen eigenen Vorteil an, den ich auch auf Kosten anderer durchsetzen will, bin ich in der Regel gezwungen, mein Sozialverhalten überwiegend konfrontativ zu gestalten und auf Machtausübung zu setzen. Nicht selten nehmen soziale Beziehungen unter dieser Prämisse nachhaltigen Schaden. Der andere Extremfall ist, dass ich meine Interessen allzu leicht hinten anstelle, um Konflikten und Auseinandersetzungen aus dem Weg zu gehen und mich dem vermeintlich Stärkeren beuge.

Beide Varianten führen letzten Endes dazu, dass mindestens eine Partei unzufrieden ist und nicht erreicht hat, was sie wollte. Auf Dauer schädigt das zweifellos die Beziehungsebene, da von einer gleichberechtigten und partnerschaftlichen Beziehung – was immer als Ideal von sozialem Leben betrachtet wird oder zumindest betrachtet werden sollte – nicht die Rede sein kann.

Doch gibt es in dieser Frage nicht nur ein Entweder-oder als Antwort, sondern ein einleuchtendes Drittes: das Win-win-Denken. Im Namen steckt die Bedeutung: Es gibt bei der anvisierten Lösung nicht einen Gewinner, der sich durchsetzt, und einen Verlierer, der zurückstecken muss, sondern beide Parteien sollen von der gefundenen Lösung profitieren. Diese Methode ist keineswegs eine großartige Neuheit, sondern ein alltägliches Phänomen – nur ist es uns oft gar nicht bewusst, dass wir sie anwenden. Thomas Gordon[61] beschreibt, dass in gleichberechtigten Beziehungen, in denen also ausgeglichene Machtverhältnisse herrschen, sehr häufig dieses Vorgehen angewendet wird, um Entscheidungen zu finden, die für beide Seiten akzeptabel sind. Kinder entscheiden gemeinsam, welches Spiel sie spielen wollen; Eheleute suchen nach einem Urlaubsziel, das beiden gefällt; Kollegen teilen die Arbeit unter einander auf; Freunde wählen zusammen einen Kinofilm aus, den alle sehen wollen. Entscheidend ist, dass beide Seiten bereit sind, auch das Anliegen des Gegenübers in die Lösungsfindung mit einzubinden, statt nur die eigenen Interessen auf Biegen und Brechen durchsetzen zu wollen.

Diese grundsätzliche Bereitschaft fehlt jedoch erst einmal in Beziehungen, wo ein Ungleichgewicht in den Machtverhältnissen vorliegt – wie z.B. zwischen Lehrern und Schülern, Eltern und Kindern, Chefs und Mitarbeitern etc. Deshalb findet in diesen Zusammenhängen die Win-win-Strategie nicht so selbstverständlich Anwendung. *Wenn Menschen Macht über andere besitzen, neigen sie allzu sehr dazu, von ihr Gebrauch zu machen.*[62] Das ist leicht nachvollziehbar, da die Mehrzahl der Menschen in ihrer Kindheit durch das Verhalten ihrer Eltern genau diese Erfahrung gemacht und damit ein Verhaltensmodell erlernt hat, das erst wieder verlernt werden muss. Gerade im Verhältnis zu den Eltern erleben viele Menschen, wie andere Menschen ihre Macht gebrauchen, um sich und ihre Interesse durchzusetzen. Diese Anwendung der elterlichen Macht wird als Zwang und Herrschaft erlebt, und immer noch sind nur wenige Eltern bereit, auf den Gebrauch ihrer Macht zu verzichten. Deshalb fehlt den Menschen oft die Erfahrung, dass Entscheidungen auch anders herbeigeführt werden können als durch den Sieg der einen Partei über die andere.

Das Win-win-Denken setzt die Bereitschaft voraus, auf die Ausübung der Macht zu verzichten. Nach Gordon entsteht dann etwa folgende Konstellation: *Du und ich, wir haben einen Bedürfniskonflikt. Ich achte deine Bedürfnisse, aber ich darf auch meine nicht vernachlässigen. Ich will von meiner Macht dir gegenüber keinen Gebrauch machen, sodass ich gewinne und du verlierst, aber ich kann auch nicht nachgeben und dich auf meine Kosten gewinnen lassen. So wollen wir in gegenseitigem Einverständnis gemeinsam nach einer Lösung suchen, die ebenso deine wie meine Bedürfnisse befriedigt, sodass wir beide gewinnen.*[63]

In dieser Beschreibung sind Aspekte erfasst, die u.a. zu den grundlegenden Eigenschaften einer souveränen Persönlichkeit gehören:

- Zu erkennen, dass überhaupt ein Bedürfniskonflikt vorliegt, setzt voraus, dass man zum einen die eigenen Bedürfnisse kennt und zum anderen auch die Bedürfnisse des Gegenübers wahrnimmt.
- Die Achtung vor den Bedürfnissen des anderen und die Bereitschaft, auf diese einzugehen, sind Ausdruck von Respekt, Verantwortungsgefühl und sozialer Kompetenz.
- Die Behauptung der eigenen Bedürfnisse zeugt von Selbstbewusstsein und einem positiven Selbstwertgefühl.
- Die partnerschaftliche Herangehensweise an die Lösungsfindung zeigt Charakterstärke.

Gerade wenn es um Entscheidungen geht, die die Beteiligten dazu bewegen sollen, etwas Bestimmtes zu tun, hat die Win-win-Methode klare Vorteile gegenüber einem autoritären Entscheidungsstil aufzuweisen. Denn: *Jeder weiß aus eigener Erfahrung, dass er eine größere Verpflichtung verspürt, eine Entscheidung auszuführen, wenn er Gelegenheit gehabt hat, an dieser Entscheidung mitzuwirken.*[64] So wird die Entscheidung auch zur eigenen Entscheidung, und es entsteht ihr gegenüber eine Verantwortung, die z.B. Kontrolle nahezu entbehrlich macht. – Ein weiterer Vorteil ist darin zu sehen, dass die gefundene Entscheidung oft auf einer gründlicheren Betrachtung der Sachlage beruht, da von den unterschiedlichen Beteiligten auch unterschiedliche Perspektiven in die Lösungsfindung eingebracht werden konnten. Auch entfällt hier die Notwendigkeit, die „besiegte“ Partei erst einmal davon zu überzeugen, die gefundene Lösung auch wirklich in die Tat umzusetzen. Das nimmt unter Umständen viel Zeit und Energie in Anspruch. Außerdem erfordert diese Methode die Fähigkeit, kreative Lösungen zu finden, die den Parteien gerecht werden und der Sache dienen. Da ist überdies ein klarer Verstand gefordert. Wird eine Entscheidung autoritär von einem Vorgesetzten verordnet, sind Irrtümer oder Fehlentscheidungen viel wahrscheinlicher. – Dass dieses Verfahren darüber hinaus auch die Beziehungsebene stärkt, ist bereits erwähnt worden.

Es ist jedoch nicht zu leugnen, dass das Win-win-Denken auch Schwierigkeiten mit sich bringt: Nicht immer lassen sich problemlos und schnell akzeptable Lösungen finden. Wenn die Interessen sehr weit auseinander liegen und vielleicht mehr als zwei verschiedene Bedürfnisse vorliegen, dann erfordert das Verfahren manchmal etwas Zeit. Und ein Ergebnis ist nicht garantiert. Es kann auch sein, dass über die Methode keine Lösung zu erreichen ist.

In diesem Falle wird aber die Grundhaltung, mit der die Beteiligten an die Sache herangegangen sind, den Weg ebnen, um gemeinsam anderen Methoden der Entscheidungsfindung auf die Spur zu kommen.

Diese Grundhaltung lässt sich auch übertragen auf das Kommunikationsverhalten von Menschen, denn auch hier sollte die Intention nicht in dem rhetorischen Sieg über einen Gegner liegen, sondern in der wechselseitigen Verständigung der Gesprächspartner. Das Verstehen und die Klärung der Sache stehen – als Vorteil für beide Seiten – im Mittelpunkt kommunikativer Bemühungen.

6.2 Sonderfälle der Gesprächsführung

In diesem Buch wurde der Kommunikation bereits ein ganzes Kapitel gewidmet. Die Grundlagen erfolgreichen und partnerschaftlichen Kommunizierens und deren große Bedeutung für das soziale Miteinander wurden dort ausführlich erläutert. Diese Grundsätze sind auch als Basis für die Ausführungen dieses Abschnitts zu betrachten.

Im Folgenden werden einige Fälle von Kommunikation dargestellt, die einerseits in besonderer Weise beeinflusst werden von der persönlichen Souveränität des Akteurs und andererseits – als Wechselwirkung – auch die souveräne Persönlichkeit eines Menschen stärken können. Denn es sind Situationen, in denen sich im konkreten Verhalten widerspiegelt, ob eine souveräne Grundhaltung Basis der Kommunikation ist oder nicht. Da es sich um Konstellationen handelt, die in gewisser Weise auch eine Herausforderung darstellen, kann das souveräne Meistern dieser Situation wiederum positiv auf das Selbstbewusstsein und Selbstwertgefühl wirken, was in der Folge die persönliche Souveränität fördert.

6.2.1 Souveräner Small Talk oder die Kunst, das Eis zu brechen

Eine besondere – und auch umstrittene – Form des Gesprächs ist der Small Talk. Vielen Menschen bereitet er Probleme und manche kritisieren ihn scharf als leeres Gerede. Und trotzdem oder auch deshalb wirken Menschen, die locker und unbeschwert fröhlichen Small Talk führen können, selbstbewusst, aufgeschlossen und souverän. Gut funktionierender Small Talk heitert die Stimmung auf und schafft eine zwangslose und angenehm entspannte Atmosphäre.

Der Grund dafür liegt nicht etwa darin, dass die Inhalte des Gesprächs so überaus entspannende Kräfte haben, sondern dass Small Talk in seiner wesentlichsten Funktion Beziehungsarbeit ist.[65] Wer sich dessen bewusst ist, kann leicht von dem Vorurteil Abstand nehmen, dass Small Talk nur belangloses Gerede ohne echte Inhalte sei. Im Gegenteil: Small Talk trägt einen entscheidenden Beitrag zum eigenen sozialen (Er-)Leben bei, denn ohne ihn fehlt einfach eine bestimmte Anzahl an Sozialkontakten. Jeder weiß, dass sich tiefgründige und verbindliche soziale Beziehungen nicht so ohne Weiteres aufbauen und pflegen lassen. Deshalb hat man naturgemäß auch nicht übermäßig viele von ihnen. Meist beschränken sie sich auf den engsten Freundes- und Familienkreis. Zu wenig funktionierende Sozialkontakte schwächen jedoch das Selbstbewusstsein und wirken sich negativ auf das Selbstwertgefühl eines Menschen aus. Ein solches Defizit entsteht nicht, wenn man auch in der Lage ist, eher unverbindliche und weniger tiefsinnige Beziehungen zu haben. Solche Beziehungen entwickeln sich z.B. unter Kollegen, unter Nachbarn, zu Menschen, die man über Dritte kennen gelernt hat, auf Partys oder beim Geschäftsessen etc. Jedem sind derartige Situationen und Konstellationen geläufig.

Über Small Talk lassen sich Sozialkontakte einerseits herstellen, andererseits dient er auch der Pflege von bereits bestehenden sozialen Verbindungen. – Das Knüpfen von Kontakten wird mit Small Talk erleichtert, da beide Seiten sich erst einmal unverbindlich „beschnuppern“ können. In ungezwungenen Gesprächen über „leichte“ Themen können die Beteiligten sich kennen lernen und herausfinden, ob man sich prinzipiell sympathisch ist und Gemeinsamkeiten findet. Dann lässt sich oft bald feststellen, ob eventuell auch tiefere Gespräche möglich und erwünscht sind, ob für die Zukunft vielleicht sogar eine engere Beziehung denkbar ist.

Ist eine Beziehung bereits aufgebaut, braucht sie Pflege, und diese Pflege vollzieht sich durch Kommunikation und letztlich durch Gespräche. Wie jeder weiß, kann man aber auch mit engsten Freunden nicht ständig nur tiefsinnige und wichtige Gespräche führen, auch sind die erzählenswerten Neuigkeiten begrenzt, sodass Small Talk hier den Zweck erfüllt, dem Gegenüber zu signalisieren, dass man sich ihm verbunden fühlt, gern in seiner Gesellschaft ist und – auch wenn es nur um „Unwichtiges“ geht – gern seine Zeit mit ihm verbringt. Von unwichtig kann nun aber keine Rede mehr sein, denn unter der weniger entscheidenden Sachinformation des Gesprächs liegt in diesem Fall die überaus wichtige Beziehungsinformation verborgen. Insofern ist Small Talk auch für bestehende soziale Verbindungen von großer Bedeutung, denn er stärkt in bestimmter Weise die Verbundenheit und intensiviert die Nähe zwischen den Partnern.

Prinzipiell geht es bei Small Talk nicht darum, ganz gezielt wichtige Inhalte zu transportieren. Entsprechende Charakteristika kennzeichnen deshalb typische Themen: Sie sind für viele Menschen von gewissem Interesse, sie sind überwiegend alltäglich und positiv besetzt. Das Mitreden setzt keine Spezialkenntnisse voraus, und das Thema grenzt niemanden der Anwesenden aus und birgt auch kein großes Konfliktpotenzial in sich. – Entscheidend ist die soziale Komponente, die dem Small Talk innewohnt. Sie trägt dazu bei, dass Small Talk sich oft positiv auswirkt auf das soziale Umfeld. Mit Small Talk kann man sich z.B. in einen Kreis von bisher fremden Menschen einbringen und dabei sich und andere gut unterhalten. Auch in problematischen Situationen kann Small Talk hilfreich sein, wenn es bspw. darum geht, angespannte Beziehungen oder Situationen zu entspannen, Hierarchien oder andere Ungleichheiten zu überbrücken. Und auch eine einfache Gesprächseröffnung kann zwanglos und unkompliziert mit Small Talk begonnen werden. Da interessierter Small Talk ein Signal für Aufmerksamkeit und Zugewandtheit ist, wirkt er sich in jedem Falle positiv auf die Beziehung der Gesprächspartner aus. (Anders verhält es sich natürlich, wenn ein Gesprächspartner gar kein Interesse an einem funktionierenden Gespräch und schon gar nicht an seinem Gegenüber hat und den Small Talk nur widerwillig betreibt. Dann kann auch Small Talk nicht funktionieren. Das allerdings spürt die andere Seite oft recht schnell und wird dann sicher auch keinen Wert auf die Fortsetzung des Gesprächs legen.)

Außer dem Vorwurf, Small Talk sei belanglos und oberflächlich, wird oft der Verdacht geäußert, Small Talk fördere eine unaufrichtige Kommunikationsweise, da es ja nicht um „echte“ Inhalte gehe. Doch gibt es einen gravierenden Unterschied zwischen Unverbindlichkeit oder höflichem Plaudern und dem vorsätzlichen Belügen oder Manipulieren. Außerdem werden erhebliche Manipulationen über Small Talk kaum möglich sein, denn die Unverbindlichkeit der Themen schützt in diesem Fall vor wirklich relevanter Beeinflussung. Nicht zu leugnen ist hingegen, dass es eben aufgrund dieser Unverbindlichkeit nicht möglich ist, einen Menschen nur über Small Talk richtig kennen zu lernen. Dafür sind immer auch verbindliche Gespräche mit relevanten Inhalten nötig.

Small Talk ist jedoch nicht so einfach, wie es jetzt vielleicht klingt. Die Erfahrung zeigt ja auch, dass es vielen Menschen oft nicht leicht fällt, ein zwangloses Gespräch zu führen. Small Talk stellt nämlich gewisse Anforderungen an die Persönlichkeit eines Menschen, die zu Teilen den Merkmalen von persönlicher Souveränität entsprechen: Ohne ein recht hohes Maß an sozialen und kommunikativen Kompetenzen kann Small Talk kaum gelingen. Das umfasst z.B. das echte Interesse am Gegenüber, die Fähigkeit zur Empathie, das richtige Einschätzen der Gesprächssituation und des Gesprächspartners, Fingerspitzengefühl, Aufmerksamkeit etc. Außerdem benötigt man ein gesundes Selbstbewusstsein, sollte einigermaßen umfassend informiert sein, um überhaupt Themen zu finden und auch ausschöpfen zu können, was wiederum ein weit gefächertes Interesse und eine möglichst gute Allgemeinbildung voraussetzt. Auch Humor, Höflichkeit und eine selbstbewusste Körpersprache tragen zum Erfolg beim Small Talk bei.

6.2.2 Andere im Gespräch überzeugen

Immer wieder kommen Menschen in Situationen, in denen es notwendig oder zumindest beabsichtigt ist, andere Menschen von den eigenen Ansichten, Entscheidungen und Vorhaben zu überzeugen und sie dazu zu bringen, ihre ursprünglichen Standpunkte zu ändern. Es gibt im Prinzip zwei Wege, dies zu tun: entweder indem man die Position und Persönlichkeit des Gegenübers wertschätzt und berücksichtigt oder unter Missachtung und Geringschätzung dieser Aspekte. Letzteres ist dann allerdings nicht mehr als Überzeugen zu bezeichnen, sondern als Überreden. Die beiden möglichen Wege unterscheiden sich hinsichtlich der Einstellung zum Gesprächspartner und zu dessen Ansichten. Die kurze Charakterisierung der beiden Möglichkeiten sollte bereits verdeutlichen, dass das Überreden nicht das Mittel der Wahl einer souveränen Persönlichkeit sein kann. Denn die Meinungen und Auffassungen des Gegenübers einfach zu übergehen, hat nichts mit Souveränität und Behauptung des eigenen Standpunktes zu tun, sondern nur mit Ignoranz und Selbstüberhebung.

Versucht man, jemanden zu überreden, dann hat man von vornherein entschieden, dass die eigene Meinung zutreffend und erstrebenswert ist und an erster Stelle rangiert. Das, was das Gegenüber meint und will, hat für die Situation keine weitere Bedeutung. Eine Auseinandersetzung damit ist nicht vorgesehen. Ziel ist es nur, das eigene Anliegen möglichst ohne Reibungsverluste durchzusetzen. Was das Beste für alle Beteiligten ist, steht bereits vor Beginn des Gesprächs fest. Damit ist die Entscheidungsfreiheit des Gegenübers radikal beschnitten, denn seine Position hat keinen Einfluss mehr auf die Entscheidungsfindung.

In so einem Verhalten zeigt sich eine deutliche Geringschätzung der Person und der Ansichten des Gegenübers, das unter diesen Voraussetzungen schon kaum mehr als Gesprächs*partner* zu bezeichnen ist. In der Folge wird die Beziehungsebene mit Sicherheit schweren Schaden nehmen und auch der Sache selbst wird eine derartige Einstellung kaum zuträglich sein. Sie wird beim Gegenüber mit hoher Wahrscheinlichkeit Widerstände auslösen, sobald es bemerkt, dass seine Entscheidungsfreiheit eingeschränkt und seine eigenen Überzeugungen quasi eliminiert werden. Mit sozialer, kommunikativer oder persönlicher Kompetenz hat dieses Vorgehen nicht das Geringste zu tun – und damit kann auch von Souveränität keine Rede sein.

Beim wirklichen Überzeugen hingegen beginnt die Kontroverse ergebnisoffen. Das Ziel ist es, argumentativ (und nicht repressiv) die eigenen Ansichten und Ideen zu behaupten und durchzusetzen. Es findet eine Auseinandersetzung mit den Positionen beider Seiten statt, und die Kommunikation verläuft partnerschaftlich und unter gegenseitiger Wertschätzung. Das Win-win-Denken beeinflusst diesen Vorgang, sodass das erreichte Ergebnis für alle Beteiligten begreifbar, akzeptabel und befriedigend ist. Alle Beteiligten haben ihre Entscheidungs- und Handlungsfreiheit behalten; das Ergebnis wird deshalb sicher tragfähiger sein, und die Beziehungsebene bleibt unbelastet. Die Überzeugung beruht in diesem Fall auf Verständigung und nicht auf Unterdrückung. – Respekt und Offenheit dem anderen gegenüber sind hier die grundlegenden Voraussetzungen für ein wirkungsvolles Agieren und ein nachhaltiges Ergebnis.

Ziel bleibt jedoch, das Gegenüber (mit den eigenen Argumenten) von etwas Bestimmtem zu überzeugen. Und das ist leichter gesagt als getan. Denn so plausibel man selbst seine Argumente auch findet – letztlich entscheidend ist, dass sie den Gesprächspartner überzeugen. Für ihn muss die Argumentation schlüssig, einleuchtend und von Bedeutung sein. Haben die Argumente für ihn keine Relevanz, da sie ihn eigentlich nicht betreffen, werden sie den Gesprächspartner kaum von seinen eigenen Überzeugungen abbringen. Derjenige, der überzeugen will, kommt also nicht umhin, sich in sein Gegenüber einzufühlen, um dessen Ansichten und gegenwärtige Lage genau und zutreffend zu erfassen. Ein ausgeprägtes Einfühlungsvermögen und echte Aufmerksamkeit sind hierfür unerlässlich.

Anhand der gewonnenen Einsichten zeigt sich dann, welche Argumente für das Gegenüber welche Bedeutung haben könnten, und dementsprechend können in der Folge die Argumente abgestimmt und gewichtet werden. Die Erkenntnisse über das Gegenüber geben Hinweise darauf, ob die Argumente für die Wirklichkeit des Gesprächspartners überhaupt relevant sind und tatsächlich seine Interessen, Probleme, Erwartungen, Wünsche, Vorteile etc. betreffen, und ob das angestrebte Ergebnis für ihn überhaupt realisierbar ist. Es gilt, die Argumentation umfassend am Gesprächspartner zu orientieren, ohne dabei allerdings die eigenen Belange aus den Augen zu verlieren. Denn Ausrichtung auf das Gegenüber heißt nicht, ihm nach dem Munde zu reden. Das Gegenüber als Partner wahrzunehmen, es ernst zu nehmen und dementsprechend zu agieren – das sind notwendige Bedingungen, um jemanden von den eigenen Standpunkten zu überzeugen.

Wird diese Grundeinstellung, die selbst schon Ausdruck von innerer Souveränität ist, getragen von einer souveränen Persönlichkeit, die sicher und selbstbewusst auftreten kann, Ruhe und Besonnenheit ausstrahlt, authentisch und aufgeschlossen ist, Kreativität und Einfühlungsvermögen mitbringt, sind die Bedingungen optimal, sofern überdies die Argumentation gut vorbereitet, logisch und glaubwürdig ist.

6.2.3 Positives Sprechen und Ich-Botschaften

In den bisherigen Ausführungen hat sich sehr deutlich gezeigt, wie wichtig die Beziehungsebene zwischen den Gesprächspartnern ist und wie leicht sie Schaden nehmen kann. Sehr schnell kann die ursprünglich verhandelte Sache aus dem Fokus geraten, und plötzlich ist die Beziehung das eigentliche Thema – ohne dass es explizit ausgedrückt wird.

Vor allen Dingen, wenn es darum geht, unangenehme oder negative Inhalte zu kommunizieren, ist die Beziehungsebene stark gefährdet. Denn sehr häufig werden negative Aussagen vom Angesprochenen nicht auf die Sache, sondern auf die eigene Person bezogen, werden als Infragestellung der eigenen Qualitäten und der Persönlichkeit überhaupt verstanden. Da dies das Selbstwertgefühl angreift, entwickelt sich schnell eine Verteidigungshaltung, sodass ein Gespräch mitunter abgebrochen oder zum Zweikampf wird.

Dieser Mechanismus lässt sich in vielen Fällen aufhalten, wenn der Sprecher die negative Aussage in einer Weise formuliert, die die Sache im Blick behält und konstruktiv argumentiert statt destruktiv kritisiert. Das *positive Sprechen* und die *Ich-Botschaften* sind zwei Methoden, die genau hierbei helfen können. In beiden Vorgehensweisen steht die Lösung des Problems im Vordergrund der Formulierung, nicht die Feststellung, dass es ein Problem gab oder gibt und dass irgendjemand dafür verantwortlich ist. Vielmehr geht es um die in der Zukunft liegende Verantwortung, darum, eine konstruktive Lösung zu finden und umzusetzen – damit steht ein positives Ergebnis im Zentrum der Auseinandersetzung.

Das positive Sprechen nimmt Bezug auf die Einsicht, dass Menschen in negativen Äußerungen – also z.B. auch in Verneinungen – immer den negierten Teil in das Gesamtbild, das in der Vorstellung entsteht, integrieren. Ein bekanntes Beispiel ist die Aufforderung: „Denken Sie nicht an den Eiffelturm!“ Zwangsläufig denkt jeder, der diesen Satz hört oder liest, an den Eiffelturm. Das, was also ausgeschlossen werden sollte, wird durch die Aussage gerade erst hervorgerufen. Hätte die Aussage geheißen

„Denken Sie an den Turm zu Pisa!" wäre der Eiffelturm erst gar nicht in Erscheinung getreten.

Das Gleiche gilt, wenn negative Aussagen getroffen werden, z.B. wenn Fehler oder Defizite angesprochen oder unerwünschte Verhaltensweisen geklärt werden müssen: Damit das Negative und Destruktive dabei nicht noch ausdrücklich ins Zentrum der Aufmerksamkeit gerückt wird, werden stattdessen positive, konstruktive Vorstellungen für die Zukunft formuliert, die eine Lösung oder eine wünschenswerte Alternative enthalten und nicht bloß destruktiv die Vergangenheit – die überdies sowieso nicht mehr zu ändern ist – kritisieren.

Ein Beispiel:

Ein Büroangestellter bemerkt, dass sein Kollege immer wieder einen Fehler in der Archivierung der bearbeiteten Dateien macht, sodass im Archiv ein unübersichtliches Durcheinander entsteht, was die Arbeit aller Mitarbeiter behindert. Statt nun aber zu ihm hinzugehen und ihm vorzuwerfen „Entschuldigen Sie, seit einigen Wochen legen Sie immer wieder die Dateien falsch im Archiv ab, niemand hat deshalb mehr den Überblick, was im Archiv überhaupt verfügbar ist!", sagt er: „Können Sie bitte Ihre Dateien im Archiv nach dem Muster XY ablegen, dann lässt sich sehr gut überschauen, welche Arbeiten von Ihnen zur Verfügung stehen."

In der ersten Variante werden nur die in der Vergangenheit liegenden Fehler oder Missstände des Kollegen zum Thema gemacht. Und der Kollege wird ausschließlich mit den negativen Momenten seines Handelns konfrontiert – eine Abwehrhaltung ist quasi vorprogrammiert.

In der zweiten Variante werden positive Lösungen und Folgen als konstruktive Ziele für die Zukunft angesprochen, positive Ereignisse und gewünschte Handlungen stehen im Zentrum der Aussage. Und der Angesprochene ist (verantwortlicher) Teil der konstruktiv gestalteten Zukunft und nicht Ziel eines destruktiven Vorwurfs. Damit wird er auch nicht in eine Abwehrhaltung gedrängt, und die Beziehungsebene bleibt unbelastet. (Außerdem wird er, sofern er nicht überdurchschnittlich ignorant oder arrogant ist, jedoch bemerken, worin sein Fehler in der Vergangenheit lag. Und er wird sicher zur Kenntnis nehmen, dass sein Kollege bemüht war, die Beziehungsebene nicht negativ zu beeinflussen.)

Bekannt ist die Methode des positiven Sprechens auch aus dem Bereich der Kindererziehung. Auch hier wird empfohlen, Anweisungen zu geben, die das gewünschte Ergebnis beinhalten, statt das nicht erwünschte Ereignis als Verneinung zu formulieren. Sagt man einem Kind bspw., es solle darauf achten, dass es beim Malen nicht die Tischdecke bemalt, entsteht in seinem Kopf das Bild einer bemalten Tischdecke (und das gefällt ihm möglicherweise sogar sehr!). Sagt man hingegen, es solle versuchen, nur auf dem Blatt zu malen, entsteht die Vorstellung einer bemalten Tischdecke erst gar nicht.

Die Methode der Verwendung von Ich-Botschaften versucht im Wesentlichen mit den gleichen Mitteln, die Eskalation von Konflikten zu vermeiden. Die Elemente sind auch hier: Konzentration auf die eigentliche Sache und Vermeidung von Störungen der Beziehungsebene. Der Weg dahin führt bei dieser Methode über den Versuch, die Konfrontation in Konflikten zu ersetzen durch eine gelungene Kommunikation. Statt mit Du-Botschaften anzugreifen, wird mit Ich-Botschaften die Klärung der Sache in den Vordergrund gerückt.

Fast jeder Mensch hat Schwierigkeiten, mit Ablehnung, Meinungsverschiedenheiten oder ärgerlichen Begebenheiten gelassen umzugehen. Schnell geht man hier zum verbalen Angriff über, und dieser wird meist in sogenannten Du-Botschaften formuliert. Diese Botschaften enthalten in der Regel offen liegende oder unterschwellige Vorwürfe und Anklagen an den Gesprächspartner. Oft greifen sie direkt die Persönlichkeit und konkrete Eigenschaften des Gegenübers an. Dagegen muss sich der Angegriffene dann natürlich zur Wehr setzen und die Situation eskaliert. Du-Botschaften beinhalten überdies häufig auch direkte Handlungsanweisungen oder -vorschläge, die den Aktionsraum des Empfängers dieser Botschaften einschränken und weitere Abwehr provozieren.

Du-Botschaften sind z.B.:

- „Weil Sie die Kollegen immer wieder in eine Plauderei verwickeln, stören Sie den ganzen Arbeitsablauf."
- „Sie haben den Kern der Sache überhaupt nicht verstanden."
- „Sie lügen."

Ich-Botschaften versuchen, anstelle des direkten Angriffs, die eigenen Probleme mit dem Verhalten des Gegenübers zu kommunizieren, indem die persönlichen Empfindungen und Gedanken geäußert werden und erklärt wird, wie es zu dem Konflikt gekommen ist. Ich-Botschaften gehen also von der eigenen Position aus und wollen keine Vorwürfe, Forderungen oder Belehrungen an das Gegenüber richten. Ich-Botschaften beschreiben die konkrete Situation und richten eine offene Bitte an den Gesprächspartner, ohne ihn dabei anzugreifen. Da es keine Attacke gibt, braucht der Angesprochene sich auch nicht zu verteidigen, und eine Eskalation des Konflikts wird nicht begünstigt. Stattdessen wird die Beziehungsebene sogar noch positiv beeinflusst, da der defensive Charakter von Ich-Botschaften signalisiert, dass der Sprecher bereit ist, das Problem gemeinschaftlich zu lösen.

Eine Ich-Botschaft enthält immer die folgenden drei Elemente: eine kurze Beschreibung des nicht zu akzeptierenden Verhaltens, die ehrlichen eigenen Gefühle, die konkrete Wirkung und Konsequenz des Verhaltens des Angesprochenen.[66]

Dementsprechend würden die o.g. Beispiele – umformuliert in Ich-Botschaften – bspw. lauten:

- „Ich kann mich schlecht auf meine Arbeit konzentrieren, wenn ich mitten in der Arbeit unterbrochen werde, auch wenn es nur durch eine kurze nette Plauderei ist. Darunter leidet die Qualität meiner Arbeit und ich ärgere mich darüber."
- „Ich sehe im Kern der Sache ein anderes Problem. Und wenn wir uns darüber nicht verständigen, können wir sicher keine Lösung finden. Das empfinde ich als sehr unbefriedigend."
- „Zu diesem Sachverhalt habe ich andere Informationen. Deshalb sollten wir die Tatsachen noch einmal überprüfen, denn ansonsten können wir uns kaum einigen. Das würde ich sehr bedauern."

Ich-Botschaften haben zum Ziel, die erfolgreiche Kommunikation aufrechtzuerhalten und die Konfrontation, die oft die Persönlichkeit des Gegenübers angreift, aufzulösen. Dieses Vorgehen hilft den Parteien, sich weiter auf die Sache zu konzentrieren, aus dem Konflikt herauszufinden und konstruktiv nach gemeinsamen Lösungen zu suchen.

6.2.4 Souverän Nein Sagen

Das Neinsagen scheint eine recht schwierige Angelegenheit zu sein. Und jeder kennt aus eigener Erfahrung die Situation, dass man etwas zugesagt hat, zu dem man lieber hätte Nein sagen sollen – nur fehlte wieder einmal der Mut, das kleine Wörtchen über die Lippen zu bringen. Dabei ist Nein sagen zu können überaus wichtig. Das gilt insbesondere auch für den beruflichen Alltag. In vielen Zusammenhängen ist man z.B. gezwungen, sich auf das Wesentliche zu konzentrieren. Das kann jedoch nur gelingen, wenn man in der Lage ist, zu den unwesentlichen Dingen auch wirklich Nein zu sagen. Ebenso verhält es sich mit dem Setzen von Prioritäten: Es macht nur Sinn, wenn in der Konsequenz Anliegen oder Aufgaben mit niedriger Priorität auch zurückgewiesen werden. Auch zu Ablenkungen und Störungen muss man Nein sagen können, um sich wirklich auf die eigentliche Sache zu konzentrieren. Letztlich betrifft es die gesamte Lebensgestaltung: Wenn ich mein Leben selbstbestimmt und eigenverantwortlich gestalten will, ist die Fähigkeit, die Ansinnen anderer unter bestimmten Umständen auch abzulehnen, unverzichtbar. Das heißt nicht, egoistisch und ohne Rücksicht auf andere entscheiden und handeln zu müssen. Ausschlaggebend ist, dass man der Situation und den Bedürfnissen aller Beteiligten gegenüber angemessen entscheidet – einschließlich seiner Selbst. Wie oft wird man um einen Gefallen gebeten, den man aus unterschiedlichsten Gründen momentan einfach nicht erfüllen kann oder auch nicht erfüllen will! Wie oft wird eine Bitte geäußert, der man nicht folgen kann! Ein simples und höfliches Nein wäre hier durchaus legitim.

Es gibt Umstände, die es einem leicht machen, Nein zu sagen – z.B. wenn wir der Meinung sind, dem anderen überlegen oder auf jeden Fall im Recht zu sein. Auch wenn wir einer möglichen Ablehnung durch den Fragenden mit Gleichgültigkeit entgegensehen oder wenn wir daran glauben, dass sie keine entscheidenden Folgen für uns hätte, fällt ein Nein leichter. Am unkompliziertesten ist es, wenn wir uns der Sympathie des Gegenübers sicher sind und die Beziehung als so gefestigt wahrnehmen, dass sie auch Kontroversen aushält.

Doch ist dies alles nicht der Fall, passiert es uns immer wieder, dass wir, statt klar und deutlich Nein zu sagen, anfangen, uns aus der Situation herausreden zu wollen oder – um einem Konflikt auch sicher aus dem Weg zu gehen – einfach Ja sagen und die Sache auf uns nehmen. Der Grund dafür liegt zum Großteil in der Angst, als Reaktion auf das Ablehnen des Anliegens die Beziehungsebene zu gefährden und selbst (persönliche) Ablehnung zu erfahren, z.B. Sympathie beim Gegenüber einzubüßen oder ihn zu verärgern bzw. zu enttäuschen. Es entsteht unter Umständen die Angst, als gefühllos und egoistisch zu gelten. Nicht selten verbinden sich damit auch Furcht und Schuldgefühle, den anderen zu verletzen, ihn in Schwierigkeiten zu bringen oder nötige Hilfe zu verweigern. Im Extremfall meint man sogar, die Beziehung selbst stehe auf dem Spiel und man verliere zur Strafe für das Nein einen Freund oder Partner oder einen beruflichen Auftrag etc. Oder man fühlt sich verpflichtet, Ja zu sagen, weil bspw. das Gegenüber einem vor einiger Zeit auch einen Dienst erwiesen hat oder weil man meint, man sei letztlich abhängig von dem Wohlwollen des Gegenübers. Manchmal wird man jedoch einfach auch überrumpelt und sagt spontan zu, ohne die Folgen wirklich bedacht zu haben. Und einige Menschen glauben sogar, durch ständiges Jasagen ihr Geltungsbedürfnis befriedigen und sich als Märtyrer profilieren zu können.

Diese und viele Gründe mehr hindern Menschen daran, Nein zu sagen. Das hat wiederum häufig negative Auswirkungen auf das Selbstbewusstsein und das Selbstwertgefühl, denn es entsteht das Gefühl, nicht eigenständig entschieden zu haben, sondern abhängig zu sein von anderen. Daraus resultiert dann Ärger über den Gesprächspartner und dessen vermeintliche Ignoranz gegenüber unseren Bedürfnissen sowie über die zusätzlichen Arbeiten oder Aufgaben, die mit der Erfüllung der Bitte einhergehen. Es folgen Stress und Unwillen – und viele weitere negative Konsequenzen sind leicht vorstellbar. – Es zeigt sich also, dass das Jasagen keineswegs immer die bessere Wahl ist. Im Gegenteil: Die negativen Folgen eines unaufrichtigen Jas sind viel wahrscheinlicher als die o.g. Befürchtungen, die vor allen Dingen irrationale Ängste und keine Tatsachen sind. Trifft man jedoch auf ein halbwegs verständnisvolles Gegenüber, sind diese negativen Folgen sogar eher unwahrscheinlich, denn Nein zu sagen, heißt nicht, jemanden zu verprellen oder zu verletzen, sondern erst einmal bedeutet es, auch die eigenen und berechtigten Bedürfnisse zu beachten. Und das ist in jedem Falle legitim.

Trotz dieser Erkenntnis fällt es den meisten Menschen normalerweise recht schwer, Nein zu sagen. Die Anlagen dafür sind zum Teil in der kindlichen Entwicklung zu finden. In den so genannten Trotzphasen bei Kleinkindern, die jeder Mensch durchläuft, findet die erste Begegnung und Auseinandersetzung mit dem Neinsagen statt. Hier wird die Wirkung des Wortes ausgiebig erprobt, und die Reaktionen der Bezugspersonen prägen die Erfahrungen. Die Reaktionen der Umwelt sind nun jedoch in den überwiegenden Fällen ablehnend oder tadelnd, denn Kinder in der Trotzphase sagen zu allem und jedem Nein. Und diese negative Grunderfahrung wirkt unbewusst weiter und erzeugt auch später im Erwachsenenalter noch Angst vor Ablehnung und Strafe, wenn es darum geht, Nein zu sagen.

Die oben genannten Ausführungen haben aber bereits gezeigt, wie wichtig es ist, auch Nein sagen zu können. Und ein erster Schritt dorthin besteht oft schon darin, erst einmal nicht sofort und immer Ja zu sagen, sich also nicht überrumpeln oder in die Enge treiben zu lassen. Denn häufig wird eine Zusage ohne großes Nachdenken – und ebenso beiläufig wie die Bitte selbst – gegeben. Einige Zeit später kommt dann das böse Erwachen, wenn klar wird, welche Folgen diese Zusage nach sich zieht.

Deshalb ist oft schon überaus hilfreich, sich erst einmal etwas Zeit zum Nachdenken zu nehmen und den Fragenden zu bitten, ein paar Minuten auf die Antwort zu warten. Dann ist es möglich, in kurzer Zeit einige entscheidende Punkte zu klären: Was genau ist das Anliegen? Habe ich überhaupt genügend Kapazitäten frei, um der Bitte nachzukommen? Habe ich Lust, das zu tun? Welche Dinge könnten evtl. darunter leiden, dass ich diese zusätzlichen Aufgaben übernehme? In welcher Beziehung stehe ich zu dem Fragenden? Welche Auswirkungen hätte eine mögliche Ablehnung? Usw.

Ergibt diese Bestandsaufnahme, dass es sinnvoll und notwendig ist, Nein zu sagen, ist es wichtig, dieses Nein auch eindeutig und unmissverständlich auszusprechen und nicht irgendwelche fadenscheinigen Begründungen anzuführen. Diese würden nur dazu führen, dass vom Fragenden der Versuch unternommen wird, durch Überreden doch noch eine Zusage zu erwirken. Oder sie belasten die Beziehungsebene, da der Fragende durchschaut, dass es nur Ausreden sind und keine begründeten Erklärungen. (Die oben besprochenen Ich-Botschaften können sicher auch hier hilfreich sein.)

Um durch das Nein das Gegenüber nicht vor den Kopf zu stoßen, können einige Hilfestellungen hinzugezogen werden, die ein Nein in seiner Schärfe auf der Beziehungsebene etwas abmildern – auf der inhaltlichen Ebene sollte das Nein jedoch klar und deutlich bleiben:

- Wird ein Nein begründet, fällt es dem Gesprächspartner oft leichter, es zu akzeptieren.
- Zeigt der Gefragte Verständnis für das Anliegen, wirkt die Absage nicht wie eine Ablehnung der Sache selbst, sondern zeigt, dass er andere Gründe hat, der Bitte nicht nachzukommen.
- Manchmal ist es auch möglich, eine Zusage zeitlich einzuschränken oder nur einen Teil des Anliegens zu übernehmen.
- Auch Ersatzvorschläge oder alternative Lösungsansätze können dem Fragenden unter Umständen weiterhelfen. Dadurch wird signalisiert, dass sein Anliegen ernst genommen wird.

Diese Möglichkeiten können dabei helfen, sich selbst zu „erlauben", Nein zu sagen. Denn sie zielen darauf ab, die Beziehungsebene möglichst unbeschadet zu lassen und die Sache selbst trotz einer Zurückweisung ernst zu nehmen, ohne dabei die eigenen Bedürfnisse zu vernachlässigen. Die eigenen Bedürfnisse müssen nicht immer zurückstehen – auch wenn dann schnell der Vorwurf des Egoismus im Raum steht. Doch sich selbst zu behaupten, für die eigenen Befindlichkeiten zu sorgen, sich vor Schaden zu bewahren und selbst zu entscheiden, was man tut und was nicht, ist kein Egoismus. Es ist vielmehr Ausdruck einer souveränen und verantwortungsvollen Persönlichkeit, die weiß, was sie leisten kann, wo ihre Grenzen sind und was für sie wichtig ist. Jeder Mensch muss mit seinen Kapazitäten haushalten, denn weder Zeit noch Energie stehen unbegrenzt zur Verfügung. Und wer seine Grenzen kennt und diese auch einhält, der wird langfristig davon profitieren.

Wie weit die Akzeptanz dieser Ansichten reicht, überprüft man zuerst am besten an sich selbst:

- Wie verhalte ich mich, wenn mir auf eine Bitte mit Nein geantwortet wird?
- Kann ich ein Nein akzeptieren?
- Versuche ich durch Überreden oder Insistieren doch noch ein Ja zu erreichen?
- Fühle ich mich vor den Kopf gestoßen oder enttäuscht durch ein Nein?
- Ändere ich daraufhin meine Ansichten über diese Person? In welche Richtung und warum?

Auch in diesem letzten Beispiel für Sonderfälle in der Gesprächsführung hat sich gezeigt, dass insbesondere in schwierigen kommunikativen Situationen oder Konstellationen die Beziehungsebene das Element ist, das über Erfolg oder Misserfolg von Kommunikation entscheidet und das im Gegenzug auch vom Erfolg oder Misserfolg beeinflusst wird. Der souveräne und partnerschaftliche Umgang mit dem Gegenüber, ihn zu akzeptieren und ernst zu nehmen, dabei sich jedoch selbst nicht zu verlieren – all das sind Voraussetzungen, um auch anspruchsvolle Situationen meistern zu können.

Eine Herausforderung und Bewährungsprobe für die souveräne Persönlichkeit stellen auch die folgenden Situationen dar.

6.3 Souverän und verantwortungsvoll handeln

In den bisherigen Ausführungen dieses Buches wurde immer wieder betont, dass eines der wesentlichsten Merkmale einer souveränen Persönlichkeit die Fähigkeit und Bereitschaft ist, für das eigene Entscheiden und Handeln die Verantwortung zu übernehmen. Nur wenn Selbstbestimmung getragen wird von Eigenverantwortlichkeit, wenn man für das, was man tut oder unterlässt, einsteht, ist es überhaupt möglich, zu einem souveränen Menschen heranzureifen.

Der Philosoph Ottfried Höffe definiert Verantwortung wie folgt: *Verantwortung bezeichnet eine dreistellige Beziehung: die Zuständigkeit von Personen für übernommene Aufgaben bzw. für das eigene Tun und Lassen, auch für Charaktereigenschaften vor einer Instanz, die Rechenschaft fordert: z.B. vor einem Gericht, vor den Mitmenschen, auch vor dem Gewissen oder vor Gott.*[67]

Souveränität ist ohne Verantwortung nicht möglich. Und jeder Mensch wird immer wieder mit Situationen konfrontiert, in denen beide Größen sich bewähren müssen. Und je anspruchsvoller die Tätigkeiten werden, je weiter die Entwicklung der eigenen Persönlichkeit voranschreitet, je mehr Menschen von den Entscheidungen und Handlungen betroffen sind, umso dringender stellt sich die Notwendigkeit von individueller Verantwortung. Der Philosoph Hans Jonas hat bereits im Jahr 1979 in seinem bekannten Buch *Das Prinzip Verantwortung* mit viel Weitblick und sehr eindringlich erläutert, warum es in unserer heutigen Gesellschaft von so großer Wichtigkeit ist, dass die Menschen ihre individuelle Verantwortung anerkennen und bewusst annehmen. Anhand einiger Grundgedanken Hans Jonas' soll im Folgenden auf verschiedene grundlegende Einsichten zum Thema der Verantwortung hingewiesen werden, die als Basis zu betrachten sind für die weiterführenden Punkte dieses Abschnitts. Denn in den nachfolgenden Darlegungen werden Konstellationen und Handlungen betrachtet, die in besonderer Weise davon abhängig sind, ob Souveränität und Verantwortungsbewusstsein in ausreichendem Maße zum Tragen kommen.

6.3.1 Das Prinzip Verantwortung

Hans Jonas stellt in seinen Ausführungen fest, dass die technologischen Entwicklungen des 20. Jahrhunderts den zeitlichen und räumlichen Wirkungskreis menschlichen Handelns in globale Ausmaße geführt haben. Die herkömmlichen ethischen Grundsätze haben aber bisher vor allen Dingen das unmittelbare Zusammenleben der Menschen geregelt, das sich in räumlich und zeitlich nah beieinander liegenden Bereichen abgespielt hat. Damit waren die Auswirkungen des eigenen Handelns überschaubar und ließen sich gut abschätzen. Für die neuen Entwicklungen trifft dies jedoch nicht mehr zu. Deshalb reichen althergebrachte ethische Handlungsgrundsätze nicht mehr aus, um das moderne Leben sinnvoll zu regulieren. Denn mit den außergewöhnlichen

Fortschritten in der Hochtechnologie stieg auch die Reichweite menschlichen Handelns enorm an. Die Folgen menschlichen Agierens reichen inzwischen fern in die Zukunft hinein und weit über die nahe Umgebung hinaus, und die Konsequenzen betreffen den Handelnden selbst oft gar nicht mehr, nicht einmal die Menschen seines näheren Umfeldes. Die Auswirkungen des Handelns sind für den Einzelnen in vielen Teilen nicht mehr einsehbar und verlieren damit ihren Bezug zur auslösenden Handlung. Viele Folgen sind überdies nicht umkehrbar und werden damit den nachfolgenden Generationen als Lebensumstände quasi aufgezwungen.

Als Beispiel wären hier die verheerenden Folgen von Umweltzerstörung und Klimawandel zu nennen, die wir unserer Nachwelt überlassen und die schon jetzt nicht nur die Menschen betreffen, die sie verursacht haben, sondern jeden Menschen auf der Erde, unabhängig davon, wie und wo er selbst lebt. Ein weiteres Beispiel sind die endlichen Rohstoffvorräte, die wir verbrauchen, und nicht zu vergessen ist der gefährliche Sondermüll, den wir produzieren und der zum Teil noch Menschen in tausend und mehr Jahren beschäftigen wird. Und die Manipulationen von genetischem Material von Pflanzen, Tieren und des Menschen selbst sind in ihren langfristigen Effekten kaum abzuschätzen.

Unsere Entscheidungen in der Gegenwart betreffen also auch zukünftige Generationen, die an den Entscheidungen selbst nicht mitgewirkt haben, dafür jedoch unsere Rechnungen bezahlen.

Mit dieser Entwicklung ändert sich auch der Inhalt von Verantwortung: Verantwortung zu übernehmen, bedeutet in unserer Zeit also auch, zeitlich und räumlich weitreichende Folgen des Handelns abzuschätzen und zu beurteilen. Das ist jedoch weitaus leichter gesagt als getan, denn gerade bei modernen hochkomplexen Technologien lassen sich über zukünftige Wirkungen kaum sichere und verlässliche Aussagen treffen. So können auch gute Absichten langfristig schlechte Folgen haben. Wer weiß schon, ob ein Eingriff in das menschliche Erbgut, der heute vielleicht eine Erbkrankheit auslöscht, in ferner Zukunft nicht einen schweren Schaden am Genpool der gesamten Menschheit verursacht? Es braucht ethische Entscheidungskriterien, die auf die hochkomplexen Zusammenhänge reagieren, in denen unsere moderne Welt funktioniert und die für den Einzelnen einfach nicht zu überschauen sind.

Hans Jonas bringt an dieser Stelle die persönliche Verantwortung ins Spiel: Es gilt, die eigenen Entscheidungen und Handlungen danach zu befragen, ob man für deren Konsequenzen persönlich die Verantwortung übernehmen kann, d.h. ob die möglichen Folgen mit den eigenen inneren Überzeugungen zu vereinbaren sind. Unverzichtbare Voraussetzung dafür ist, dass man sich des eigenen Wertesystems bewusst ist, denn nur so wird ein Abgleich damit möglich. Die Bewusstwerdung der eigenen Persönlichkeit ist demnach notwendige Bedingung für verantwortungsvolles Handeln. Das bedeutet jedoch auch, dass ich für Entscheidungen, deren Folgen ich nicht abschätzen kann, auch nicht die Verantwortung übernehmen kann. – Und so eine Entscheidung sollte ich nicht treffen.

Menschliche Entscheidungen orientieren sich also an zwei Aspekten: Entscheidungen sollten einerseits natürlich den äußeren Bedingungen und Anforderungen der Sache gerecht werden, andererseits auch in Einklang stehen mit unserem inneren Wertesystem, damit wir sie wirklich selbst verantworten können.

6.3.2 Souverän Entscheidungen treffen

Dieses Prinzip von Hans Jonas lässt sich im Grunde für jede anstehende Entscheidung anwenden. Und Entscheidungen treffen Menschen jeden Tag, denn sie sind ein wesentlicher Bestandteil der eigenen Lebensgestaltung. Wer sein Leben selbstbestimmt gestalten will, kommt nicht umhin, verantwortungsbewusste Entscheidungen, die die Konsequenzen mit einschließen, zu treffen. Souverän zu entscheiden, bedeutet also, verantwortungsbewusst zu entscheiden.

Die konkrete Entscheidungsfindung verläuft in mehreren Schritten: Sie beginnt damit, die vorliegende Situation, die eine Entscheidung erfordert, erst einmal zu analysieren und verschiedene Entscheidungsvarianten zu entwickeln, die anschließend miteinander verglichen werden. Teil dieses Abwägens ist auch die Einschätzung des Risikos, das die einzelnen Alternativen beinhalten. Schließlich wird die beste mögliche Alternative ausgewählt und durchgeführt.

Das klingt im Prinzip ganz einfach. Doch oft wird dieser Vorgang beeinflusst von Größen, die eine Entscheidungsfindung mitunter erheblich erschweren. Dazu gehören z.B. fehlende Informationen oder zweifelhafte Informationsquellen, die es unmöglich machen, die Sachlage zutreffend und umfassend zu erkennen. Außerdem ist es unmöglich, immer alle Aspekte und Zusammenhänge einer Situation zu überblicken. Ungewissheit und Risiko sind auch immer Teil von Entscheidungsfindungen. Oft verschärft überdies Zeitdruck die Situation, da Analysen oder Vergleiche verkürzt werden müssen und so das Ergebnis eventuell verfälschen. Und schließlich kann man mit einer Entscheidung auch einfach einmal falsch liegen.

Die Angst vor den Konsequenzen einer möglichen Fehlentscheidung verhindert nicht selten das Entscheiden überhaupt. Das Risiko, das jeder Entscheidung innewohnt, schreckt viele Menschen davon ab, Entscheidungen zu treffen und sie auch umzusetzen. Manche denken lieber noch einmal genau über alles nach, als sich auf eine bestimmte Richtung festlegen zu lassen, oder schieben die Entscheidung so lang vor sich her, bis der richtige Zeitpunkt verstrichen ist. Auf der anderen Seite gibt es auch diejenigen, die meinen, es sei ihre Pflicht, immer und überall alles zu entscheiden und sofort umzusetzen. Diesen Menschen unterläuft häufig der Fehler, dass sie verfrüht und unüberlegt agieren und so oft die falsche Entscheidung treffen.

Für eine verantwortungsvolle Entscheidungsfindung ist jedoch unverzichtbar, über ausreichend verlässliche Informationen über die Ausgangssituation, die Beteiligten, die Betroffenen, das gewünschte Ergebnis und mögliche Folgen etc. zu verfügen.

Denn nur, wer diese Informationen hat, kann überprüfen, ob er für die denkbaren Konsequenzen seines Handelns die Verantwortung übernehmen kann. Außerdem gilt es auch, über einige Bedingungen der Entscheidung (selbstkritisch) zu reflektieren. Dabei helfen Fragen wie z.B.:

- Beziehe ich meine Informationen aus zuverlässigen Quellen?
- Worauf stütze ich meine Entscheidung außerdem? Und was gibt letztlich den Ausschlag?
- Pflege ich einen bestimmten Stil in meiner Entscheidungsfindung? Wer könnte mir einen alternativen Blickwinkel auf die Situation verschaffen?
- Lasse ich mich von der Meinung anderer stark beeinflussen?
- Welche Fehler habe ich in der Vergangenheit gemacht? Kann ich aus ihnen einen Nutzen ziehen für die jetzige Entscheidung?
- Habe ich die Alternativen wirklich geprüft?
- Was passiert, wenn ich keine Entscheidung treffe?

Irgendwann kommt ein Entscheidungsprozess jedoch an den Punkt, an dem zusätzliche Daten und weiterführende Überlegungen nicht mehr helfen und die Entscheidung getroffen werden muss – und das dann letztlich auch mit dem Vertrauen auf das eigene „Bauchgefühl“ und auf den eigenen Erfahrungsschatz, den frühere Erfolge und auch Misserfolge zur Verfügung stellen.

Doch auch eine überlegte und verantwortungsvoll getroffene Entscheidung bleibt bedeutungslos, wenn sie nicht in die Tat umgesetzt wird. Die Idee selbst ist nicht das Ziel der Bemühungen, sondern die Verwirklichung der Idee. Nur die Umsetzung der Entscheidung kann den Erfolg (oder Misserfolg) bringen, kann zeigen, ob die Entscheidung richtig war oder falsch. – Um zu sehen, ob sich Erfolg einstellt oder nicht, ist es notwendig, den Verlauf der Umsetzung aufmerksam zu beobachten, um ggf. noch korrigierend eingreifen zu können, falls sich die Entscheidung als ungünstig oder gar falsch erweisen sollte. Dabei ist es wichtig, die konkreten Ereignisse und Folgen so klar und objektiv wie möglich zu beurteilen, um nötige Korrekturen erkennen und auch eingestehen zu können.

Eine souveräne Persönlichkeit schützt nämlich nicht davor, Fehler zu begehen und auch einmal eine falsche Entscheidung zu treffen. Das beeinträchtigt die Souveränität jedoch nicht, solange es einen bewussten und konstruktiven Umgang mit der eigenen Fehlentscheidung gibt. (Im ersten Kapitel ist auf die Problematik des Umgangs mit Fehlern bereits eingegangen worden.) Dazu gehört zuerst einmal, überhaupt zu erkennen bzw. anzuerkennen, dass eine bestimmte Entscheidung ein Fehler war und die Umsetzung negative Folgen hat. Wenn möglich, gilt es, kurzfristig und entschlossen einzuschreiten, um zu retten, was zu retten ist. Sich an der verfahrenen Situation festzuhalten, bloß um keinen Fehler eingestehen zu müssen, wäre der nächste große Fehler, der vermutlich nur weitere Fehlentwicklungen nach sich ziehen würde. Besser ist es, den Fehler anzunehmen und nach Ursachen für die Fehlentscheidung zu suchen, um sie möglicherweise noch rückgängig zu machen. Dazu ist es hilfreich, die einzelnen Schritte der Entscheidungsfindung zurückzuverfolgen, um dort vielleicht den Fehler zu finden. Ggf. könnte man dann von dort aus die einzelnen Folgeschritte neu zusammensetzen oder – falls es damit nicht getan ist – auch Ersatz für die Schwachstellen finden. Manchmal lassen sich durch gezielte Ergänzungen oder Abstriche bereits nachhaltige Wirkungen erzielen. Im Extremfall kann es aber auch nötig sein, das ursprüngliche Vorgehen zu verwerfen und einem Plan B zu folgen. Stellt sich heraus, dass die Ursachen für den ausschlaggebenden Fehler bei einem selbst liegen, ist es ratsam, andere Personen als Hilfe hinzuzuziehen. Auch souveräne Menschen müssen nicht alles wissen und können, aber sie müssen erkennen, wo ihre Grenzen sind und in welchen Bereichen sie auf Hilfe von anderen angewiesen sind.

Gerade im Umgang mit Fehlentscheidungen und negativen Konsequenzen zeigt sich, ob die Entscheidung wirklich auf Basis einer souveränen Grundhaltung getroffen wurde. Denn hier gilt es, auch für Schwierigkeiten die Verantwortung zu übernehmen, für Probleme gerade zu stehen und in Verantwortung gegenüber allen Beteiligten eine Lösung zu suchen. – Sich für Erfolge zu verantworten, fällt jedem leicht, darüber hinaus auch für Misserfolge einzustehen, das macht den souveränen Charakter aus.

6.3.3 Souverän führen

Führung bedeutet nicht Herrschaft, sondern die Kunst, Menschen dazu zu bringen, daß sie für ein gemeinsames Ziel arbeiten.[68] – So definiert Daniel Goleman, was unter „führen" zu verstehen ist. Für ihn ist Führungsarbeit eng verbunden mit den Grundlagen der emotionalen Intelligenz wie z.B. Teamwork, offene und partnerschaftliche Kommunikation, Kooperation etc. Das ist auch sehr nahe liegend, denn ganz allgemein ist unter Führung das Führen von Menschen zu verstehen, sodass hierbei soziale Kompetenzen und Emotionale Intelligenz eine überaus große Rolle spielen. Schließlich entscheiden diejenigen, die geführt werden, ob sie den Führenden als wirkliche Führungspersönlichkeit anerkennen. Eine souveräne Ausstrahlung beweist sich tagtäglich aufs Neue, und niemand kann sich dieses Attribut einfach zuschreiben, wenn es der Bewährungsprobe des Alltags nicht standhält.

Als unverzichtbare Basis im Umgang mit Menschen sind Achtung und Respekt vor anderen festzuhalten. Das gilt für alle Lebensbereiche und insbesondere für diejenigen, in denen ungleiche Machtverhältnisse dazu verleiten könnten, von diesem Grundsatz abzuweichen. Die Führungsarbeit gehört zweifelsohne dazu. Und so haben sich im Laufe der Zeit Führungsstile entwickelt, die darauf bauen, die Mitarbeiter immer mehr als wertvolle Partner zu sehen, denen die Führungsriege Hilfestellung zur Entfaltung der eigenen Stärken und zum Erreichen von Höchstleistungen gibt. Autoritäres Führungsgebaren ist längst obsolet, weil es den Gegebenheiten der sich verändernden Wirklichkeit und dem Anspruch des respektvollen Miteinanders nicht gerecht werden kann. (Im ersten Kapitel ist darauf bereits hingewiesen worden.) So legitimiert sich Führungsanspruch nicht mehr über Autorität, die durch eine hohe Position verliehen wird, sondern allein durch die Persönlichkeit, durch das Charisma des Führenden. Persönliche Integrität, Ausstrahlungskraft, Verantwortungsbewusstsein und Souveränität sind die Aspekte, mit denen eine Führungskraft heutzutage überzeugen kann und muss. Denn hohe Leistungsbereitschaft, Motivation und Eigeninitiative der Mitarbeiter, ohne die kein Unternehmen mehr auskommt, entstehen nicht aus Pflichtgefühl gegenüber einem Vorgesetzten, sondern aus gegenseitigem Vertrauen, Glaubwürdigkeit und gemeinsamen Zielvorstellungen.

Die souveräne Führungspersönlichkeit wird damit zum ausschlaggebenden Faktor für den Erfolg eines Unternehmens, denn an ihr entscheidet sich letztlich, wie die Belegschaft zusammenarbeitet, wie das Verhältnis der Mitarbeiter untereinander und zu den Vorgesetzten ist, ob die Mitarbeiter zu Höchstleistungen motiviert sind und ob sie ausreichend Freiräume haben, um ihr Potenzial wirklich zu entfalten. Führen beinhaltet deshalb nicht nur, selbst entschieden und eigenverantwortlich zu handeln, sondern eben dieses Verhalten auch bei anderen zu fördern und zu unterstützen. Das setzt eine souveräne Persönlichkeit voraus, die über ein gutes Selbstwertgefühl verfügt, sich selbst gut kennt und aufmerksam ihre Umwelt und ihre Mitmenschen wahrnimmt.

Solche Anforderungen machen Führungsarbeit nicht gerade leichter, denn es gibt keine Standardlösungen für diese Art von Führung. Mitarbeiter sind Menschen, und Menschen sind nun einmal individuell. Der Arbeitsalltag ist hochkomplex und auch Manager sind Individuen, sodass Patentrezepte und einheitliche Stilvorgaben den Anforderungen der Wirklichkeit nicht gerecht werden. Führungsentscheidungen können unter diesen Bedingungen nur zum Erfolg führen, wenn sie Gemeinsamkeiten und Übereinkünfte zwischen Management und Mitarbeitern zur Grundlage haben, wenn alle Beteiligten das gleiche Ziel haben. Dann sind auch alle bereit, eigenverantwortlich an der Umsetzung des Ziels zu arbeiten und ihr Bestes zu geben. Nur dann werden kreative Energien frei, und Innovationen können entstehen. Souveränen Führungskräften ist bewusst, wie wichtig das Potenzial und die freie Entfaltung der Mitarbeiter für den Erfolg des Unternehmens ist. Sie sind deshalb bestrebt, den Mitarbeitern nah zu sein, statt von einer hohen Position fern vom eigentlichen Geschehen Anweisungen zu geben. Sie sind wirklich an den Menschen und ihren Fähigkeiten interessiert, da sie wissen, dass sie für den Erfolg des Unternehmens unverzichtbar sind. Souveräne Manager begreifen die einzelnen Mitarbeiter und deren Ansichten, Fähigkeiten und Fragen als Bereicherung für das ganze Unternehmen und fördern die offene Kommunikation darüber. Und je größer das Vertrauen eines Managers in sich selbst, je stärker seine Persönlichkeit ist, umso mehr wird er auch Vertrauen in seine Mitarbeiter setzen können. Und dieses Vertrauen wird auch die Erwartungen positiv stärken, die er an seine Mitarbeiter hat. Wie wichtig eine positive Einstellung zu sich selbst und zu seinen Mitmenschen ist, wurde im ersten Abschnitt dieses Kapitels schon erläutert. Denn niemand wird mehr erreichen, als er sich selbst zutraut bzw. als von ihm erwartet wird. Wer Höchstleistungen will, muss auch Höchstleistungen erwarten. Fehlt einem Vorgesetzten dieses Vertrauen in die Leistung des Mitarbeiters, äußert sich dies häufig in der verminderten Erwartung an die Leistung, in der Begrenzung der eigenverantwortlichen Tätigkeiten des Mitarbeiters, in übertriebenen Kontrollen und Regelungen etc. Das führt dazu, dass die Motivation des Mitarbeiters rapide sinkt und er schließlich über kurz oder lang den negativen Erwartungen gerecht werden wird (sich selbst erfüllende Prophezeiung).

Mitarbeiter brauchen demnach Freiräume, die ihrer eigenen Verantwortung unterliegen, in denen sie selbst wählen und bestimmen können, für welchen Weg sie sich entscheiden. Oft führen viele verschiedene Wege zum Ziel, die sich bspw. in der Methode, in den Mitteln oder auch in der Reihenfolge der Arbeitsschritte unterscheiden. Eigenverantwortlich agierende Mitarbeiter können hier selbst am besten entscheiden, welcher Weg für sie am effektivsten ist. Das heißt auch, dass nicht unbedingt notwendige Regelungen, Vorschriften und Richtlinien einfach wegfallen können, um die Eigenständigkeit der Mitarbeiter zu fördern. Besonders wertvoll wird eigenständiges Arbeiten, wenn die Mitarbeiter Zeit und Raum haben, auch kreative Ideen auszuprobieren und mögliche besondere Talente jenseits ihres Aufgabenbereiches in die Arbeit mit einzubringen. Das kann jedoch nur dann wirklich positive Effekte mit sich bringen, wenn Führungskräfte diese Freiräume ihrer Mitarbeiter nicht als Verlust von Einflussmöglichkeiten auffassen und als Bedrohung ihrer Macht empfinden.

Wie im ersten Kapitel des Buches schon ausgeführt, ist es für einen Manager deshalb notwendig, Vertrauen zu seinen Mitarbeitern zu haben, dies auch zu zeigen und die entsprechenden Konsequenzen daraus zu ziehen. Auf der anderen Seite ist es ebenso wichtig, das Vertrauen der Belegschaft in das Management zu erwerben. Das kann nur gelingen, wenn hier Eigenverantwortung, Selbstständigkeit, Gerechtigkeit, Kreativität und Leistungsbereitschaft vorgelebt werden und wenn offen in alle Richtungen kommuniziert wird.

Nur unter derartigen Voraussetzungen ist es möglich, dass Menschen in ihrer Arbeit auch Sinn finden, sich selbst entfalten und zufrieden sein können mit ihrer Leistung. Und einen Sinn in der eigenen Tätigkeit zu sehen, wird immer mehr zum ausschlaggebenden Faktor für das Entstehen von Motivation. Materielle Anreize verlieren an Bedeutung, wenn die tagtägliche Aufgabe sinnlos erscheint. Die persönliche Weiterentwicklung, Eigenverantwortung und ein sinnvolles, gutes Leben sind für viele Menschen inzwischen von größerer Wichtigkeit als materielle Erfolge. Und nur wenn Führungskräfte dieses Bedürfnis erkennen und Möglichkeiten bieten, es zu befriedigen, werden sie ihre Mitarbeiter langfristig zu hohen Leistungen anregen und damit dem Unternehmen zum Erfolg verhelfen.

6.3.4 Lob und Anerkennung

Bekanntermaßen kann Loben sehr zwiespältig aufgefasst werden. Das liegt daran, dass zwar einerseits mit dem Lob Wertschätzung für die Person und Anerkennung für die erbrachte Leistung ausgedrückt werden sollen; andererseits impliziert Loben hierarchische Ungleichheit, die den höher Stehenden ermächtigt, dem tiefer Gestellten Lob zuteil werden zu lassen. Derjenige, der in der Hierarchie übergeordnet ist, entscheidet, was richtig und lobenswert ist. Lob findet also nicht auf gleicher Augenhöhe statt.

Diese Ungleichheit lässt hin und wieder den Eindruck entstehen, dass die vermeintlich anerkennenden Worte von einer höheren Sphäre gnädig (nach unten) fallen gelassen werden, einzig aus dem Grund, um sich selbst zur höheren Instanz zu erklären. Außerdem wird Lob in manchen Fällen verdächtigt, zu Manipulationszwecken missbraucht oder nur aus taktischen Gründen eingesetzt zu werden, sodass der eigentliche Sinn von Lob – nämlich die Anerkennung und Wertschätzung – verschwindet und stattdessen Misstrauen über die verborgenen Motive hinter dem Lob entsteht. Auch das unbedachte und zu häufige Loben verkehrt die Wirkung ins Gegenteil, denn übermäßige Lobhudelei zeigt eher Desinteresse und Unaufmerksamkeit.

Gerade in Unternehmen lässt der Stil des Lobens an manchen Stellen noch sehr zu wünschen übrig. Hier begehen Vorgesetzte nicht selten den Fehler, Standardformeln im Vorbeigehen zu äußern, ohne die Person und die konkrete Leistung des Gelobten tatsächlich zu würdigen. Manche Führungskräfte meinen auch, sie sollten immer mal wieder nach dem Gießkannenprinzip Lob verteilen, und denken sich: je mehr, desto besser. Oder das Loben ist nur der übliche Auftakt zur anschließenden Kritik, um das Gespräch mit etwas „Positivem" zu eröffnen, und der Angesprochene weiß bereits nach dem ersten Satz, was das Ziel des Lobens sein wird. Die Folge all dieser Missgriffe ist, dass der „Gelobte" alles andere als Wertschätzung und Zuwendung empfindet. Angesichts dieses Verhaltens wird er sicher bald Zweifel an der Integrität und Führungsqualität seines Vorgesetzten hegen und damit auch das Vertrauen in dessen Arbeit verlieren, was wiederum Auswirkungen auf seine eigene Arbeit haben wird. – Auf so ein Lob sollten Vorgesetzte also getrost verzichten.

Doch jeder Mensch hat das Bedürfnis nach Anerkennung, Zuwendung und Wertschätzung. Das Bedürfnis nach Zuwendung und Aufmerksamkeit ist so stark, dass z.B. Kinder, die von ihren Eltern keine positive Zuwendung erleben, unter Umständen sogar verhaltensauffällig und aggressiv werden, um überhaupt Beachtung zu erfahren – und sei es in Form von Bestrafungen oder Tadel.

So weit kommt es in beruflichen Zusammenhängen natürlich in der Regel nicht, doch auch hier scheint echte Anerkennung durchaus Mangelware zu sein. Und das heißt nicht unbedingt, dass auch ein Mangel an Lob vorherrscht. Nur sind Loben und Anerkennen eben nicht identisch miteinander. – Loben basiert auf einem ungleichen Verhältnis der Beteiligten und ist in der Regel nicht von beiden Seiten durchführbar. Dass ein Angestellter seinen Chef loben könnte, ist kaum vorstellbar. Allerdings ist es sicher denkbar, dass ein Angestellter seinem Chef seine Anerkennung ausdrückt und sich ehrlich mit ihm über einen Erfolg freuen kann. Und genauso ist es möglich und wünschenswert, dass ein Vorgesetzter auf gleicher Augenhöhe mit seinem Mitarbeiter dessen Leistung anerkennt, den Erfolg würdigt und aufrichtig Anteil nimmt an der

Arbeit. Voraussetzung dafür ist, dass der Vorgesetzte echtes Interesse an dem Menschen hat und ihm mit wirklicher Aufmerksamkeit begegnet – unabhängig von der aktuellen Leistung. Es gilt, den Menschen ernst zu nehmen.

Zugewandtheit und partnerschaftliches Miteinander sind notwendig, um echte Anerkennung zu ermöglichen, die die Hierarchien überbrückt. Dass hiermit kein Machtverlust einhergeht, sondern im Gegenteil die Persönlichkeit, die Akzeptanz und die Vertrauenswürdigkeit einer Führungskraft stärkt, ist souveränen Menschen bewusst. Mitarbeiter, die auf diese Weise Respekt und Wertschätzung von ihren Vorgesetzten erfahren, werden sicher über ein starkes Selbstwertgefühl verfügen. Das steigert ihre Fähigkeit, selbstbestimmt und eigenverantwortlich zu handeln, und wirkt sich positiv auf ihre Motivation und ihre Leistungsfähigkeit aus. Und dies zu fördern, gehört zum Aufgabenbereich jeder Führungskraft.

Es kann also als Ausdruck von ausgeprägter Souveränität gewertet werden, wenn jemand in der Lage ist, Hierarchien hinter sich zu lassen, vom hohen Podest herunterzusteigen und wirklich anzuerkennen, was eine andere Person geleistet hat und wozu sie fähig ist, statt von weit oben gönnerhaft etwas Lob zu verstreuen. Und Verantwortung kann man auch nur für echte Anerkennung übernehmen, die auf Tatsachen und wirklicher Wertschätzung beruht. Für ein Lob, das nur pro forma oder aus Gewohnheit ausgesprochen wurde, kann man im Zweifelsfalle schlecht geradestehen.

6.3.5 Souveräne Selbst-PR

Um in der heutigen Zeit im Berufsleben nachhaltig Erfolg zu haben, ist eine gelungene Selbst-PR beinahe unverzichtbar. Denn auch die Berufswelt ist geprägt von Komplexität, Dynamik, scheinbar unendlicher Angebotsvielfalt (das gilt auch für das Angebot an Arbeitskräften) und steten Wandel. Wer bei dieser Bewegung nicht auf der Strecke bleiben will, kommt an der Notwendigkeit der Selbst-PR nicht vorbei.

Selbst-PR ist – einfach gesagt – nichts anderes als Marketing in eigener Sache. Und wie beim Unternehmens- oder Produktmarketing geht es darum, durch eine koordinierte und systematische Selbstdarstellung und Kontaktpflege auf sich selbst und die eigenen Leistungen aufmerksam zu machen. Dafür werden gezielt Informationen verbreitet, um die Wahrnehmung der eigenen Person im beruflichen Umfeld zu beeinflussen. Der Beginn einer erfolgreichen Selbst-PR liegt bereits in der Erkenntnis, dass ich selbst verantwortlich bin dafür, wie man mich wahrnimmt, und dass es von meiner eigenen Initiative abhängt, ob andere Menschen auf mich aufmerksam werden oder nicht. Mein Leben und meine Arbeit unterliegen meiner eigenen Verantwortung und dementsprechend kann und muss ich es selbst in die Hand nehmen, wenn ich etwas erreichen will.

Um im Beruf Erfolg zu haben, ist es längst nicht mehr hinreichend, seine Arbeit gut oder auch sehr gut zu machen, wenn niemand davon Notiz nimmt. Es ist notwendig geworden, seine Leistungen sichtbar zu machen. Für viele Menschen ist das ein Problem, denn es fällt ihnen schwer, über sich selbst positiv zu sprechen, die eigenen Qualitäten und Leistungen ausdrücklich in die Aufmerksamkeit anderer zu rücken. Sie wollen lieber höflich zurückhaltend sein und hoffen darauf, dass die richtigen Leute schon irgendwie bemerken, was wirklich in ihnen steckt. Das ist aber leider die seltene Ausnahme. Wer sicher sein will, dass er wahrgenommen wird, kommt nicht umhin, sich selbst darzustellen. Es ist wichtig, auf das Erreichte stolz zu sein und diesen Stolz auch zu zeigen.

Selbst-PR kann jedoch nur funktionieren, wenn es tatsächlich etwas zu vermarkten gibt. Bloße Schaumschlägerei, die nur eine schillernde Fassade aufbaut, hinter der sich letztlich aber nichts verbirgt, hat mit Selbst-Marketing nichts zu tun. Denn es geht nicht darum, kurzfristig Eindruck zu schinden, sondern langfristige und nachhaltige Erfolge zu erzielen. Und das ist nur möglich, wenn tatsächliche Qualitäten und Leistungen vorhanden sind. Selbst-PR baut also auf Authentizität und Glaubwürdigkeit.

Da man zu diesem Zwecke wissen muss, was genau man überhaupt vermarkten kann, steht am Anfang der systematischen Selbst-PR die Entwicklung eines klaren Bewusstseins über die eigene Persönlichkeit und das eigene Können. Die Erkenntnisse über die eigenen Charakteristika, Fähigkeiten und Qualifikationen etc. werden dann in Beziehung gesetzt zu einer vorherigen Einschätzung der eigenen Wirkung auf andere Menschen und der individuellen Positionierung (im Verhältnis zu Kollegen, Konkurrenten, Vorgesetzten etc.). Daraus ergeben sich Zielsetzungen hinsichtlich der Gestaltung des Auftretens und der Wirkung auf andere. Diese Ziele legen die konkreten Maßnahmen der geplanten Selbstdarstellung und der systematischen Präsentation der eigenen Leistungen fest, um schließlich als Endeffekt erfolgreich auf sich aufmerksam zu machen, bei den richtigen Menschen positiv in Erinnerung zu bleiben und sich als individuelle Persönlichkeit zu profilieren.

Wem dies gelingt, der hat die besten Voraussetzungen, um auch in der gegenwärtigen Berufswelt Erfolg zu haben, erfolgreich zu bleiben sowie seine beruflichen und persönlichen Ziele zu verwirklichen.

Spricht man von Selbst-PR, wird schnell der Vorwurf (oder die Befürchtung) laut, diese Methode fördere Arroganz und Eitelkeit, wenn Menschen dazu gebracht werden, selbstbewusst und eindringlich ihre eigene Person und ihre Arbeit zu präsentieren. Dieser Vorwurf läuft jedoch ins Leere, da Arroganz und Eitelkeit das Resultat von Selbstüberhebung aus Schwäche sind. Denn Menschen, die sich schwach fühlen, aber stark erscheinen wollen, brauchen die Herabsetzung anderer, um selbst stärker und größer zu wirken. Das hat jedoch nichts mit Selbst-Marketing zu tun, denn Selbst-PR beruft sich immer auf authentische Grundlagen, auf wirkliche Stärken. Und wer darauf zurückgreifen kann, braucht andere Menschen nicht zu schwächen oder klein zu machen, um sich über sie erheben zu können.

Die Methode der Selbst-PR kann an dieser Stelle nur grob skizziert werden. Es wird jedoch deutlich, dass viele Elemente des Selbst-Marketings mit den Merkmalen souveräner Persönlichkeiten korrespondieren. Hervorzuheben ist hier sicher der große Stellenwert der Eigenverantwortung und der Eigeninitiative. Doch auch die Selbsterkenntnis und Selbstreflexion, die die Grundlagen für eine gelungene Selbst-PR sind, sind Voraussetzungen für die Entwicklung zu einer souveränen Persönlichkeit. Dass Selbst-PR überdies auf Aspekte wie Selbstwertgefühl, Selbstbewusstsein, Authentizität, Kommunikationsfähigkeit, soziale Kompetenzen etc. zurückgreift, liegt auf der Hand; ebenso die Wechselwirkungen, die zwischen Souveränität und gelungener Selbst-PR entstehen.

Zusammenfassung

✓ Die Feststellung souveräner Eigenschaften bleibt bedeutungslos, wenn diese für das konkrete Handeln keine Folgen haben. Die souveräne Persönlichkeit kann sich letztlich nur in ihrem Verhalten zu den Mitmenschen und in ihren tatsächlichen Handlungen bewähren, nur in der konkreten Umsetzung zeigt sich, ob die persönliche Souveränität wirklich tragfähig ist.

✓ Eine positive Grundhaltung gegenüber sich selbst, dem eigenen Tun und anderen Menschen ist Ausdruck von persönlicher Souveränität. Sie zeigt sich z.B. in der Fähigkeit, Aufgaben und Situationen mit der nötigen Ruhe und Gelassenheit begegnen zu können, in einem souveränen Umgang mit den eigenen Gefühlen, in positiven Erwartungen an sich selbst und andere sowie im Win-win-Denken.

✓ Es gibt Sonderfälle in der Kommunikation, die in besonderem Maße auf persönliche Souveränität zurückgreifen und gleichzeitig, sofern sie gelingen, die Souveränität stärken. Dazu zählen u.a. der Small Talk, das Überzeugen anderer Menschen, das positive Sprechen und das souveräne Neinsagen.

✓ Souveränität ist eng verbunden mit der Fähigkeit und der Bereitschaft, für das eigene Handeln und die daraus resultierenden Konsequenzen die Verantwortung zu übernehmen und dementsprechend verantwortungsbewusst zu entscheiden. Der Philosoph Hans Jonas hat eindringlich beschrieben, warum es in unserer heutigen Gesellschaft von so überaus großer Wichtigkeit ist, persönlich Verantwortung zu übernehmen.

✓ Nur wer in der Lage und bereit ist, eigenverantwortlich zu entscheiden und zu handeln, kann letztlich wirklich souveräne Entscheidungen treffen. Gleichermaßen wichtig ist Verantwortung für die Bereiche der Führungsarbeit in Unternehmen und für eine systematische Selbst-PR.

Edzard Reuter: Nicht mit Blabla, sondern mit Mut

Ihr *Völker der Welt, schaut auf diese Stadt.* Diesen in die Geschichte eingegangenen Satz rief der Vater, Ernst Reuter, als erster Regierender Bürgermeister von Westberlin 1948 vor dem Reichstag. Ernst Reuter zählt zu den Gründungsvätern der Bundesrepublik Deutschland. Trotz der Berühmtheit des Politikers ist es Edzard Reuter schon früh gelungen, aus dem Schatten des Vaters hinauszutreten. Und auch er sollte für die Weiterentwicklung der Republik von großer Bedeutung sein, wenn auch weniger auf politischem Gebiet als vielmehr im Bereich der Wirtschaft.

Edzard Reuter zeigte schon früh eine Mischung aus unbeirrter Hartnäckigkeit und Entschlossenheit. Sein Ziel war es nicht nur, an der eigenen Karriere zu arbeiten, Reuter wollte aktiv am wirtschaftlichen Geschehen der aufstrebenden Industrienation teilnehmen und war überzeugt, hier einen wichtigen Beitrag leisten zu können. – Nachdem Reuter 1955 die Große Juristische Staatsprüfung ablegte, fand der Jurist seinen beruflichen Einstand bei der Ufa Berlin, wo er bis 1962 als Prokurist tätig war. Reuters wirkliche Absicht war es jedoch, im renommiertesten deutschen Unternehmen eine hohe Position zu bekleiden. Er wusste, dass ein Mensch mit hohen Zielen letztlich auf sich selbst gestellt ist und auch nach gescheiterten Versuchen nicht aufgeben darf. 1959, im Alter von 29 Jahren, bewarb sich Reuter bei der Daimler-Benz-AG – und wurde abgelehnt. Erst einige Jahre später war es so weit: 1964 war Reuter Mitglied im Vorstand des Konzerns und erreichte damit eine beachtliche Position. Was er jedoch wirklich wollte, das war der Vorstandsvorsitz. 1987 ist es schließlich gelungen: Der schon damals niemals opportune und also zuweilen etwas unbequeme Reuter wurde zum Vorstandsvorsitzenden gewählt, nachdem er zuvor zweimal übergangen worden war. Hiermit begann für Reuter eine Phase, die ihm viel Kritik und den Widerstand mächtiger Personen (nicht zuletzt auch im eigenen Hause) einbringen sollte. Der große deutsche Konzern diente seinem neuen Chef als Fundament, um seine Vision vom „integrierten Technologiekonzern“ zu verwirklichen. Für Daimler begann damit eine Kehrtwende der Unternehmenspolitik, die für die gesamte deutsche Wirtschaft von großer Signalwirkung sein sollte. Daimler war bereits das Symbol und Aushängeschild einer starken deutschen Wirtschaft schlechthin. Doch wer nun in einem solchen Konzern Änderungen herbeiführen und den Pfad des Altbewährten verlassen will, muss dabei zwangsläufig auf Widerstände stoßen – insbesondere dann, wenn die Ambitionen geradezu als visionär zu bezeichnen sind. Reuter ließ sich hiervon nicht abschrecken. Es sei dahingestellt, ob Reuter mit all seinen Entscheidungen nun tatsächlich immer richtig lag – vermutlich tat er es nicht –, doch seine tief in seiner Persönlichkeit verankerten Überzeugungen führten immerhin zu einer bundesweiten Überprüfung der geltenden Wirtschaftsgesetze.

Neben den konkreten Veränderungen innerhalb der Daimler-Benz-AG hatte Reuter weit über die Grenzen eines einzelnen Konzerns hinausgehende wirtschaftliche und gesellschaftliche Zielsetzungen. Diese lauten vereinfacht, sicherzustellen, dass das allgemeine Wohl Vorrang vor den eigensüchtigen Interessen des Einzelnen hat. Reuters Meinung nach sei dies – und nicht weniger – die Aufgabe der wirtschaftlichen und politischen Führungseliten. Andernfalls würden sie das Prädikat Elite nicht verdienen. Schon bei seinem Antritt bekannte sich Reuter zu einer offenen Unternehmenskultur, was für ihn heißt, dass *wir uns gleichrangig gegenüber den Kapitalgebern, gegenüber der Belegschaft und gegenüber der Umwelt verantwortlich fühlen und danach handeln.* Mit einem derartig weitreichenden Anliegen machte es sich der neue Konzernchef vor allem selbst nicht leicht. Auch war damit klar, dass Reuter als Vorstandsvorsitzender nicht allein auf Gewinnmaximierung bedacht war. Eben jener Umstand war mit dafür verantwortlich, dass er sein Amt 1995 an Jürgen Schrempp abgeben musste. Die damalige Bilanz des Konzerns war für viele (insbesondere auch für die Aktionäre) niederschmetternd. Das einstige Vorzeigemodell Daimler-Benz hatte mehr als nur einen Knacks bekommen. Und hierfür wurde zuallererst Reuter verantwortlich gemacht, was insofern nicht ganz gerecht sein mag, da sich parallel die globalen Wirtschaftsmärkte insgesamt stark veränderten. Nun lässt sich rückwirkend selten sagen, was gewesen wäre, wenn nicht Reuter, sondern ein anderer das Ruder in der Hand gehalten hätte. Wie auch immer, als Konzernchef galt Reuter damals als gescheitert, wofür er die Verantwortung übernommen hatte. – Dies änderte jedoch nichts daran, dass Reuter weiterhin unbeirrt für seine Überzeugungen eintrat – allerdings ohne dabei eigene Fehleinschätzungen zu leugnen. Nebenbei bemerkt sehen die heutigen Bilanzen der Daimler-Benz-AG auch nicht besser aus als 1995, inzwischen hat zudem auch noch der bis dato ungebrochen gute Ruf des Konzerns stark gelitten. Reuters Idee vom „integrierten Technologiekonzern“ und seine Absichten, sich auch der sozialen Verantwortung bewusst zu bleiben, gewinnen selbst für manche der damaligen Kritiker unter den heutigen Gesichtspunkten eine ganz neue Aktualität. Viele Unternehmen mussten mittlerweile leidvolle Erfahrungen genau damit machen, dass sie vorzugsweise auf schnelle Erfolge (Stichwort Shareholder-Value) setzten, statt auf Strategien zurückzugreifen, die sich einer größeren Nachhaltigkeit verschreiben. Zweifelsfrei hatte Reuter mit seinen Ideen das wirtschaftliche Geschehen der Nation dahingehend geprägt, dass verstärkt in einem umfassenderen Kontext gedacht und auch gehandelt wurde.

Nicht selten stieß Reuter auf Kritik, zuweilen auch auf völliges Unverständnis. Dennoch stand Reuter niemals auf verlorenem Posten oder völlig alleine da. Gelungen ist ihm dies insbesondere dadurch, dass er nicht nur Veränderungen von anderen forderte, sondern auch selbst Veränderungsbereitschaft zeigte und sich, wenn nötig, auch selbst korrigierte. Reuter steht bis heute für ein verzweigtes Denken, wobei sich seine Persönlichkeit niemals auf unverrückbare Positionen festnageln lässt. Dies demonstriert auch seine Parteimitgliedschaft bei der SPD. Dieses politische Statement darf hier nicht als Eingleisigkeit verstanden werden. Seine Mitgliedschaft hat Reuter niemals daran gehindert, über die ansonsten oft so starren Grenzen einer Partei hinauszusehen. Und manche Beobachter zeigten sich überrascht, dass Reuter Beziehungen zu Persönlichkeiten der unterschiedlichsten politischen Lager pflegte und dabei auf ein wechselseitiges Vertrauensverhältnis verweisen konnte. Gerade im Spannungsfeld politischer oder anderer Machtinteressen ist es Reuter immer wieder gelungen, stets souverän zu agieren, Meinungen anderer zu akzeptieren und zugleich an den persönlichen Zielsetzungen festzuhalten.

Noch heute ist Reuter Mitglied zahlreicher Aufsichtsräte, gehört dem Präsidium des BDI und anderen Institutionen an; wichtig sind daneben seine Mitgliedschaften bei der Max-Planck-Gesellschaft und anderen wissenschaftlichen und kulturellen Einrichtungen. Daneben ist er Verwaltungsratschef und Teilhaber eines florierenden Schweizer Hightech-Unternehmens, in dem seine Idee der offenen Unternehmenskultur erfolgreich praktiziert wird. Reuter hatte parallel auch auf ganz anderem Gebiet entscheidenden Anteil: Nach der deutschen Wiedervereinigung war Reuter ein wichtiger Architekt der Zusammenführung des geteilten Berlins. Auch hier war ihm klar, dass ein Zusammenwachsen nur dann gelingen kann, wenn bestimmte wirtschaftliche Rahmenbedingungen gegeben sind. Besonders hervorzuheben ist hier seine Entscheidung für die Errichtung der Debis-Zentrale am Potsdamer Platz in Berlin (übrigens noch vor der endgültigen Öffnung der Berliner Mauer). Während viele andere Unternehmer noch zögerten, den Osten in ihre Überlegungen überhaupt auch nur theoretisch einzubeziehen, hatte Reuter bereits gehandelt.

Aktuell nennt Reuter drei elementare Notwendigkeiten, die für das gesunde Fortbestehen unserer Wirtschaft und Gesellschaft überlebenswichtig sind: der Grundsatz der Chancengleichheit; die schrittweise Umstellung der bestehenden Systeme vom Generationsvertrag auf zumutbare Eigenvorsorgung und die Integration der in Deutschland lebenden Ausländer. Die Ziele propagiert Reuter bereits seit vielen Jahren, Wirtschaft und Politik sind sich heute einig, dass an eben diesen großen Projekten kein Weg vorbeiführen wird. Woran es vielleicht mangelt, das sind Führungseliten mit dem Mut zum verantwortungsvollen und entschlossenen Handeln, Persönlichkeiten, die ihre Ziele auch bei Gegenwind im Auge behalten.

7. Souveräner Umgang mit Schwierigkeiten

Es ist bereits mehrfach darauf hingewiesen worden, dass eine souveräne Persönlichkeit sich letztlich nur im konkreten Handeln zeigen kann – solange Souveränität nicht in die Tat umgesetzt wird, bleiben alle theoretischen Überlegungen und Analysen belanglos. Eine besondere Herausforderung stellen in dieser Hinsicht sicherlich Situationen dar, die durch zwischenmenschliche Probleme oder Konflikte belastet sind. Das reicht von der Anspannung bei einem Kritikgespräch bis zu handfesten Manipulationsversuchen oder offenen Streitgesprächen. Da solche Situationen meist mit persönlichen Konfrontationen und Auseinandersetzungen einhergehen, die sich auch nicht immer harmonisch auflösen lassen, haben viele Menschen Schwierigkeiten, ihnen angemessen zu begegnen. Statt sich den Schwierigkeiten zu stellen, möchte man lieber in einträchtiger Harmonie mit seinen Mitmenschen leben und Konflikte vermeiden. So kommt es nicht selten dazu, dass Probleme und Auseinandersetzungen verdrängt oder zumindest verschoben werden, was jedoch langfristig nur zu weiteren Schwierigkeiten führt. Menschen mit einer souveränen Persönlichkeit wissen, dass es unumgänglich ist, sich wirklichen Problemen und echten Konflikten zu stellen, um für die Zukunft handlungsfähig zu bleiben. Denn ungelöste Zwiespälte – sei es zwischen mehreren Personen oder auch im eigenen Selbst – führen langfristig zu Blockaden und hindern Menschen an ihrem eigenen Fortkommen. Souveränität beweisen, heißt in diesem Zusammenhang deshalb auch, Verantwortung zu übernehmen und Probleme in Angriff zu nehmen, es nicht dem Lauf der Dinge oder dem Gang der Zeit zu überlassen, Schwierigkeiten aus der Welt zu schaffen, sondern selbst die Initiative zu ergreifen.

Auch dabei ist jedoch das richtige Maß gefragt. Übermotivierter Aktionismus, der jede Banalität bis ins Kleinste ausdiskutieren will oder vorsorglich schon einmal ein paar unüberlegte Schnellschüsse abfeuert, ist ebenso wenig angemessen wie allzu vorsichtige Zurückhaltung, die erst einmal abwartet, ob sich das Problem nicht vielleicht doch in Luft auflöst. Der erste Schritt ist deshalb das Abwägen, ob überhaupt Handlungsbedarf besteht. Dafür lässt sich natürlich keine allgemeingültige Formel definieren, da jede Situation und jede Konstellation anders und einzigartig ist. Wichtig ist es, zu beurteilen, welche Auswirkungen das Problem/der Konflikt gegenwärtig hat und zukünftig vermutlich haben wird, was das für die Beteiligten bedeutet und ob durch das Problem oder den Konflikt eine gravierende Beeinträchtigung des (Arbeits-)Lebens besteht. Ist dies der Fall, besteht eindeutig Handlungsbedarf.

Souveräne Persönlichkeiten zeigen Verantwortungsbewusstsein und Eigeninitiative und suchen nach Lösungen, die allen Beteiligten und den Anforderungen der Sache gerecht werden. Das kann im Einzelfall die verschiedensten Maßnahmen nach sich ziehen, richtet sich aber im Grundsatz an immer gleichen Prinzipien aus: gegenseitige Wertschätzung, Selbstbewusstsein, Fairness und Sachlichkeit sowie partnerschaftliches Kommunikationsverhalten. Ein überaus wichtiges Moment ist dabei außerdem in der persönlichen Toleranzfähigkeit zu sehen. Sie ist Voraussetzung dafür, dass eine effektive Auseinandersetzung mit der Position und dem Anliegen des Gegenübers stattfinden kann. Denn nur Menschen, die tolerant sind, können sich den Ansichten anderer Menschen soweit öffnen, dass sie sie wirklich verstehen und akzeptieren können. Denn sie selbst verfügen über ein gutes Selbstbewusstsein und ein ausgeprägtes Selbstwertgefühl, sodass sie sich von den Positionen anderer nicht angegriffen oder bedroht sehen. Sie können aus einer Sicherheit heraus agieren, die es ihnen erlaubt, auch gegensätzliche Interessen und Auffassungen anzuerkennen und ernst zu nehmen. Nur auf dieser Basis ist eine sinnvolle Auseinandersetzung überhaupt möglich.

Im Folgenden werden einige problematische oder konfliktträchtige Situationen skizziert, um beispielhaft zu erläutern, wie die o.g. Prinzipien das Verhalten eines Menschen in diesen Situationen positiv und klärend beeinflussen können.

7.1 Souveränität wider kommunikative Unfairness

Die Grundlagen einer effektiven und fairen Kommunikation sind im entsprechenden Kapitel dieses Buches ausführlich erläutert worden. Zusammenfassend lässt sich sagen, dass faire Kommunikation grundsätzlich partnerschaftlich und auf beiderseitiges Verstehen ausgerichtet ist. Es geht um die Verständigung in der Sache, die sich beide Seiten so leicht wie möglich machen wollen. Und auch in Auseinandersetzungen oder Kontroversen geht es nicht um den rhetorischen Sieg und das unbedingte Durchsetzen der eigenen Meinung auf Kosten des Gesprächspartners, sondern um das Überzeugen in der Sache, sodass die Seiten das Ergebnis des Gesprächs verstehen und akzeptieren können. Wesentliches Mittel dazu ist das aktive Zuhören, das mit Empathie und großer Aufmerksamkeit dazu beiträgt, die Ansichten des Gegenübers wirklich zutreffend zu verstehen.

Unfaire Kommunikationsmethoden hingegen zielen nicht auf die Klärung der Sache, sondern auf den persönlichen Sieg – und das oft mit allen Mitteln. Sie entfalten ihre Wirkung meist auf der Beziehungsebene der Gesprächsteilnehmer, indem sie direkt oder indirekt die Persönlichkeit des Gegenübers angreifen mit dem Ziel, dessen Glaubwürdigkeit, Kompetenz und Souveränität zu untergraben. Dazu wird dann z.B. die Beweiskraft der Argumente in Zweifel gezogen (durch Verallgemeinerungen von Einzelfällen, Bestreiten von Fakten oder Darstellen von Meinungen als Tatsachen u.ä.), die Fachkompetenz infrage gestellt (durch „Enthüllung“ vermeintlicher Fehler in den Voraussetzungen der Beweisführung oder vorgeblich veralteter Zahlen etc.) oder es wird versucht, den Gesprächspartner – bspw. durch Unterstellungen oder gar Beleidigungen – zu provozieren und so die Auseinandersetzung zu emotionalisieren, um das Gegenüber zu verunsichern oder zu unbedachten Äußerungen oder Reaktionen zu verleiten. In allen Fällen soll dieses Vorgehen von der Sache ablenken und die Beziehungsebene zum Ort der Auseinandersetzung machen.

Wer in solchen Fällen Ruhe und Gelassenheit bewahrt und sich nicht provozieren lässt, kann auch hier seine Souveränität aufrechterhalten. Lässt man sich hingegen auf die Provokation ein und greift selbst zu unfairen Mitteln, hätte der „Angreifer“ sein Ziel bereits erreicht – denn die eigentliche Sache wäre von diesem Moment an nicht mehr Gegenstand des Gesprächs. Deshalb ist der wirkungsvollste Schutz gegen derartige Attacken zunächst einmal, bei der Sache zu bleiben bzw. beharrlich zur Sache zurückzuführen. Bei näherem Hinsehen wird auch klar, dass es gar nicht notwendig und auch nicht möglich ist, auf unsachliche und unfaire Angriffe etwas zu erwidern, da es gar nicht um eine Klärung geht. Im Gegenteil: Je mehr man sich auf dieses Spiel einlässt, umso stärker wird die Situation eskalieren. Es bleibt deshalb nur, mit Fragen, und bei Bedarf mithilfe eines Wechselns auf die Metaebene, das Gespräch immer wieder zur Sache zurückzuführen.

Weit subtiler – und deshalb oft auch erheblich wirkungsvoller – gehen manipulierende Strategien vor. Die Schwierigkeiten im Umgang mit Manipulationen liegen vor allen Dingen darin, sie überhaupt als solche wahrzunehmen und zu erkennen, denn sie wirken zumeist im Hintergrund und im Unbewussten. Es bedarf einer sehr aufmerksamen Selbstbeobachtung der eigenen Reaktionen und einer bewussten Reflexion über die persönlichen Empfindlichkeiten, um erkennen zu können, wann Manipulationen Wirkung zeigen. Souveräne Persönlichkeiten haben dazu die besten Voraussetzungen, denn sie kennen sich selbst und ihre Reaktionen sehr gut und sind auch in der Lage, das Gegenüber mit großer Aufmerksamkeit wahrzunehmen. Letzteres ist ebenfalls von großer Wichtigkeit, denn scheinbar zufälliges und völlig absichtsloses Verhalten eines Gesprächspartners entpuppt sich nicht selten als diffiziles Spiel um den höheren Status. Und da sich Manipulation häufig in Form von Dominanz- oder unterschwelligen Drohgesten vollzieht, zeigt sich hier oft sehr schnell, wer wirklich in der Lage ist, sich selbst und seine Persönlichkeit gegen derlei Angriffe zu behaupten, und sich von Verunsicherungen nicht gleich aus der Bahn werfen lässt. Ein hohes Maß an Selbstsicherheit und persönlicher Souveränität schützt sehr wirkungsvoll vor manipulierenden Techniken, die darauf zielen, ein Ungleichgewicht im Status der Beteiligten herzustellen und daraus Dominanz – und letztlich den Sieg – abzuleiten.

Einige Beispiele für manipulierende Vorgehensweisen:

- Das Eindringen in die persönliche Distanzzone oder auch eine bestimmte Sitzordnung kann eine territoriale Drohgebärde darstellen, wenn mit ihrer Hilfe eine Überlegenheit demonstriert werden soll.
- Beim Sprechen werden dominante Gesten wie z.B. ein gestreckter Zeigefinger oder plötzliches Aufstehen verwendet.
- Auch beim Zuhören kann dominantes und drohendes Gebaren Wirkung zeigen: Provozierendes Wegsehen und das auffällige Beschäftigen mit anderen Dingen, ein plötzliches Unterbrechen des Gesprächs, ein unerschütterliches Pokerface oder eine dominante Körperhaltung – all das kann zur Verunsicherung des Sprechenden beitragen.
- Mit einem intensiven Blickkontakt versuchen manche Gesprächspartner ihr Gegenüber zu irritieren oder gar einzuschüchtern.
- Das Zur-Schau-Stellen von Statussymbolen soll einen sozial höheren Rang signalisieren.
- Komplimente, Lob und Schmeichelei sollen das Gegenüber solange „weich kochen", bis der Blick für die Realität vollkommen verstellt ist, oder die Gesprächsatmosphäre so beeinflussen, dass für Kritik und Widerspruch kein Platz mehr ist. Der Verstand soll von den vermeintlich positiven Emotionen überlagert werden.
- Durch das wiederholte Ansprechen auf Schwächen und Reizthemen soll das Gegenüber so provoziert und verunsichert werden, dass es die eigene Position schließlich aufgibt.

Die „argumentativen" Erfolge, die auf dem Wege der Manipulation erreicht werden, sind in der Regel jedoch sehr kurzfristig. Denn die Ergebnisse des Gesprächs sind nicht aufgrund gegenseitiger Verständigung entstanden und somit langfristig kaum tragfähig, vor allen Dingen auch deshalb nicht, weil sie unter Umständen auf unwahren oder manipulierten Fakten und Vorbedingungen beruhen. Außerdem sind die Auswirkungen auf die Beziehungsebene der Gesprächspartner fatal: Von gegenseitiger Wertschätzung, Toleranz und ernsthafter Auseinandersetzung kann keine Rede sein. Die Ansichten des manipulierten Gesprächsteilnehmers wurden letztlich ausgeklammert und fanden im Ergebnis keine Berücksichtigung.

Gerade souveräne Menschen sind manipulierenden Techniken jedoch nicht hilflos ausgeliefert. Aufmerksames Wahrnehmen, gepaart mit einem gesunden Selbstwertgefühl und einer bewussten Selbstreflexion, führt zu Sensibilisierung – und das ist eines der wirkungsvollsten Gegenmittel, denn sobald Manipulation entdeckt wird, verliert sie an Wirkungskraft.

7.2 Kritisieren und kritisiert werden

Kritik ist für viele Menschen etwas Unangenehmes – und das in der Regel gleichermaßen für beide Seiten, den Kritiker und den Kritisierten. Denn es muss etwas ausgesprochen werden, das den Kritisierten möglicherweise verletzen und von ihm als Angriff auf seine Person missverstanden werden könnte. Es scheint die Gefahr zu bestehen, das Selbstwertgefühl des Gegenübers zu beeinträchtigten und Unsicherheiten zu forcieren, da berechtigte Kritik nicht selten auf einen bereits bekannten wunden Punkt anspricht oder Unzulänglichkeiten und Fehler offen legt. Kritik erscheint dann unter Umständen wie eine zusätzliche persönliche Herabsetzung – neben dem Fehler selbst – und ist deshalb für beide Seiten sehr unangenehm. Das hat oft starken Einfluss auf die Beziehungsebene.

Um diesen Effekt möglichst gering zu halten oder sogar ganz zu vermeiden, soll Kritik sachlich, fair, konstruktiv, auf die Zukunft ausgerichtet und unter deutlicher Wertschätzung der Person des Kritisierten gestaltet werden. Der Empfänger von Kritik soll spüren, dass es nicht um seine Person geht, sondern nur um die konkrete Sache, die es für die Zukunft zu verbessern gilt. Dieses Vorgehen minimiert die Spannungen auf der Beziehungsebene und schafft ein offenes Klima, sodass Kritik besser verstanden und akzeptiert werden kann.

Doch nicht nur die Art und Weise, wie Kritik geübt wird, beeinflusst die Auswirkungen von Kritik. Genauso wichtig ist eine positive Einstellung zur Kritik generell. Wird Kritik vor allen Dingen als Chance für (persönliche) Weiterentwicklung verstanden und nicht nur als Offenlegung von Fehlern oder Fehlverhalten, braucht sich niemand mehr davor zu scheuen, Kritik zu üben oder Kritik anzunehmen. Eine chinesische Redensart sagt: *Wer mir schmeichelt ist mein Feind, wer mich tadelt ist mein Lehrer.* Dieser Satz verdeutlicht, dass in jeder berechtigten Kritik die Chance enthalten ist, etwas zu lernen. Und betrachtet man Kritik auf diese Weise, müsste man jedem Kritiker zutiefst dankbar sein für seine wertvolle Unterstützung.

Sicher ist dies einfacher gesagt als getan, und so ein Umdenken wird sich auch nicht von heute auf morgen durchsetzen. Es gibt jedoch Bereiche, in denen es von besonderer Wichtigkeit ist, dass Kritik positiv betrachtet wird. Dazu zählen bspw. sicher die internen Zusammenhänge in einem Unternehmen, denn hier kommt es in hohem Maße darauf an, dass Schwierigkeiten, Fehlverhalten oder problematische Entwicklungen schnell erkannt, kommuniziert und behoben werden. Dafür ist Kritik unerlässlich, und nur wenn emotionale Belastung durch Kritik gering gehalten wird, können große Reibungsverluste verhindert werden. Es liegt deshalb vor allen Dingen bei den einflussreichen Persönlichkeiten im Unternehmen – also zuallererst den Führungskräften –, eine positive Einstellung zu Kritik zu praktizieren und vorzuleben. Das heißt, dass sie einerseits beherzt und mit einer positiven, in die Zukunft gewandten Einstellung Kritik üben und andererseits dankbar und offen Kritik empfangen.

Ein souveräner Kritiker übt Kritik dort, wo es notwendig ist. – Das klingt banal, ist es aber nicht. Es bedarf dazu einerseits der genauen Einschätzung der Gesamtlage (das umfasst z.B. die infrage stehende Sache, die betreffenden Personen, Folgewirkungen des Ereignisses etc.) und andererseits auch der Verantwortungsbereitschaft zu entscheiden, dass es erforderlich und gleichermaßen hilfreich ist, Kritik auszusprechen, um Verbesserungen für die Zukunft zu erwirken. Eine solche Entscheidung ist Ausdruck eines hohen Verantwortungsbewusstseins und einer aufmerksamen Fürsorge für die Gruppe und die Beteiligten bzw. hier beispielhaft für das Unternehmen und die Mitarbeiter. Mitarbeiter werden dann z.B. nicht einfach ihrem Schicksal überlassen und bloß zur Rechenschaft gezogen, wenn die Ergebnisse nicht stimmen. Gemeinsam gute Ergebnisse zu erreichen, ist der leitende Gedanke verantwortungsvoller Führungskräfte, und dementsprechend sind ihre Handlungsweisen ausgerichtet auf Kooperation und gegenseitige Unterstützung. Wenn ein Vorgesetzter hingegen zögert, berechtigte Kritik klar und unmissverständlich auszusprechen, vermittelt er zwangsläufig den Eindruck, sich der Verantwortung, die seine Position mit sich bringt, entziehen zu wollen und es lieber dem Mitarbeiter zu überlassen, die späteren Konsequenzen auszubaden. Führungskräfte, die notwendige Kritik nicht in Worte fassen, untergraben damit ihre Souveränität und Glaubwürdigkeit, und Kritik erscheint als etwas äußerst Negatives, das es, wenn möglich, zu vermeiden gilt. Unter solchen Umständen ist es auch niemandem zu verübeln, wenn er als Empfänger von Kritik nicht gerade offen und mit dem Bewusstsein, jetzt aus seinen Fehlern lernen zu können, die Kritik entgegennimmt, sondern sich persönlich angegriffen fühlt und eher auf Konfrontation statt auf Kooperation umschaltet. Wird Kritik nur unter hohem Druck oder willkürlich geäußert, geht ihr unterstützender Charakter verloren, und eine insgesamt positive Betrachtung kann nicht entstehen. Es ist deshalb die Aufgabe der Führungskräfte, mit Kritik einen angemessenen Umgang zu pflegen, der sie nachvollziehbar macht und die Chancen, die in Kritik enthalten sind, verdeutlicht. (In Kapitel 6 dieses Buches wurden die Vorteile des positiven Sprechens sowie der Ich-Botschaften und andere Sonderfälle der Gesprächsführung erläutert. Die dortigen Einsichten lassen sich sehr gut auf das Kritikgespräch übertragen.)

Die prinzipielle Einstellung zu Kritik innerhalb eines Unternehmens wird allerdings in besonders hohem Maße dadurch beeinflusst, wie Führungskräfte selbst damit umgehen, wenn sie kritisiert werden. Wenn die positive Bewertung von Kritik hinfällig wird, sobald sie selbst deren Gegenstand sind, bleibt Kritik in den Augen der Kritisierten letztlich doch nur Demonstration eines höheren Status, und alle Bemühungen, sie als positiv und fruchtbar zu etablieren, laufen ins Leere. Ganz abgesehen davon, dass mit einem solchen Vorgehen die Glaubwürdigkeit und Souveränität dieser Führungskraft zweifelsohne schwer beschädigt wäre. Jemand, der über echte Souveränität verfügt, hat es indes gar nicht nötig, berechtigter Kritik auszuweichen. Im Gegenteil: Wer sich seiner Persönlichkeit bewusst und sicher ist, nimmt jeden konstruktiven Hinweis, der seine Selbstwahrnehmung bereichert und ihm helfen kann, Schwierigkeiten auf den Grund zu gehen oder neue Perspektiven zu entdecken, dankbar an. Für ihn sind kritische Anmerkungen ein guter Anlass zur Selbstreflexion und schließlich auch zur Selbstkritik. Er sieht darin keine Gefährdung seines Ansehens, seiner Position oder gar seiner selbst. Fruchtbare Kritik bringt ihn vielmehr seinen Zielen immer wieder ein Stück näher – sowohl den unternehmerischen als auch den persönlichen. Deshalb fällt es souveränen Führungskräften nicht schwer, sich auch selbst berechtigter Kritik zu öffnen – unabhängig davon, auf welcher hierarchischen Stufe im Unternehmen der Kritiker sich befindet. Letztlich ist jeder einzelne Mitarbeiter auf seinem Gebiet ein Spezialist und verfügt über Kenntnisse und praktische Erfahrungen, von denen Vorgesetzte nur profitieren können. Wenn von dieser Seite kritische Vorschläge kommen, ermöglichen sie auf jeden Fall einen besseren Einblick in das Unternehmensgeschehen, selbst dann, wenn sie nicht konkret umgesetzt werden können. Insofern sind kritische Äußerungen der Mitarbeiter immer von Wichtigkeit, da sie Aufschlüsse über Abläufe und Bedingungen erlauben, die von Außenstehenden ansonsten nur schwer einsehbar sind. Und so sollte ihnen deshalb auch begegnet werden: offen, wertschätzend und mit echtem und ernsthaftem Interesse.

Gelingt es, im Unternehmen einen solchen Umgang mit Kritik zu etablieren, verliert sie ihren unangenehmen Beigeschmack, denn niemand braucht sich davor zu scheuen, einem anderen zu helfen, und niemand muss sich von Vorschlägen, die eine Verbesserung in der Zukunft bewirken wollen, angegriffen fühlen. Das gilt selbstverständlich in gleicher Weise für andere soziale Gruppen. Auch hier können die einzelnen Mitwirkenden ihre Souveränität unter Beweis stellen, indem sie eine positive Grundhaltung gegenüber Kritik einnehmen. Statt Kritik als Bedrohung oder Angriff wahrzunehmen, können sie einerseits die Bereitschaft zeigen, Verantwortung zu übernehmen und bei Bedarf Kritik zu üben, und andererseits an sie gerichtete Kritik aufgeschlossen anhören und ernst nehmen. Denn nur dann sind aus Kritik konstruktive Hinweise zu entnehmen, und nur so kann Kritik zu wirklichen Verbesserungen führen.

7.3 Souveräner Umgang mit Widerstand

Widerstand regt sich z.B. bei unseren Mitmenschen, wenn wir sie von unseren Ansichten überzeugen oder sie zu einem bestimmten Verhalten oder einer bestimmten Handlung veranlassen wollen – und wenn sich dann dagegen Widerstand regt, stehen wir in der Regel vor einem Problem, da wir unser ursprüngliches Ziel erst einmal nicht erreicht haben. So problematisch Widerstand deshalb auch erscheint, die Ursache für Widerstand liegt in einer durchaus wünschenswerten persönlichen Eigenschaft von Menschen: Widerstand entsteht nämlich dann, wenn eine Person ihre Möglichkeiten, selbstbestimmt zu entscheiden und zu handeln, eingeschränkt sieht, ihre Selbstbestimmung in Gefahr wähnt. Der Zweck von Widerstand ist es, die eigene Selbstbestimmung gegen diese Gefahr zu behaupten oder wieder zurückzugewinnen. Dieser Vorgang setzt das generelle Vorhandensein von Selbstbestimmung voraus, was als persönliche Eigenschaft natürlich positiv zu bewerten ist. Dass der Umgang mit Widerstand nun in der Regel recht schwierig ist, ist dem Umstand geschuldet, dass die Gefährdung der Selbstbestimmung vom eigentlichen Sachgegenstand ablenkt und stattdessen die Auseinandersetzung auf eine emotionale Ebene führt, in der es bald nur noch ums Prinzip geht – also darum, sich gegen die Beschränkung der Selbstbestimmung zur Wehr zu setzen. Die inhaltliche Diskussion, in der rationale Argumente den Ausschlag geben, wird dann beinahe vollständig aus dem Blickfeld verdrängt. Das hat nicht selten zur Folge, dass Widerstand irrational oder unlogisch erscheint, denn inhaltlich nachvollziehbare Ursachen sind manchmal kaum zu erkennen, weil sie nämlich unter Umständen gar nicht vorhanden sind. Die Auslöser für Widerstand entzünden sich in der Regel nicht an Fakten, sondern an Emotionen.

Das Wissen um die emotionale Brisanz von Widerstand eröffnet einige Möglichkeiten, bspw. schon mit der Art und Weise des Kommunizierens Widerständen vorzubeugen. Es ist dabei wichtig, insbesondere die Beziehungsebene zwischen den Gesprächspartnern im Auge zu behalten und Beeinträchtigungen dort möglichst zu vermeiden. Solange die gewählten Formulierungen dem Gegenüber Entscheidungsspielräume lassen, sinkt die Gefahr, Widerstand herauszufordern. Schon die Wortwahl kann hier entscheiden. Warum-Fragen oder bspw. auch Verben, die Druck vermitteln und Bewertungen enthalten, Bevormundungen oder Ratschläge sind nur mit allergrößter Vorsicht einzusetzen, da sie die Entscheidungsfreiräume des Gegenübers einzuengen drohen und nicht selten sein Selbstwertgefühl angreifen. Die zwölf Kommunikationssperren, die Thomas Gordon formuliert hat (siehe Kapitel 4 dieses Buches), beschreiben weitere „beliebte" Auslöser für Widerstand. Auch hier sind also Toleranz, persönliche Wertschätzung und Empathie gefragt, um zu erkennen, wann die Selbstbestimmung des Gesprächspartners gefährdet sein könnte. Ausdruck finden können diese wichtigen Eigenschaften in den Vorgehensweisen des positiven Sprechens und der Ich-Botschaften. Da beide Methoden konstruktiv und unter besonderer Berücksichtigung und Anerkennung der Position des Gesprächspartners vorgehen, sind sie sehr gut geeignet, um der Kommunikation einen günstigen Verlauf zu geben.

Widerstände lassen sich aber auch bei größter Vorsicht nicht immer vermeiden. Und so bedarf es an dieser Stelle auch einiger Überlegungen zum konkreten Umgang mit Widerstand. Denn genauso wie es zu einer souveränen Persönlichkeit gehört, Nein sagen zu können, gehört auch dazu, angemessen auf ein direktes oder indirektes Nein des Gegenübers reagieren zu können. Zu unterscheiden sind dabei offene und subtile Widerstände. Der Umgang mit offenen Widerständen ist ungleich einfacher, weil hier zumindest noch Bereitschaft zur Interaktion und Kommunikation besteht, sodass Möglichkeiten der Klärung erhalten bleiben. Subtile Formen des Widerstands machen es hingegen sehr schwer, auf sie zu reagieren, weil sie sich im Verborgenen abspielen und kaum mehr Gelegenheit zur weiterführenden inhaltlichen Auseinandersetzung lassen. (Ein Beispiel dafür wäre die durchaus gängige Strategie, einer Anweisung augenscheinlich zuzustimmen, um dann im Stillen jedoch entgegengesetzt zu agieren und so die Anweisung insgeheim zu unterlaufen.) Die angespannte emotionale Konstellation ist jedoch in beiden Varianten des Widerstands (der offenen und der subtilen) gegeben. Deshalb spielt auch hier der aufmerksame Umgang mit den emotionalen Faktoren und mit der Beziehungsebene eine wichtige Rolle.

Souveräne Menschen zeichnet nun aus, dass sie sich dessen sehr bewusst und deshalb besonders darauf bedacht sind, selbst nicht auch emotional zu reagieren, wenn sie auf direkten Widerstand stoßen (oder indirekten Widerstand im Nachhinein entdecken). Gereiztheit, Ungeduld oder Unbeherrschtheit würden die Lage sicher verschärfen, und auch der Versuch, dem Gesprächspartner mit wachsendem Nachdruck klar zu machen, dass er einfach nur einem Irrtum aufsitzt und deshalb nicht zustimmt, wird in so einer Situation kaum auf fruchtbaren Boden fallen. Wichtig ist es, die Einwände des Gesprächspartners ernst zu nehmen und sachlich zu behandeln, ohne auf die emotionale Auseinandersetzung einzusteigen. Ganz fatal wäre es hier, persönliche Angriffe zu starten und das Gegenüber diffamieren zu wollen, indem man unlautere Absichten des Widerstands oder Prinzipienreiterei unterstellt oder gar persönliche Unzulänglichkeiten hervorkehrt. Doch das haben Menschen mit persönlicher Souveränität erstens nicht nötig, und zweitens liegt es auch gar nicht in ihrem Interesse. Sie interessieren sich vielmehr für die wirklichen Belange des Gegenübers und die Unstimmigkeiten, die zum Widerstand geführt haben. Sie versuchen, die Perspektive des Gesprächspartners einzunehmen, um zu erfahren, welche Informationen oder Erklärungen möglicherweise noch nicht ausreichend vermittelt worden sind, um ihn überzeugen zu können. Mit Empathie und ernsthaftem Interesse sollte es gelingen, in Erfahrung zu bringen, was die Gründe für die gegensätzlichen Auffassungen in der Sache sind und ob sie sich klären lassen. Solches Vorgehen ist einerseits sehr konstruktiv und Erfolg versprechend und signalisiert andererseits, dass Sie Ihr Gegenüber – und damit auch seine Selbstbestimmung – wirklich respektieren. Gleichzeitig zeigen souveräne Menschen damit aber auch, dass sie sich von Widerstand nicht gleich aus der Bahn werfen lassen und ihr Vorhaben leichtfertig aufgeben, sondern im Gegenteil beharrlich daran arbeiten, die Sache durchzusetzen. Alles andere wäre auch ein schlechtes Zeugnis für die eigenen Absichten und letztlich auch für die persönliche Glaubwürdigkeit. Wenn schon ein bisschen Gegenwind zum Rückzug zwingt, können die persönlichen Ziele wohl nicht so wichtig und die eigenen Überzeugungen nicht so sicher gewesen sein. Wer hingegen echten Zielen und Überzeugungen folgt, dem wird es nicht schwer fallen, an ihrer Durchsetzung auch gegen Widerstände festzuhalten.

Zu beachten ist dabei allerdings auch: Beharrlichkeit und Entschlossenheit sind etwas anderes als Verbissenheit. Jede Auseinandersetzung kann an den Punkt gelangen, an dem Verständigung und Einigung nicht mehr möglich sind. Gerade wenn die Emotionen sehr hoch kochen, bleibt die Sachlichkeit beinahe zwangsläufig auf der Strecke. Und zu einem souveränen Umgang mit Widerständen gehört es auch, diesen Punkt zu erkennen und dann die Auseinandersetzung zu beenden. Wer sich stattdessen verbissen daran festklammert, den Widerstand zu durchbrechen, hat meist die sachliche Ebene bereits selbst verlassen und kämpft nur noch um seinen persönlichen Sieg und nicht mehr um den Sachverhalt. Wird dann eine Anweisung oder ein Ergebnis gegen den anhaltenden Widerstand des Gesprächspartners auf Biegen und Brechen durchgesetzt, entsteht eine Sieger-Verlierer-Konstellation, die der Beziehungsebene zwischen den Beteiligten schweren Schaden zufügt. So sind die langfristigen Auswirkungen eines solchen Sieges mit hoher Wahrscheinlichkeit sehr negativ zu bewerten. Es ist demnach unverzichtbar, das richtige Maß zu finden zwischen Entschlossenheit und Unnachgiebigkeit, um Widerständen angemessen zu begegnen. Und eine souveräne Persönlichkeit, die entsprechend ihrer Überzeugungen agiert, über Einfühlungsvermögen verfügt und ihren Mitmenschen mit Respekt und echtem Interesse begegnet, ist mit den besten Voraussetzungen ausgestattet, um Widerstände konstruktiv zu handhaben.

7.4 Innere Blockaden und Selbstsabotage

Bis hierher mag der Eindruck entstanden sein, dass Schwierigkeiten vor allen Dingen im Miteinander von Menschen entstehen. Doch weiß vermutlich jeder aus eigener Erfahrung nur zur Genüge, dass wir uns die größten und hartnäckigsten Schwierigkeiten zumeist selbst aufbürden. Blockaden, Ängste, Selbstsabotage, starre Handlungsmuster, innere Widerstände etc. – all das türmen wir vor uns auf, um Vorhaben nicht zu realisieren, Ziele nicht zu erreichen, Herausforderungen nicht anzunehmen, Alternativen nicht zu suchen usw. usf. Hier wirken häufig psychologische Mechanismen, die nicht so ohne Weiteres aufzuhalten sind. Und auch souveräne Menschen sind nicht automatisch gegen sie gefeit. Menschen mit einer souveränen Persönlichkeit wissen jedoch um die Gefahr dieser Mechanismen und versuchen, ihnen durch intensive Selbstreflexion auf den Grund zu gehen und damit einen wichtigen Schritt zu gehen, der sie einer Bewältigung der Schwierigkeiten näher bringt. Einen weiteren entscheidenden Schritt dazu haben souveräne Menschen bereits hinter sich: die Entwicklung eines starken Selbstwertgefühls und eines ausgeprägten Selbstbewusstseins. Ein gutes Selbstwertgefühl ist deshalb so entscheidend, weil ein Manko hier bspw. unversehens zum Auslöser für Blockaden und Selbstsabotage in unterschiedlicher Ausprägung werden kann.

„Beliebte" Strategien der Selbstsabotage sind z.B. der Hang zum (unerfüllbaren) Perfektionismus, die (absichtliche oder unabsichtliche) Selbstherabsetzung und die Abhängigkeit von der Meinung der anderen. Wer in ungesunden Ausmaßen nach Perfektion strebt, wird nie zufrieden sein, denn ein Ideal ist und bleibt unerreichbar. Ansonsten wäre es kein Ideal. Und der übertriebene Wunsch nach Perfektion macht eine Wertschätzung des bisher Erreichten deshalb unmöglich. Das ist das maßgebliche Problem. Denn auf diese Weise wird es nie gelingen, die eigene Leistung anzuerkennen und Zufriedenheit zu erlangen, stolz zu sein auf das Erreichte und daraus Selbstwertgefühl zu schöpfen. Die eigenen Leistungen und die eigene Person werden immer unzulänglich bleiben im Vergleich zum abgehobenen Ideal; Realität und Wunschbild werden unter diesen Voraussetzungen nie zueinander passen, und alle Erfolge und persönlichen Qualitäten werden schon im Vorfeld herabgesetzt und sabotiert.

Orientieren die einen sich an ihrem Ideal, orientieren sich die anderen nur an ihrer Umgebung. Von den Mitmenschen gemocht zu werden, ist ihre Quelle des Selbstwertgefühls. Nicht die eigene Persönlichkeit gibt hier den Ausschlag für das Selbstbewusstsein, sondern vor allen Dingen die Reaktionen der anderen. Und die größte Angst ist dabei, von den anderen nicht gemocht zu werden. Das führt dazu, dass das eigene Verhalten und Handeln immer schon auf die antizipierten Reaktionen des Gegenübers abgestimmt wird. Harmonie, Bescheidenheit und sogar Unsicherheit sollen z.B. Sympathie auslösen; und auch die Tendenz zum Understatement und das Herausstellen der eigenen negativen Seiten sowie der Misserfolge sollen Konfrontationen vermeiden und das Harmoniebedürfnis befriedigen. Oder es werden Lob und Komplimente zurückgewiesen oder vorrangig die Leistungen anderer gelobt, um selbst nicht unbescheiden zu wirken. Die Folge ist immer gleich: Das eigene Selbstbewusstsein und Selbstwertgefühl wird gehemmt, und Selbstzweifel entstehen, die wiederum Befürchtungen für die Zukunft entstehen lassen und sich dann nicht selten zu einer sich selbst erfüllenden Prophezeiung ausweiten.

Die Angst vor der eigenen Courage, dem eigenen Erfolg oder vor einschneidenden Veränderungen führt ebenfalls dazu, dass wir uns selbst im Wege stehen. Wir nehmen in diesen Fällen an, dass wir, wenn wir unser Ziel erreichen oder diesen wichtigen Erfolg erringen, später dann den hohen Erwartungen und Konsequenzen, die daraus resultieren, nicht mehr gewachsen sind und letztlich also sowieso scheitern werden. So passiert es immer wieder, dass uns kurz vor der Ziellinie die Puste ausgeht und wir das Ziel doch nicht erreichen (müssen). Wir verlieren dann urplötzlich das Interesse und die Begeisterung, haben keine Zeit mehr für dieses Vorhaben, weil wichtigere und dringendere Aufgaben anstehen, oder wir unterliegen einfach der eigenen Bequemlichkeit. Wir sabotieren so unseren Erfolg, weil uns das nötige Selbstbewusstsein fehlt, davon auszugehen, dass wir auch die Folgen meistern und uns auch in Zukunft bewähren können. Denn diese Zukunft hält Unsicherheiten, Veränderungen, Unbekanntes für uns bereit – und das ängstigt uns. Es könnte Gefahren bergen oder Schwierigkeiten und Konflikte produzieren, die wir jetzt noch gar nicht überblicken können. Aus diesem Grunde entwickeln wir ganz instinktiv Widerstände und Blockaden gegen vehemente Veränderungen – also auch gegen gewichtige Erfolge – und gehen lieber auf Nummer Sicher.[69]

Die Eigenschaften souveräner Persönlichkeiten helfen, die Wirkung solcher Mechanismen zu unterbinden. Die Fähigkeit zur Selbstreflexion und Selbsterkenntnis und deren stetige Anwendung sind die wohl wichtigsten Elemente in diesem Zusammenhang. Mit diesen Instrumenten wird die Grundlage gelegt: Denn nur, wer sich selbst kennt, weiß, auf welche Eigenschaften und Fähigkeiten er sich verlassen kann und was er zu leisten in der Lage ist. Aus diesem Wissen heraus entstehen Sicherheit und Zuversicht für zukünftige Herausforderungen sowie ein gutes Selbstwertgefühl. Die Angst vor Veränderungen, vor persönlicher Zurückweisung und auch vor Fehlschlägen verliert so ihren Schrecken, denn die eigene Persönlichkeit bietet ein festes Fundament, das nicht so leicht zu erschüttern ist und auch Schwierigkeiten standhalten kann.

Ein weiteres Phänomen, das uns blockieren oder unsere persönliche Entwicklung und unsere Erfolgsaussichten sabotieren kann, ist die mögliche Fremdbestimmung unseres Denkens. Jeder Mensch wird in seinem Denken mehr oder weniger von den verschiedensten Faktoren und Umständen beeinflusst. Problematisch wird dies, wenn diese Einflüsse zu wahrer Fremdbestimmung heranreifen und unser Denken dadurch unfrei und unselbstständig wird. Denn dann sind auch die Resultate unseres Denkens – unsere Entscheidungen und Handlungen – unfrei und abhängig von Fremdeinflüssen. Das bedeutet, dass wir letztlich nicht die Verantwortung für unser Handeln übernehmen. Wir können nicht authentisch sein, da unsere Entscheidungen nicht unseren wirklichen inneren Überzeugungen entsprechen – und damit nicht im Einklang mit unserer Persönlichkeit insgesamt stehen. So ist es jedoch unmöglich, dass wir unsere Potenziale entfalten und unsere persönliche Entwicklung voranbringen, denn das, was wir tun, hat kaum mehr etwas mit unserem Selbst zu tun. Es sind vielmehr fremde Überzeugungen, Motive oder Zielvorstellungen, die unser Denken und Handeln leiten, anstatt dass wir aus uns selbst heraus selbstbestimmte Gedanken hervorbringen. Diese Fremdbestimmungen formieren sich häufig in festen Denkmustern und -gewohnheiten, in denen sich dann unser Denken vollzieht. So entstehen starre Denkstrukturen, die Kreativität und freie Entfaltung verhindern. Innere Widersprüche, Unzufriedenheit und Konflikte sind dann oft die Folge, und die souveräne Selbstbestimmung geht verloren.

Eine Methode, die dabei hilft, feste Denkmuster und -gewohnheiten zu erkennen und aufzubrechen, um wieder eigenverantwortlich und frei von Fremdbestimmung denken und handeln zu können, ist das Alternative Denken, wie es Albert Metzler in seiner Arbeit (2005) ausführlich vorstellt.[70] Mit seiner Hilfe lassen sich Selbstbestimmung und Souveränität im Denken und Entscheiden wieder herstellen. Die Basis dieser Methode liegt in der umfassenden Selbsterkenntnis, die der Schlüssel zur bewussten und aktiven Gestaltung der eigenen Persönlichkeitsbedingungen ist. Im Selbsterkennungsprozess befragen wir unser Denken, Entscheiden und Handeln eingehend nach Ursachen, Einflüssen, Referenzen, Mustern, Konflikten, Unstimmigkeiten etc. und gleichen es bewusst mit unseren tatsächlichen inneren Überzeugungen ab. Als Resultat entsteht im Laufe der Zeit ein System aus Werten und Prinzipien, das wirklich unserer Persönlichkeit entspricht und auf das wir bewusst zurückgreifen können in unserem Denken und Entscheiden. Das ermöglicht es, dem Chaos der Fremdbestimmung eine eigene Struktur entgegenzusetzen und frei und authentisch zu entscheiden.

Von dieser Basis aus geht das Alternative Denken einen nächsten Schritt: Das Ziel ist es, das eigene Denken so weit zu öffnen, dass neben den bisherigen Lösungsansätzen und Strategien zur Entscheidungsfindung auch neue und realisierbare Alternativen entstehen können. Kreativer Spielraum und der freie Lauf der Gedanken, die sich nicht einengen lassen durch vorzeitige Bewertungen oder den beliebten Rückgriff auf Erfahrungswerte und herkömmliche Schemata, die uns Sicherheit suggerieren, sollen dabei Raum bieten für die Entwicklung von Alternativen. Die Entscheidung für oder gegen eine bestimmte Alternative wird im nächsten Schritt dann nicht nur von der Faktenlage bestimmt – die manchmal gar nicht hinreichend für die Entscheidung ist. Hinzu kommt das Kriterium der persönlichen Verantwortung. Wenn man für eine Entscheidung die volle Verantwortung übernehmen kann, deren Konsequenzen zu tragen bereit ist und auch langfristig mit dieser Entscheidung leben kann, ist ein entscheidendes Kriterium für die Auswahl dieser Alternative erfüllt. Und die Frage der eigenen Verantwortung wird in unserer Zeit immer relevanter, da menschliches Handeln zeitlich und räumlich immer ausgedehnter wirkt, sodass die Folgen zum Teil schon gar nicht mehr absehbar sind. Verantwortung kann aber nur derjenige übernehmen, der sich seines eigenen Wertesystems bewusst ist und aufgrund seiner tatsächlichen Ansichten und Überzeugungen agiert. Wer indes unter fremdem Einfluss entscheidet, wird jedoch spätestens, wenn es darum geht, für die Konsequenzen gerade zu stehen, seine persönliche Verantwortung zurückweisen.

Das Alternative Denken kann mit dieser Vorgehensweise weiterführend dabei helfen, Blockaden und Hemmnisse der eigenen Entwicklung aufzulösen, indem es Möglichkeiten eröffnet, kreative und neuartige Zielsetzungen zu entwickeln, die alte Muster durchbrechen und neue Blickwinkel offenbaren. Stagnation wird dadurch verhindert, und Innovationen werden gefördert. Alternatives Denken weckt die Bereitschaft und den Wunsch, Alternativen zu entwickeln, Veränderungen entschlossen anzugehen und die Zukunft nicht als Bedrohung, sondern als Herausforderung zu betrachten. So lassen sich Chancen besser erkennen, neue Wege werden ausprobiert, feste Strukturen, die das eigene Fortkommen behindert haben, werden überwunden und die Entfaltung der eigenen Persönlichkeit unterstützt.

Zusammenfassung

- ✓ Situationen, die Schwierigkeiten bereiten, beinhalten zumeist eine Konfrontation und Auseinandersetzung – entweder mit sich selbst oder mit anderen Menschen. Doch da Menschen lieber in Harmonie und konfliktfrei leben, scheuen sie sich immer wieder davor, Schwierigkeiten in Angriff zu nehmen. Souveräne Menschen wissen jedoch, dass es darauf ankommt, hier Verantwortung zu übernehmen und selbst die Initiative zu ergreifen, d.h. Probleme und Widrigkeiten nicht zu verdrängen, sondern sich ihnen zu stellen.
- ✓ Die Maßnahmen zur Bewältigung von Schwierigkeiten und Problemen haben die immer gleichen Prinzipien zum Grundsatz: persönliche Wertschätzung, Selbstbewusstsein, Fairness, Sachlichkeit, Toleranzfähigkeit und partnerschaftliche Kommunikation, die eine störungsfreie Verständigung zum Ziel hat. Das ernsthafte und respektvolle Interesse am Gegenüber ist deshalb für eine effektive Auseinandersetzung unverzichtbare Bedingung.
- ✓ Ein großes Problem stellt der Umgang mit unfairen Kommunikationsmethoden des Gesprächspartners dar. Diese Strategien haben nämlich nicht die Klärung der Sache zum Ziel, sondern den persönlichen rhetorischen Sieg. Sie wirken meist auf der Beziehungsebene der Gesprächsteilnehmer und vernachlässigen den Sachgegenstand. Die Situation ist häufig sehr angespannt, weil die Emotionen stark angesprochen werden. Deshalb ist es dann sehr schwierig, angemessen zu reagieren. Entscheidend ist in dieser Hinsicht, selbst bei der Sache zu bleiben und sich nicht auf eine emotionalisierte Auseinandersetzung einzulassen.
- ✓ Auch Kritik kann, wenn sie nicht den Prinzipien eines respektvollen Umgangs miteinander folgt, eine Situation sehr belasten. Und neben der Art und Weise, wie Kritik geübt wird, hat auch die generelle Einstellung zu Kritik einen großen Einfluss auf ihre Auswirkungen. Eine positive Einstellung, die Kritik vor allen Dingen als Chance, etwas zu lernen, als hilfreiche Unterstützung begreift und nicht nur als Aufdeckung von Fehlern oder Fehlverhalten, kann Wesentliches zu einem einfacheren Umgang mit Kritik beitragen. Souveräne Menschen verstehen Kritik als konstruktiven Hinweis, der ihre Selbstwahrnehmung unterstützt und willkommener Anlass zur Selbstre-

flexion und auch zur Selbstkritik sein kann. Ihnen hilft fruchtbare Kritik bei der Verwirklichung persönlicher Ziele.

- ✓ Der Umgang mit Widerstand hat seine eigenen Tücken, denn Widerstand will ein wesentliches Element der eigenen Persönlichkeit – die Selbstbestimmung – verteidigen und findet deshalb beinahe zwangsläufig auf emotionaler Ebene statt. Ziel von Widerstand ist es, die Beschränkung der Selbstbestimmung durch eine Anweisung des Gegenübers, einen Vorschlag, ein Verbot etc. zu verhindern oder die Selbstbestimmung wiederherzustellen. Deshalb geht es nicht um die Sache, sondern ums Prinzip.
- ✓ Große und scheinbar unüberwindliche Schwierigkeiten bereiten uns jedoch oft nicht unsere Mitmenschen, sondern wir uns selbst. Mit inneren Blockaden und Widerständen, Ängsten, Selbstsabotage und dergleichen mehr stehen wir uns allzu häufig selbst im Wege. Wir lassen Vorhaben wieder fallen, verlieren Ziele aus den Augen, lassen Herausforderungen und Chancen ungenutzt vorüber ziehen, suchen gar nicht erst nach Alternativen. Ein geringes Selbstwertgefühl ist oft Ursache für die verschiedensten Vermeidungsstrategien und „Tricks", die wir (auch unbewusst) anwenden, um wichtige Veränderungen in unserem Leben – die immer Unsicherheit bedeuten – möglichst zu vermeiden.
- ✓ Souveräne Menschen verfügen über wichtige Voraussetzungen, um auch innere Blockaden und Selbstsabotage in den Griff zu bekommen: Die Fähigkeit zur Selbstreflexion und Selbsterkenntnis und deren Anwendung bilden immer den ersten Schritt. Wer seine eigene Persönlichkeit kennt, weiß, worauf er sich stützen kann und wozu er in der Lage ist, kann Sicherheit und Zuversicht entwickeln und aus seinen Erfolgen ein gutes Selbstwertgefühl schöpfen. Veränderungen und auch Fehlschläge sind so souverän handhabbar, denn die eigene Persönlichkeitsstruktur stellt eine feste Basis dar, die auch bei Problemen nicht so leicht ins Wanken gerät.
- ✓ Eine hilfreiche Methode, die innere Blockaden und Stagnation in der persönlichen Entwicklung verhindern kann, ist das Alternative Denken. Es zielt darauf, die Selbstbestimmung im Denken wiederherzustellen, um Eigenverantwortung, Kreativität und Innovationen zu ermöglichen.

Rosa Parks: Wie eine Busfahrt Amerika veränderte

Der 1. Dezember 1955 ist ein Datum, das in die amerikanische Geschichte eingegangen ist und einen Wendepunkt ungeahnter Tragweite für die damalige Rechtssprechung einleiten sollte. Bis zu diesem Tag war Rosa Parks eine ganz normale, als Näherin arbeitende Frau. Als Schwarze hatte sie, wie unzählige andere, unter den damals noch ganz enormen Ressentiments der weißen amerikanischen Gesellschaft zu leiden. Jahrelang blieb Rosa Parks völlig unauffällig, sie schien sich ihrem Schicksal zu fügen und auch die erniedrigenden, jederzeit spürbaren Restriktionen der geltenden Rassengesetze zu erdulden.

Was genau ist nun am 1. Dezember 1955 in den USA geschehen? Rosa Parks kam von der Arbeit und setzte sich, wie jeden Tag, in den Bus, um nach Hause zu fahren. Hieran ist nichts besonderes, doch sollte es eine Busfahrt werden, die Amerika veränderte. – Die in den USA herrschende Rassentrennung wirkte sich auch auf die Sitzordnung in Bussen aus: Vorne, in den ersten vier Reihen, saßen nur Weiße, hinten saßen die Schwarzen, die – weil sie etwa drei Viertel der Passagiere im Nahverkehr ausmachten – auch in der Mitte (niemals aber vorne!) Platz nehmen durften. Sobald jedoch auch nur ein einzelner Weißer Anspruch auf einen dieser mittleren Plätze erhob, mussten alle Schwarzen sofort weichen und hinten stehen. Und genau das ist an jenem Tag passiert. Als an einer Haltestelle ein weißer Fahrgast zustieg, wurden Rosa Parks und drei andere Fahrgäste aufgefordert, ihre Sitze im Mittelteil des Busses wie gewohnt zu räumen. Doch diesmal widersetzte sich die Frau den Anweisungen und blieb einfach sitzen. *Wenn Sie nicht aufstehen, muss ich die Polizei rufen und Sie verhaften lassen*, drohte der Busfahrer. Frau Parks erwiderte freundlich, aber entschlossen: *Sie können das tun.*

Mit diesem Akt des zivilen Ungehorsams wurde Rosa Parks zur Symbolfigur der von Martin Luther King angeführten Bürgerrechtsbewegung. Die unscheinbare Näherin wurde verhaftet und zu 14 Dollar Strafe verurteilt. Doch damit geriet der Stein erst ins Rollen: Nach jenem 1. Dezember nahm über ein Jahr lang kein Schwarzer mehr den Bus, es kam zu einem landesweiten Boykott des gesamten öffentlichen Nahverkehrs. Die schwarze Bevölkerung bildete stattdessen Fahrgemeinschaften oder ging zu Fuß. Mit diesem passiven Widerstand erregten die Schwarzen den gesteigerten Zorn der meisten Weißen, es kam zu etlichen Übergriffen, und die Reden von Martin Luther King wurden mit Bombenanschlägen beantwortet. Schließlich jedoch erging ein Beschluss des Supreme Courts, der besagte, dass die Rassentrennung in Bussen gesetzeswidrig sei. Und eben dies war letztendlich Frau Parks zu verdanken, die dieses eine Mal nicht aufgestanden war.

Rosa Parks setzte bis zu Beginn einer schweren Krankheit ihren Kampf gegen das Unrecht, und auch unbeirrt von einer weiteren Inhaftierung infolge ihrer vorangegangenen Verweigerung, beharrlich weiter fort. In ihrer Autobiografie gibt sie als Grund für ihren Ungehorsam an, dass sie spürte, das Recht zu haben, wie jeder andere Fahrgast behandelt zu werden. – Rosa Parks ist am 25. Oktober 2005 im Alter von 92 Jahren gestorben. Während sie in den Fünfzigerjahren kontinuierlichen Anfeindungen und Bedrohungen der weißen Bevölkerung ausgesetzt war, gilt sie heute zu Recht als eine der wenigen Heldinnen unserer Zeit. – Nach ihrem Tod wurde sie als erste Frau in der Geschichte der USA im Kapitol von Washington aufgebahrt. Selbst der konservative Präsident Georg Bush kam nicht umhin, der Verstorbenen persönlich die letzte Ehre zu erweisen. Auch waren zahlreiche Kongressabgeordnete bei der Trauerfeier zugegen und für sämtliche öffentlichen Gebäude wurde Halbmastbeflaggung angeordnet. Heute sind in den USA nach dem Namen der Näherin Straßen, Schulen und Museen benannt, sie erhielt einige der höchsten Auszeichnungen und Ehrungen der USA.

Über viele Jahre hinweg musste Rosa Parks jedoch gegenüber einem Klima der Drohungen und Einschüchterungen bestehen. Sie bezog die notwendige Kraft aus der festen Überzeugung, das Richtige zu tun. Das Resultat ihrer Arbeit war nicht weniger als die Gesetzesänderung von 1964, mit der jede Diskriminierung der Hautfarbe in allen öffentlichen Einrichtungen für verboten erklärt wurde. Sie selbst sagte später bescheiden: *Keine Ahnung, dass sich so viel daraus entwickeln würde.* Heute wird Rosa Parks als Heldin gefeiert, wobei gerne übersehen wird, dass mit ihrer Tat eben auch ein ganz persönliches Schicksal verbunden war: Nach ihrer Entlassung aus dem Gefängnis hatte die Bürgerrechtlerin Schwierigkeiten, wieder ins Leben zurückzufinden. Auf ihr bündelte sich der Zorn eines Großteils der damaligen amerikanischen Bevölkerung, es war ihr kaum noch möglich, einen neuen Arbeitsplatz zu finden. Ihr Leben drohte völlig aus den Fugen zu geraten. Den Sitzplatz im Bus zu verteidigen, erforderte Mut und Entschlossenheit – um nun auch dem enormen Druck einer ganzen Gesellschaft standzuhalten, der erst im Anschluss seinen Höhepunkt erreichte, brauchte es fast noch größere Anstrengungen. Über Jahre hinweg gab es für Rosa Parks keine Normalität mehr, weil sie aus dem Schatten ihres Daseins hinausgetreten und für ihre Überzeugungen eingetreten ist. Nicht viele haben sich wie Rosa Parks getraut, ihre Rechte zu verteidigen, und es sind nur sehr wenige, denen es gelungen ist, ein Leben lang für die eigenen Überzeugungen einzutreten. Rosa Parks war diejenige, die eine große Bürde auf sich genommen hatte, während es hauptsächlich andere waren, die von ihrer persönlichen Entschlossenheit profitieren konnten. Es ist dem fortgesetzten Engagement und der Souveränität von Persönlichkeiten wie Rosa Parks zu verdanken, dass starre Gefüge aufgebrochen und durch Veränderungen hin zu etwas Neuem ersetzt werden. Bis 1988 arbeitete Rosa Parks für den demokratischen Abgeordneten John Conyers, der im Rahmen der Trauerfeier sagte: *Es gibt nur sehr wenige Menschen, die von sich sagen können, ihre Taten und ihre Haltung hätten das Angesicht der Nation verändert. Und Rosa Parks ist eine von ihnen.*

8. Das Dilemma der Informationsflut

Das Dilemma, vor dem wir stehen angesichts der schier endlosen Menge an verfügbaren Informationen und Informationsquellen, mit denen wir tagtäglich zu tun haben, formuliert der bekannte amerikanische Zukunftsforscher John Naisbitt prägnant in einem kurzen Satz: *Wir ertrinken in Information, aber hungern nach Wissen.*[71] Dieser Satz verdeutlicht, dass der reine Besitz von Informationen noch längst nicht als Wissen zu bezeichnen ist und dass ein unerschöpfliches Informationsangebot noch lange keinen entsprechenden Zuwachs an Erkenntnis und Wissen bedeutet. Denn die Abrufbarkeit von Daten und Fakten ist etwas anderes als Erkenntnis und Wissen. Letzteres entsteht erst dann, wenn ich einer Information Bedeutung zuschreiben kann, die sich daraus ergibt, dass ich mich selbst zu dieser Information in Beziehung setze, einen Zusammenhang zwischen meinem Leben, meinen Erfahrungen und dieser Information herstelle, einen Kontext dieser Information erkenne und sie auf diesem Wege verstehen kann. Nach diesem Prozess erst lässt sich von Wissen sprechen, über das ich verfügen kann und das mir etwas von der Welt vermittelt, das für mich (subjektive) Bedeutung hat. *Wenn mich aber jemand informiert, ohne dass ich erkennen kann, weshalb es diese oder jene Information überhaupt gibt, wozu sie vermittelt wird [...], erfahre ich nichts Wissenswertes. Lauter Aussagen von und aus aller Welt, ohne Hintergründe, ohne Zusammenhang, ohne Absicht, die meinem Wissen über die Welt kein einziges bit hinzufügen.*[72] Doch gerade solche Informationen, die für uns ohne Bedeutung und also kein Wissen sind, strömen in so großem Umfang (und oft, ohne dass wir es wollen) auf uns ein, dass wir – schon allein aufgrund der Menge – gar nicht mehr in der Lage sind, sie auch nur annähernd in Wissen zu verarbeiten. Sie sind demnach belanglos für uns und für unser Leben. Und nicht nur das: In dieser wahren Flut von Informationen wird es für uns immer schwieriger, genau diese Daten und Fakten herauszufiltern, die nun für uns wichtig sind, die unser Wissen bereichern sollen. Womit wir wieder am Anfang wären: *Wir ertrinken in Information, aber hungern nach Wissen.*

8.1 Informationen gestern und heute

Bereits im Jahr 1992 konstatierte der amerikanische Medienwissenschaftler und -kritiker Neil Postman in einem Artikel[73] den radikalen Wandel, den der Umgang mit und die Bedeutung von Informationen im Laufe der Zeit erfahren hatte. Postman beschrieb, wie in früheren Zeiten, z.B. im Mittelalter, Informationen vor allen Dingen dazu dienten, das Wissen von der eigenen Umwelt zu erweitern und so dringende Probleme des Lebens bewältigen zu können. Und gerade weil Informationen nur schwer verfügbar waren, waren sie so wichtig und von großem Nutzen. Die Verfügbarkeit von Information änderte sich schlagartig mit der Erfindung des Buchdrucks, der auf einmal eine verhältnismäßig große Menge an Informationen einer verhältnismäßig großen Menge an Personen zugänglich machte. *Nichts wäre irreführender als die Behauptung, die Computertechnologie habe das Informationszeitalter hervorgebracht. Die Druckpresse hat damit begonnen und seither sind wir nicht mehr von ihr losgekommen.*[74] Hier sieht Postman also den Anfang einer Entwicklung, die bis in unsere Gegenwart hinein reicht und die aus einem Strom aus Informationen eine wahre Sintflut hat werden lassen.

Das Überangebot an Informationen hat zur Folge, dass, im Gegensatz zu früher, Informationen heutzutage nicht mehr in erster Linie dazu da sind, um den Zusammenhängen unseres Lebens gewachsen zu sein. Stattdessen verkommen sie immer mehr zur sinnlosen Unterhaltung. Die Menschen erfinden immer neue Kontexte, in denen nutz- und zusammenhanglose Informationen einen scheinbaren Wert bekommen. Kreuzworträtsel, Quizsendungen und Spiele wie „Trivial Pursuit" sind solche *Pseudokontexte für nutzlose Fakten.* Wenn wir mit den unendlich vielen Informationen schon nichts anfangen können, können wir uns mit ihnen wenigstens etwas amüsieren. Die Gefahr dieser Entwicklung sieht Postman darin, dass solche Pseudokontexte Informationen von ihrem ursprünglichen Zweck entfernen und wir deshalb keine Kontrolle mehr über sie haben. Informationen und sinnvolles Handeln, das in echtem Zusammenhang zu den Informationen steht, entfernen sich immer weiter voneinander. Fakten und Daten werden zum Zeitvertreib genutzt und verlieren ihren Wert und ihr eigentliches Ziel.[75] So verlieren wir nach und nach das Bewusstsein darüber, was sinnvoll und von Bedeutung ist. Wenn Information von jedem sinnvollen Nutzen abgelöst wird, wahllos und unbestimmt in Richtung und Ziel auf uns trifft, wird Information zu Müll, mit dem wir nichts mehr anfangen können. *Und zwar deshalb nicht, weil wir keine kohärente Vorstellung von uns selbst, von unserem Universum und von unserer Beziehung zueinander und zu unserer Welt besitzen. Wir wissen nicht mehr, woher wir kommen und wohin wir gehen und warum. Wir verfügen über keinen kohärenten Rahmen, an dem wir uns orientieren können, wenn wir unsere Probleme definieren oder nach Lösungen für sie suchen wollen, und haben deshalb auch keine Maßstäbe, mit denen wir beurteilen können, was sinnvolle, nützliche oder relevante Information ist. Unsere Abwehrmechanismen gegen die Informationsschwemme sind zusammengebrochen; unser Im-*

munsystem gegen Informationen funktioniert nicht mehr. Wir leiden unter einer Art von kulturellem Aids. Und wenn die Versorgung mit Informationen nicht mehr zu kontrollieren ist, leidet darunter unser psychisches Gleichgewicht. Wir finden keine Bedeutung in unserem Leben mehr, verlieren unser Erinnerungsvermögen und haben Schwierigkeiten, uns unsere Zukunft vorzustellen. So ist auch nicht der Mangel an Informationen Schuld an den wirklich ernsten Problemen, die sich den Menschen stellen, sondern die Unfähigkeit, ein Bewusstsein darüber zu entwickeln, was bedeutsam ist und Sinn enthält.

8.2 Informationen bewerten, filtern und auswählen

Der Mangel an Orientierung, der seinen Grund hat im Übermaß an Informationen, das wir nicht mehr bewältigen können, ist eines unserer größten Probleme. Wenn wir Informationen nicht bewerten und sinnvoll in Zusammenhänge bringen können, sind letztlich alle Informationen in gleicher Weise gültig und damit nutzlos, denn eine Auswahl ist unmöglich. Ohne eine Auswahl zu treffen, können wir die verfügbaren Informationen jedoch nicht verarbeiten und werden aus den nackten Daten kein Wissen ziehen können. Was nützen mir z.B. mehrere Tausend Treffer in einer Internet-Suchmaschine, wenn ich nicht weiß, wie ich die wirklich relevanten und verlässlichen Treffer herausfiltern soll und die Ergebnisse in ihrer Gänze einfach unüberschaubar sind? In der Trefferliste sehen sie erst einmal alle gleich oder doch wenigstens ähnlich aus. Um eine solche Vergleichgültigung abzuwenden, müssen wir Maßstäbe finden und entwickeln, die eine Bewertung und eine Beurteilung von Fakten und Daten möglich machen. Nur mit derartigen Filtern lassen sich relevante Informationen selektieren und in Wissen transformieren; und nur das kann zum Verstehen der Welt führen. Orientierungshilfen für die Einschätzung von Fakten und Daten liegen nun jedoch nicht in den Informationen selbst, sondern müssen von außen kommen. Und die Quelle für solche Beurteilungskriterien von Informationen liegt in unserem persönlichen Urteilsvermögen und damit in unserer eigenen Persönlichkeit. Unser Wissen, unsere Erfahrung, unser Verständnis von komplexen Zusammenhängen und der Grad unserer Selbsterkenntnis sind ausschlaggebend für die Beurteilung von Informationen. Haben wir bspw. erkannt, dass die seriöse Verlässlichkeit von Informationen für uns ein wichtiges Auswahlkriterium ist und dass diese ganz wesentlich von der Informationsquelle bestimmt wird, können wir diese Erfahrung auf die Bewertung vorliegender Daten anwenden. Dazu müssen wir jedoch u.a.

- über zusätzliches Wissen zu einzelnen Quellen verfügen (handelt es sich um eine Privatperson, einen Experten, ein Institut, eine Universität, eine kommerzielle Quelle usw.?);
- den Kontext verstehen, in den die Information eingebettet ist (Sachartikel, Werbung, Meinungsäußerung, These etc.);
- wissen, ob wir auf bereits bekannte Quellen zurückgreifen können und möchten;
- möglicherweise auch das Vorhandensein von Zusammenhängen zwischen verschiedenen Quellen erkennen;
- entscheiden, ob ein übergeordneter Kontext bei der Bewertung der Informationsquelle eine Rolle spielt (wir suchen z.B. vorwiegend nach akademischen Aussagen zur Sache oder doch eher nach populärwissenschaftlichen Büchern dazu ...);
- Zusammenhänge zu unserer eigenen Auffassung oder Absicht erkennen;
- abwägen, wie tief wir in die Materie überhaupt eindringen wollen;
- etc.

Kriterien wie diese helfen uns bei der Auswahl von Informationen, und je sicherer wir in unserem Urteilsvermögen sind, umso effektiver und zielsicherer wird diese Selektion erfolgen, auf deren Basis wir dann die Verarbeitung der Informationen beginnen können. Mithilfe von Beurteilungen und Bewertungen selektieren wir vor allen Dingen Informationen, nach denen wir ausdrücklich gesucht haben. Dies ist selbst bereits ein erster Schritt, um der Informationsflut Einhalt zu gebieten: Wir versorgen uns selbst aktiv und gezielt mit den Daten, die wir ausdrücklich suchen und brauchen, statt zu hoffen, dass in dem unüberschaubaren Datengemenge schon irgendwo das Richtige auftauchen wird. Dazu gehört auch, dass ich mir darüber klar werde, welche Informationen ich brauche und woher ich sie wahrscheinlich am besten beziehen kann. Kann ich meine Suche dann noch spezifizieren, werden die Ergebnisse sicher eine größere Aussagekraft für meine Frage haben. Wenn ich z.B. im Internet Informationen zu einem bekannten Wissenschaftler suche, finde ich Daten zu den unterschiedlichsten Aspekten dieser Person: zu seinem Leben, seiner Forschung, seinem Forschungsgegenstand, seinen Publikationen und Vorträgen, seinen Kollegen, seiner Lehrtätigkeit, ich finde Interviews mit ihm, Artikel von ihm oder über ihn, Internetseiten über ihn und/oder seine Forschungsergebnisse, Diskussionsbeiträge zu seiner Arbeit, Institutionen, in denen er tätig war, ich lese seinen Namen auf Teilnehmerlisten, als Quellenangabe, als Preisträger und wenn sich gerade sein Todestag jährt, dann vermutlich auch einen Programmhinweis auf eine Radio- oder Fernsehsendung über ihn ... Es wird deutlich: Je genauer ich weiß, wonach ich hinsichtlich dieses Wissenschaftlers suche, umso größer ist die Wahrscheinlichkeit, dass ich etwas finde, was mir wirklich weiterhilft.

Ein anderes – und ebenso großes – Problem stellen indes jene Informationen dar, die durch die verschiedensten Medien tagtäglich und beinahe ununterbrochen auf uns einströmen. Dieser Informationsstrom wächst zur unbeherrschbaren und lähmenden Informationsflut heran, wenn wir der Entwicklung nicht bewusst Einhalt gebieten. *Aus Millionen von Quellen auf dem ganzen Erdball, aus jedem erdenklichen Medium – Lichtwellen, Ätherwellen, Telexstreifen, Datenbanken, Telephondrähten, Fernsehkabeln, Satelliten, Druckmaschinen – sickert Information hervor.*[76] Radio, Fernsehen, Zeitungen, Bücher, Werbung in allen Formen, Internet, Post, eMails, News-Ticker usw. usf. – wenn Sie nur einmal kurz beginnen, zu überlegen, auf welchen Kanälen Ihnen allein heute schon Informationen (nach denen Sie gar nicht gesucht oder gefragt haben) übermittelt wurden, welchen Umfang diese hatten und wie hoch davon der Anteil der Informationen war, die Sie wirklich nutzen konnten, wird schnell klar, dass die Masse der Informationen, die wir täglich hören, lesen, sehen, nur zu einem Bruchteil wirklich relevant und nutzbar für uns ist. Psychologen sagen sogar, dass wir nur ein bis fünf Prozent der täglich produzierten Informationen nutzen können. Die Einschränkungen beginnen schon damit, dass wir rein physisch dem Informationsansturm gar nicht gewachsen sind, denn die Übertragungsrate unserer Sinnesorgane und die Aufnahmekapazität unseres Gehirns erlauben nur einen beschränkten Umfang der Datenverarbeitung. Zur Veranschaulichung: Auch sehr geübte Leser können am Tag maximal wenige hundert Seiten Text rezipieren und verarbeiten.[77] Und so bleiben zwangsläufig große Mengen an Information ungenutzt, obwohl wir wirklich viel Zeit und Energie einsetzen, um die Informationsflut zu bewältigen. Unser Medienkonsum nimmt am Tag z.B. so viel Zeit ein wie fast keine andere Tätigkeit. Oder wir entwickeln Strategien wie das Multitasking, mit dem wir versuchen, mehrere Dinge gleichzeitig zu erledigen, was übrigens psychologisch gar nicht möglich ist. Deshalb bedeutet Multitasking im Endeffekt auch nichts anderes, als dass ich mit meiner Aufmerksamkeit in kurzen Abständen immer hin und her wechsle zwischen den verschiedenen Kontexten bzw. mich auf eine der Aufgaben nur am Rande konzentrieren kann. Dass in der Folge die Fehlerquote steigt und die Effektivität sinkt, überrascht nicht weiter. So ist der Erfolg von Multitasking also als sehr zweifelhaft einzuschätzen.

Insgesamt ist festzustellen, dass wir immer weit weniger wissen und verstehen, als wir glauben, wissen und verstehen zu müssen. Jedermann kennt das Phänomen, dass man zumindest auf seinem Spezialgebiet umfassend informiert sein will. Doch die hohe Komplexität der Zusammenhänge, die große Reichweite von Informationsvermittlung und immer neue Erkenntnisse machen es nahezu unmöglich, immer auf dem aktuellsten Stand zu sein und wirklich jeden Winkel des Fachgebiets ausgeleuchtet zu haben. Deshalb haben wir oft das Gefühl, dass es immer noch eine Vielzahl an Informationen gibt, die wir uns noch nicht angesehen haben (und das nicht nur auf dem eigenen Fachgebiet) – was ja zum größten Teil auch stimmt. So entwickelt sich aufgrund des unüberschaubar großen Angebots an Informationen direkt eine Informationssucht, die wir mit dem Abrufen immer neuer Informationen zu befriedigen versuchen. – Die Informationsverarbeitung bleibt dabei nicht selten auf der Strecke. Denn das Gehirn des Menschen funktioniert nicht wie ein Notizzettel, auf den man einfach etwas schreibt, das dann immer zur Verfügung steht. Informationen stehen uns nur dann als Wissen zur Verfügung, wenn wir sie verstehen, bewerten und in Kontexte integrieren. Und dabei sind unsere Kapazitäten beschränkt.

Aufgrund dessen ist es notwendig, den alltäglichen unkontrollierbaren Strom an Informationen zu bremsen und von vornherein zu filtern. Denn natürlich ist es auch nicht sinnvoll, sich von Informationen ganz und gar abzuschotten. Informationen sind wichtig, um richtig und angemessen entscheiden, planen und agieren zu können. Und auch die Aktualität der Informationen ist nicht unerheblich, denn Wissen veraltet gegenwärtig immer schneller, und nachhaltige Entscheidungen können nicht auf Basis veralteter Daten getroffen werden. Gleichermaßen ist eine allgemeine Informiertheit (das Allgemeinwissen) gerade in kommunikativen Kontexten von nicht geringer Bedeutung. Wer hier ausgeprägte Defizite hat, wird Schwierigkeiten haben, souverän kommunizieren zu können.

Die Informationsflut ist nur aufzuhalten (und das wahrscheinlich auch nur ansatzweise), wenn wir versuchen, ganz bewusst die Informationen, die ohne unsere Absicht und eher beiläufig – dafür aber oft in großen Mengen – auf uns einströmen, so weit es geht von uns fern zu halten. Gerade Fernsehen und Radio laufen häufig einfach nebenbei, obwohl wir mit anderen Dingen beschäftigt sind. So erfahren Sie ganz nebenbei zwar etwas über die neueste Unfallstatistik in Brandenburg, über die Leitzinserhöhung, das Schulsystem in Finnland, den Tabellenstand der Bundesliga, das Wetter in Bayern und eine Menge über das Privatleben diverser Stars und Sternchen – doch hat nicht selten keine dieser oder all der anderen Informationen, die auf diesem Wege zu Ihnen gelangt sind, irgendeine Bedeutung für Ihr eigenes Leben, und Sie werden am Ende des Tages vermutlich nicht viel mehr wissen als am Anfang desselben. Fernsehen und Radio sind wichtige und nützliche Informationsquellen – vor allen Dingen dann, wenn man gezielt und am besten im Vorfeld auswählt, was man konsumieren möchte, und auch bewusst entscheidet, was man nicht sehen oder hören will.

Man muss nämlich nicht alles wissen, und man muss sich auch nicht für alles interessieren. Wer sich dessen bewusst ist, kann überlegen, was für ihn selbst, sein Leben und seine Arbeit wirklich wichtig ist, und dann entscheiden, welche Informationen er auch einfach ignorieren kann (und sollte). Insbesondere souveränen Menschen fällt es nicht schwer, den eigenen Informationsbedarf richtig einzuschätzen und dementsprechend überflüssige Informationen unberücksichtigt zu lassen. Sie wissen, was ihnen wichtig ist und dass es nicht nötig ist, zu jedem Thema etwas zu sagen zu haben. Das gibt ihnen sowohl die Freiheit als auch die Gelassenheit, bestimmte Informationsangebote ungenutzt vorbeiziehen zu lassen und sich stattdessen den wichtigen Dingen ihres Lebens zu widmen.

Hilfreich ist auch die Unterscheidung zwischen wichtigen und dringenden Informationen. Denn oft sind wichtige Informationen gar nicht dringend. Das heißt, es ist einfach kein Problem, sich diesen Nachrichten auch ein paar Stunden später zu widmen. Die schnellen Kommunikationsmittel verbreiten heutzutage nur den Eindruck, dass alles, was wichtig ist, auch dringend ist, weil die entsprechenden Nachrichten meist unmittelbar versendet und empfangen werden und inzwischen beinahe jeder permanent erreichbar ist. Die Entscheidung, sich nicht ständig und automatisch von Nachrichten und Informationen in seinen Tätigkeiten unterbrechen zu lassen (z.B. durch eMails, Newsletter, die stündlichen Radionachrichten, eingetroffene Faxe etc.), sondern sich diesen später gezielt und konzentriert zuzuwenden, verringert im Endeffekt den Zeit- und Energieaufwand bei der Verarbeitung dieser Informationen.

Das Internet, inzwischen für viele Menschen eine der wichtigsten Informationsquellen, lassen wir in der Regel nicht – wie ein Radio oder einen Fernseher – nebenbei oder wahllos und unbedacht laufen. Problematisch ist hier jedoch, dass wir oft unversehens in dieses Medium regelrecht hineingezogen werden, da hier so viele Informationen so einfach, schnell und unkompliziert verfügbar sind. Erscheint auf einer Internetseite ein Hinweis auf ein nächstes Thema, so bedarf es nur eines Klicks, um dorthin zu gelangen. Die Verlinkungen zwischen den Seiten vermitteln außerdem den Eindruck, dass sie irgendwie zusammengehören und dass man vielleicht wichtige Aspekte des Themas vernachlässigt, wenn man den Links nicht folgt. So entsteht ein regelrechter Drang und oft auch ein großes Vergnügen, den manchmal abwegigsten Seitenpfaden eines Themas nachzugehen, bis man sich schließlich im Dickicht der Verzweigungen zu verlieren droht – und den Rückweg wieder zu finden, ist dann meist ein völlig aussichtsloses Unterfangen. Im „wirklichen" Leben müssten wir wahrscheinlich erst in die Bibliothek gehen und ein entsprechendes Buch finden, um die gleichen Informationen zu bekommen, sodass das Thema dann nur noch halb so attraktiv ist und der notwendige Aufwand uns von weiteren Recherchen abhält. Die unmittelbare Verfügbarkeit von Informationen im Internet ist so verführerisch, dass so mancher ungewollt viele Stunden im Internet verbringt, wobei er doch nur mal schnell etwas nachschauen wollte ... Deshalb ist es gerade in Sachen Internet besonders wichtig, die Nutzungszeit bewusst zu begrenzen und diese auch vom Suchergebnis abhängig zu machen. Wenn ich gefunden habe, was ich suche, kann ich das Internet einfach wieder abschalten.

Ein gutes Zeitmanagement kann auch in diesem Zusammenhang sicher wertvolle Unterstützung leisten, denn der tägliche Medienkonsum entwickelt sich nicht selten zum gefürchteten „Zeitfresser" und trägt außerdem häufig dazu bei, dass die Grenzen zwischen Arbeitszeit und Ruhezeit verwischen. Wer kennt das nicht, dass er in der Pause zum Zeitvertreib ein bisschen im Internet surft oder ein paar Zeitschriften durchblättert und dann unversehens an einem Fachartikel hängen bleibt oder eine wichtige eMail erhält, auf die dann doch schnell geantwortet werden muss. Deshalb ist es wichtig, auch die Aufgaben der Informationsbeschaffung in die tägliche Arbeits- und Zeitplanung mit aufzunehmen. Das umfasst u.a.:

- das Feststellen des aktuellen konkreten Informationsbedarfs;
- das Kalkulieren des Zeitaufwandes für die Beschaffung;
- das Setzen von Prioritäten;
- einen Vergleich zwischen Zeitaufwand und Priorität einer bestimmten Frage oder Aufgabe;
- die Berücksichtigung des Unterschieds von Dringlichkeit und Wichtigkeit;
- das Einbeziehen von Pufferzeiten;
- das Festlegen eines Ergebnisses, um ein klares Ende zu markieren;
- die Berücksichtigung von Pausenzeiten und Regenerationsphasen.

Außerdem gilt es zu überprüfen, ob einige der Informationen vielleicht auch effektiver von anderen Personen beschafft werden können, sodass sich bestimmte Rechercheaufgaben auch delegieren lassen. Ein Grund dafür könnte z.B. sein, dass sich jemand auf einem bestimmten Gebiet bereits sehr gut auskennt, die verfügbaren Quellen besser beurteilen kann und so schneller die gesuchten Informationen findet. Oder Sie brauchen selbst nur einen groben Überblick über eine Thematik, sodass Ihnen die Quintessenz einiger umfangreicher Ausführungen ausreicht. Auch hier wäre es möglich, die Beschaffung, Bewertung und Auswahl der Informationen bspw. einem Mitarbeiter zu überlassen, wenn Ihr Zeitplan eine aufwendige Suche nach den Daten nicht zulässt. Es ist deshalb durchaus sinnvoll, im Vorfeld abzuwägen, ob es notwendig ist, die Informationen in vollem Umfange unbedingt selbst zu ermitteln oder ob Sie verlässlich auch aus zweiter Hand darauf zugreifen können. Solche Maßnahmen können helfen, den „Zeitfresser" Medienkonsum im Zaum zu halten.

Diese und die vorigen Überlegungen lassen sich im Prinzip auf alle Informationsmedien anwenden. Auf eine Einzeldarstellung wird hier verzichtet, denn im Kern geht es darum, der Überflutung mit Informationen in erster Linie einen bewussten Umgang mit Informationen entgegenzusetzen. Dieser schafft in der Folge Freiraum für Kreativität und eigene Initiativen, denn er fördert das Bewusstsein über uns selbst und macht Kapazitäten frei: Wir haben mehr Zeit, mehr Energie, mehr Ruhe und kreativen Spielraum. Das Konsumieren von wahllosen Daten ohne Sinn und Verstand bereichert hingegen unser Leben nicht, denn auf diesem Wege verlieren Informationen ihren Wert und ihren eigentlichen Zweck. Diesen Zweck wieder zu erkennen und zu nutzen, Informationen wieder wertvoll sein zu lassen, die Quantität auf ein Maß zu reduzieren, das von uns wieder erfassbar und einsetzbar ist – das bedarf einer bewussten und kritischen Auseinandersetzung mit dem eigenen Informationsbedarf, dem Informationsangebot und dem Prozess der Informationsverarbeitung. Der eigenen Persönlichkeit wird hierbei eine wichtige Aufgabe zuteil: Letztlich liegt es bis zu einem gewissen Grad bei jedem selbst, zu erkennen und zu entscheiden, welche Informationen er braucht und welche er überhaupt an sich heran lässt. Bei uns selbst liegt der Maßstab zur Bewertung und Auswahl von Informationen.

8.3 Informationsangebote souverän nutzen

Der beschriebenen Notwendigkeit zur bewussten Einschränkung im Konsum von Informationen steht ein permanenter Druck gegenüber, gerade beruflich immer auf dem neuesten Stand zu sein, sich den neuesten Entwicklungen anzupassen und keinesfalls eine Innovation zu versäumen. Hier scheint es geradezu abwegig, Informationsquellen absichtlich nicht zu nutzen. Denn bei dem hohen Entwicklungstempo unserer Zeit scheint die Gefahr, etwas zu verpassen, wenn man sich nicht permanent auf dem Laufenden hält, einfach zu groß. Die bekannte Rede vom lebenslangen Lernen (das auch gern einmal nicht ganz wertfrei in „lebenslängliches Lernen" umbenannt wird) drückt den Umstand aus, dass besonders die berufliche Tätigkeit inzwischen oft mit einer ständigen Weiterqualifizierung einhergeht. Diese Tendenz wird sich in Zukunft noch verstärken, und die *tägliche Arbeit wird auch tägliche Qualifizierungsarbeit*[78] sein. So sind wir im Berufsleben (und ebenso in anderen Bereichen) immer mehr darauf angewiesen, Informationsangebote, die sich uns bieten, zu nutzen und auch neue Informationsquellen zu erschließen.

Dies ist jedoch nur scheinbar ein Widerspruch zu der erforderlichen bewussten Beschränkung im Informationskonsum, denn gerade im Zusammenhang mit der persönlichen Weiterbildung und Entwicklung ist es von zwingender Notwendigkeit, dass nicht einfach so viele (sinnentleerte) Daten wie möglich gesammelt werden, sondern dass Informationen bewertet, verarbeitet und in anwendbares Wissen umgewandelt werden. Und auch die Bestimmung des eigenen Informationsbedarfs erhält in diesem Zusammenhang eine große Bedeutung. Denn für die individuellen Qualifizierungsmaßnahmen ist es äußerst wichtig, dass sie bewusst abgestimmt sind auf die eigenen ausbaufähigen Qualitäten und Fertigkeiten sowie die auszugleichenden Defizite. Desgleichen sollte die Beschaffung von Informationen zur eigenen Qualifizierung immer ein aktiver und zielgerichteter Prozess sein und unter bewusster Selektion der Daten und Fakten wie auch der Informationsquellen stattfinden.

Ein sorgfältiger und bedachter Umgang mit Informationen wird auf lange Sicht die Informationsverarbeitung effektivieren. Und eine effektive Verarbeitung von Informationen ist heutzutage unverzichtbar geworden. Denn die rasanten Entwicklungen in nahezu allen Lebensbereichen erfordern immer wieder aufs Neue, veränderte Gegebenheiten sowie neue Situationen zu erfassen und auf die neuartigen Bedingungen angemessen zu reagieren. Zu diesem Zweck muss einerseits ein Informationsbedarf erkannt werden, andererseits müssen die notwendigen Daten – aus möglichst verlässlichen Quellen – beschafft und sinnvoll verarbeitet werden. So kann Wissen entstehen, dass zur Bewältigung von Veränderungen beiträgt und ermöglicht, ggf. das eigene Verhalten und Handeln den neuen Anforderungen anzupassen.

Um auf die Veränderungen, die uns beinahe täglich begegnen, adäquat reagieren zu können, bedarf es neben der bewussten Handhabung der Informationsangebote auch einiger bestimmter Persönlichkeitsvoraussetzungen. Dazu zählen u.a. geistige Flexibilität, Unvoreingenommenheit und Aufgeschlossenheit sowie eine gefestigte Persönlichkeit. Wie wichtig eine Persönlichkeit, die als sichere Basis und fester Bezugspunkt fungieren kann, in unserer dynamischen und komplexen Welt ist, wurde bereits im ersten Kapitel dieses Buches diskutiert. Menschen, die ihr Leben selbstbestimmt gestalten wollen, brauchen eine substanzielle Grundlage in sich selbst, die als Orientierung, Rückbesinnung und -versicherung zur Verfügung steht, um bei aller Dynamik, Veränderung und Komplexität nicht sich selbst zu verlieren. Somit ist ein festes Fundament der eigenen Persönlichkeit Grundvoraussetzung für Flexibilität. Denn mit einer solchen Basis sind Veränderungen in der Welt nicht automatisch auch eine Gefährdung für die Stabilität der eigenen Person. Das ermöglicht es, Veränderungen aufgeschlossen entgegen zu sehen und sie als Herausforderung und Chance zu begreifen anstatt sie als Bedrohung der eigenen Lebensführung zu sehen. Und ein offener Blick auf das Neue erhöht die Fähigkeit, sich angemessen darauf einzustellen. Kann man sich auf sich selbst verlassen, bergen neue Herausforderungen weit weniger Risiken, denn misslingt ein Versuch, kann man sich letztlich auf sich selbst besinnen und ggf. einen geordneten Rückzug antreten. So fällt es nicht schwer, neue Ideen und Methoden erst einmal mit Interesse und Toleranz zu begutachten, um herauszufinden, welche Möglichkeiten tatsächlich in ihnen stecken. Wer sich dem Neuen hingegen ängstlich und allzu vorsichtig verschließt, verschenkt nicht selten wertvolles Potenzial zur persönlichen Entfaltung und Entwicklung.

Zusammenfassung

✓ *Wir ertrinken in Information, aber hungern nach Wissen.* – Auf diese Formel bringt der Zukunftsforscher John Naisbitt das Dilemma unserer Informationsgesellschaft: Uns stehen überwältigend große Mengen an Information zur Verfügung, doch sind wir nicht einmal ansatzweise dazu in der Lage, diese Datenmengen zu echtem anwendbarem Wissen zu verarbeiten. Denn nur wenn wir Informationen bewerten, einordnen und mit Bedeutung versehen, werden sie zu Wissen. Das reine Abrufen von Daten vergrößert unser Wissen nicht.

✓ Informationen strömen täglich in Hülle und Fülle auf uns ein, sodass wir kaum mehr in der Lage sind, aus dem riesigen Angebot die Informationen herauszufiltern, die für uns wichtig sind, um sie zu Wissen zu verarbeiten. Informationen verlieren so ihren Wert und ihren eigentlichen Zweck.

✓ Informationen dienten früher dazu, das eigene Wissen zu erweitern, um die Probleme des Lebens bewältigen zu können. Sie waren nicht ohne Weiteres verfügbar und hatten deshalb einen großen Wert. Sie wurden genutzt, um sinnvolles Handeln zu ermöglichen. Inzwischen wird dieser Zweck in den Hintergrund gedrängt, da Informationen zum großen Teil wert- und bedeutungslos geworden sind, weil wir aufgrund der großen Anzahl an Daten letztlich nichts Sinnvolles mehr mit ihnen anfangen können. Wir können ihnen weder einen Wert noch eine Bedeutung zuschreiben, sodass es unmöglich ist, eine Auswahl zu treffen. Jedoch wäre nur eine gezielte Auswahl der Daten überhaupt zu verarbeiten. Informationen werden deshalb zu Müll und dienen uns gerade einmal noch zur Unterhaltung.

✓ Kriterien für die Bewertung und Beurteilung von Informationen können wir aus unserem eigenen Urteilsvermögen – und damit aus unserer eigenen Persönlichkeit – schöpfen. Die souveräne Persönlichkeit erhält deshalb eine große Bedeutung bei der Bewältigung der Informationsflut. Gelingt es nicht, die Datenschwemme aufzuhalten, wird sie zur unbeherrschbaren und lähmenden Gefahr.

✓ Um die Informationsflut einzudämmen, ist es wichtig, die wahllos und beliebig auf uns einströmenden Daten von uns fern zu halten. Ein bewusster Umgang mit Informationen ist die Voraussetzung dafür. Er beinhaltet die Auseinandersetzung mit dem Informationsbedarf, dem Informationsangebot und dem Prozess der Informationsverarbeitung. Der Konsum von sich willkürlich ergießenden Informationen führt hingegen dazu, dass Wert und Anwendbarkeit von Informationen immer weiter minimiert werden.

✓ Trotz alledem sind Menschen immer auf Informationen angewiesen, um entscheiden und handeln zu können und um sich in der schnell verändernden und komplexen Gegenwart zurechtzufinden. Insbesondere im Berufsleben spielen Informationen und Informiertsein eine wichtige Rolle, denn hier ist es besonders wichtig, Veränderungen zu meistern und Innovationen nicht zu versäumen. Und umso mehr kommt es in diesem Zusammenhang auf einen bewussten und auch kritischen Umgang mit den verfügbaren Informationen an, sodass der Anspruch vom lebenslangen Lernen in keinem Widerspruch steht zur bewussten Beschränkung des Informationskonsums.

✓ Der richtige Umgang mit Informationen lässt Wissen entstehen und hilft dabei, sich den neuen Bedingungen und Anforderungen entsprechend zu verhalten, um veränderte Gegebenheiten bewältigen und angemessen auf sie reagieren zu können. Ebenso wichtig sind für diese Herausforderung jedoch ein hohes Maß an geistiger Flexibilität, Unvoreingenommenheit und Aufgeschlossenheit sowie eine gefestigte souveräne Persönlichkeit.

Der Mann mit den Krücken: eine Geschichte zum Nachdenken

Tun wir nicht immer wieder Dinge einfach deshalb, weil wir sie schon immer so getan haben? Akzeptieren wir nicht immer wieder Umstände, weil sie nun mal einfach so sind? Häufig vergessen wir, dass es sich lohnt, Gewohnheiten und Gegebenheiten von Zeit zu Zeit zu hinterfragen. Denn sie helfen uns in unserem Alltag. Sie sind Stützen, die uns Halt geben und auf die wir nicht verzichten wollen. Doch manchmal bedeutet Verzicht auch Gewinn.

Es war einmal ein Mann, der lebte in einem seltsamen Land. Dieses Land war seltsam, weil die meisten Erwachsenen mit Krücken herumliefen, obwohl sie keine physische Behinderung besaßen, die Krücken notwendig gemacht hätte. Es war halt einfach so üblich. Die meisten Jugendlichen begannen damit, Krücken zu benutzen, weil sie glaubten, dass es sie „erwachsen aussehen ließ" – und weil die meisten ihrer Alterskollegen das auch taten.

Nun hat es natürlich viele Nachteile, mit Krücken zu gehen. Es macht die Person langsam, behindert sie im Gelände, beim Treppensteigen, Springen oder Tragen. Und in der Menge muss man ständig aufpassen, nicht an den Krücken der anderen hängen zu bleiben ... Eines Tages war dieser Mann im Stadtpark unterwegs. Da stieß er plötzlich auf einen kleinen Jungen, der ganz allein war und jämmerlich weinte, weil er nicht wusste, wie er wieder heimfinden konnte. Der Mann erkannte ihn als den erst drei Jahre alten Jungen, der in der Nachbarwohnung neben ihm lebte. Augenscheinlich war er seiner Mutter fortgelaufen und hatte sich verlaufen.

Ohne nachzudenken, hob der Mann den kleinen Jungen hoch, tröstete ihn und trug ihn nach Hause. Die aufgeregte Mutter war hoch erfreut, dass sie ihren Sohn wieder hatte, denn sie hatte schon vergeblich nach ihm gesucht. Auch der kleine Junge war glücklich, dass er wieder zuhause war. Und der Mann – zurück in seiner Wohnung – legte sich gleich ins Bett, um sich von dieser Anstrengung auszuruhen.

Spät in der Nacht erinnerte sich der Mann plötzlich, dass er seine Krücken im Park hatte liegen lassen an der Stelle, an der er den kleinen Jungen gefunden hatte. Sein erster Gedanke war, sofort die Straße hinunter zu laufen und zu sehen, ob er seine Krücken finden könnte. Doch es war jetzt dunkel im Park – und vermutlich waren sie auch schon von jemand mitgenommen worden. So würde ihm wohl nichts anderes übrig bleiben, als am Morgen gleich in ein Geschäft zu gehen und sich ein paar neue Krücken zu kaufen. Mit diesem Gedanken schlief er ein und träumte in der Nacht immer wieder, wie er den kleinen Jungen nach Hause getragen und zu seiner Mutter zurückgebracht hatte. Das machte ihn glücklich und zufrieden.

Kurz vor Morgengrauen änderte sich dann sein Traum. Er begegnete plötzlich sich selbst auf der Straße vor seinem Haus. „Was machst du hier?" fragte sein Spiegelbild. Und er erklärte, wie er den Jungen gefunden hatte. Erstaunt schaute ihn sein Pendant an und fragte ungläubig: „Du bist den ganzen Weg vom Park bis nach Hause ohne Krücken gelaufen? Kaum zu glauben!"

Mit diesem Gedanken wachte er auf. Langsam wurde ihm bewusst: „Ja, ich bin den ganzen Weg ohne Krücken gelaufen", und er erkannte: „und ich kann auch den restlichen Weg in meinem Leben ohne sie gehen." Und so tat er es denn auch und lebte ab da glücklich und zufrieden ohne Krücken.

(Quelle unbekannt)

Resümee: Das Selbst zu sein, das man in Wahrheit ist

Das Selbst zu sein, das man in Wahrheit ist. – Der Psychologe Carl R. Rogers meint, diese Formulierung von Søren Kierkegaard[79] klingt so einfach, als wäre es geradezu etwas Absurdes, sie überhaupt zu problematisieren.[80] Welches Selbst sollte man denn sonst sein? – Doch gerade der Zustand, in dem ich wirklich ich bin, scheint eine der dringendsten Sehnsüchte so vieler Menschen zu sein, dass es sich dabei allem Anschein nach weder um etwas Einfaches noch um etwas Absurdes handelt. *Wer bin ich denn in Wirklichkeit? Wie kann ich Kontakt mit dem wirklichen Selbst aufnehmen, das unter meinem ganzen oberflächlichen Verhalten liegt? Wie kann ich Ich werden?*[81] Das sind offenbar einige der zentralen Fragen, auf die die Menschen in ihrem Leben Antwort suchen. Und für viele Menschen wird es zum Sinn gebenden Lebensziel, eben wirklich dieses Selbst zu sein, das sie in Wahrheit sind. Es sind Schlagwörter wie Selbstfindung, Selbstentfaltung, Selbstverwirklichung und dergleichen, die benutzt werden, um diese existenzielle Sehnsucht von Menschen zu beschreiben. Und auch die zu Beginn dieses Buches ausgeführten Überlegungen zum Glück formulieren als zentralen Aspekt das authentische Leben, das Raum gibt zur freien Entfaltung und im Einklang mit dem Selbst das persönliche Glück eines Menschen hervorbringen kann. Das Ziel ist es letztlich, hinter aufgesetzten Masken und Rollen die eigene unverfälschte Persönlichkeit freizulegen und diese ungehindert auszuleben, um so ein erfülltes und selbstbestimmtes Leben zu führen, in das das eigene Denken und Fühlen harmonisch eingebettet ist. Carl R. Rogers konnte vor allem auch in seiner Arbeit als Psychologe sehen, dass dieser Prozess der Selbstentdeckung nichts ist, was Menschen sich künstlich aneignen oder sich von außen auferlegen lassen. Wenn Menschen sich in Verhältnissen befinden, die für sie Freiheit und Sicherheit bedeuten, in denen sich ihre Gedanken, Empfindungen und das eigene Sein ungehindert in jede gewünschte Richtung bewegen können, nutzen sie diese Freiheit, um immer mehr sie selbst zu werden. *Sich-selbst-Sein [heißt,] die Einheit und Harmonie entdecken, die in [den] eigenen realen Empfindungen und Reaktionen existiert. Das heißt, daß das wirkliche Selbst etwas ist, das sich in den eigenen Erfahrungen bequem entdecken läßt; es ist nichts dem Selbst Oktroyiertes.*[82] Authentizität und Selbstbestimmung sind also auch in diesem Zusammenhang die entscheidenden Größen. Wenn sie Wirklichkeit werden, kann sich die ganze Persönlichkeit eines Menschen entfalten, was für viele Menschen wesentlicher Inhalt eines guten Lebens ist.

Diese Einsichten machen deutlich, dass die Entwicklung zu einer souveränen Persönlichkeit und die volle Entfaltung des Selbst voneinander nicht zu trennende Prozesse sind. Man kann sogar soweit gehen, sie als einen einzigen Vorgang zu betrachten und letztlich die souveräne Persönlichkeit mit dem entfalteten, selbstbestimmten und authentischen Ich gleichzusetzen. Wurde in den bisherigen Ausführungen dieses Buches vor allen Dingen der Zustand persönlicher Souveränität erläutert, soll das letzte Kapitel einen Ausblick geben auf den Prozess der persönlichen Entwicklung, der Schritt für Schritt zur individuellen Entfaltung und damit zur Souveränität führt. Grundlage der Darstellung wird die Beschreibung Carl R. Rogers' zur Suche nach dem wirklichen Selbst[83] sein, in der die wesentlichen Elemente sehr prägnant veranschaulicht werden. Rogers' Gedanken können gleichzeitig als eine Art Resümee dieses Buches und als Anregung für weiterführende Überlegungen – vor allem in Hinblick auf uns selbst und unsere eigene Persönlichkeitsentwicklung – gelesen werden. Denn die dort betrachteten zentralen Aspekte einer sich entfaltenden Persönlichkeit korrespondieren deutlich mit den vorangegangenen Ausführungen zur Souveränität. (Nicht umsonst ist dort auch immer wieder auf die Wichtigkeit bestimmter Persönlichkeitsmerkmale für die Souveränität eingegangen worden.) Komprimiert und aus der Perspektive eines Psychologen werden so grundlegende Gedankengänge noch einmal nachvollziehbar gemacht und durch den veränderten Blickwinkel zudem von einer etwas anderen Seite beleuchtet.

Auf dem Weg zu sich selbst

Die Suche nach der eigenen Identität, dem authentischen Ich, ist ein schwieriger Weg und stellt einen Menschen immer wieder vor große Herausforderungen. Sie beinhaltet Schritte, die sehr beunruhigend oder sogar beängstigend sein können. Gewohnheiten und Sicherheiten werden aufgegeben, Risiken werden eingegangen, Konflikte und Auseinandersetzungen werden ausgetragen, das eigene Leben wird hinterfragt. Es eröffnen sich vielleicht unerfreuliche oder schmerzhafte Erkenntnisse, und unter Umständen steht auf einmal die gesamte bisherige Lebensführung infrage. Der Weg zu meinem Selbst stellt demnach zunächst einmal eine Gefahr dar für das Selbst, das ich bisher war – auch wenn dies nicht mein wahres Selbst war. Deshalb nimmt der Prozess der Entfaltung der eigenen Persönlichkeit in der Regel auch einen zögerlichen und vorsichtigen Anfang. Und auch der Verlauf selbst vollzieht sich eher behutsam und in kleinen Schritten, als dass ungestümer Tatendrang zu einem schnellen Abschluss führt. Nicht selten haben Menschen überdies ernsthafte Befürchtungen davor, wie dieses wirkliche Selbst denn überhaupt sein wird, das sie dann finden. Niemand kann vorhersagen, wo die Reise endet. Es ist ein Weg ins Ungewisse, den letztlich jeder selbst beschreiten muss. Und obgleich dieser Weg immer jeweils individuell ist, lassen sich durchaus charakteristische Linien erkennen, die den individuellen Entwicklungsprozessen gemeinsam sind. Kennzeichnende Stationen dieses Weges werden deshalb im Folgenden skizziert.

⇢ *Das Selbst, das man* nicht *ist*

Häufig beginnt – sofern die äußeren Bedingungen stimmen – der Prozess mit einer Bewegung, die erst einmal von dem Selbst wegführt, das man *nicht* ist. Dabei gibt es oft noch gar kein „Wohin", keine Gewissheit darüber, dass es hinter dem verfälschten Ich wirklich ein anderes, ein echtes Ich gibt – geschweige denn eine Idee von der Beschaffenheit dieses Ichs. – Trotzdem werden falsche Fassaden und künstliche Masken, die zumeist als Schutzschichten fungieren, fallengelassen, von denen man in gewisser Weise weiß, dass man sie benutzt, und vermutet, dass sich hinter ihnen etwas Grundlegenderes verbirgt. Das führt dazu, dass man zumindest nicht mehr vorgibt, etwas zu sein, was man *nicht* ist. Stattdessen findet man einen kleinen Schritt näher zu sich selbst, indem das Selbst hier eben als ein Mensch wahrgenommen wird, der sich hinter einer Fassade verbirgt. In die gleiche Richtung zielt das Wegbewegen von Fremdbestimmung, als dessen Ergebnis eine Entwicklung zur Selbstbestimmung beginnt. Fremdbestimmungen entstehen z.B. durch Vorstellungen von dem, was man sein sollte. Diese Vorstellungen werden u.a. schon sehr stark während der Kindheit geprägt durch das Wertesystem, das die Familie und später das soziale Umfeld vermitteln. Auch das, was die eigene Kultur und die gesellschaftlichen Zusammenhänge vom Einzelnen erwarten, stellt häufig eine Art von Fremdbestimmung dar. Und nicht zuletzt führt das Bedürfnis, anderen zu gefallen, dazu, dass man sein wahres Selbst verbirgt und Dinge tut, Sachen sagt oder Überzeugungen teilt, die nicht der eigenen echten Persönlichkeit entsprechen. Von all diesen Fremdeinflüssen bewegen sich Menschen, die zu ihrem Selbst vordringen wollen, nach und nach immer weiter weg und beginnen damit, sich selbst und die eigenen Gefühle nicht mehr zu verbergen – weder vor sich noch vor anderen. Es entwickelt sich der Wille, etwas Echtes zu sein, statt von außen definiert zu werden.

⇢ *Selbstbestimmung und Verantwortung*

An dieser Stelle setzt die Entwicklung zur Selbstbestimmung ein. Selbstbestimmte Menschen entscheiden eigenständig, was für sie wichtig ist, übernehmen Verantwortung für ihre Entscheidungen und Handlungen, wählen bewusst selbst Ziele aus, die ihr Handeln leiten, und gewinnen mit der Zeit das Gefühl, dass in ihrer eigenen Persönlichkeit eine wichtige Bewertungsinstanz für ihre Entscheidungen, Überzeugungen und Urteile liegt. Sie brauchen das Wertesystem anderer immer weniger, werden unabhängiger von der Zustimmung oder Ablehnung anderer Menschen und von deren Normen. Die eigene Person und die persönliche Zufriedenheit werden zum Maßstab für die Lebensführung. Diese Entwicklung bedeutet vor allen Dingen einen enormen Zuwachs an Eigenverantwortung. Deshalb kann die so erfahrene Freiheit durchaus auch Angst und Belastungen auslösen. Die Erkenntnis, dass ich wirklich für mich selbst verantwortlich bin und selbst bestimme, wie ich mein Leben führe, beunruhigt anfangs nicht wenige Menschen bis in ihre Grundfesten. Diese tiefe Beunruhigung wandelt sich im Laufe des Prozesses jedoch zu dem Bewusstsein darüber, dass ich es also selbst in der Hand habe, mein Leben zu bestimmen, dass ich mein Leben selbst aktiv gestalten – ich allein mir ein gutes Leben schaffen kann. Aus dieser Einsicht schöpfen Menschen Energie und Kraft und Entschlossenheit, um die Entwicklung ihrer Persönlichkeit voranzutreiben.

Das Dasein ist ein Prozess, kein Produkt

Es ist zu beobachten, dass die Menschen im Verlaufe ihrer Selbstfindung bzw. -entfaltung immer weniger einen endgültigen Status ihrer Entwicklung suchen, den sie dann für den Rest ihres Lebens in Zufriedenheit aufrechterhalten. Stattdessen erkennen sie, dass sie eigentlich nie unabänderlich festgelegt sind (oder sein wollen), sondern sich selbst in dauernder Veränderung befinden. Sie gelangen zu der Einsicht, dass der Mensch eine *sich ständig verändernde Konstellation von Möglichkeiten ist und keine bestimmte Quantität von Eigenschaften.*[84] Es stellt sich eine innere Zufriedenheit darüber ein, dass man sich in einem Prozess befindet, sich entwickelt und nicht einfach ein Produkt ist in einem endgültigen Daseinszustand mit fixierten Attributen. Man bleibt aktiv in einem Fluss des steten Werdens. Dieses Prozess-Sein ist ein Zustand der Offenheit, der immer neue Möglichkeiten bereithält und nicht bei einem statischen Ziel stehen bleibt. Das führt u.a. dazu, dass auch die Komplexität der eigenen Persönlichkeit zunimmt, denn die grundsätzliche Veränderungsbereitschaft (in Kombination mit einem hohen Maß an Eigenverantwortung) erlaubt es, den vielen Facetten des eigenen Selbst nachzugehen. Komplexe, wechselnde und auch zum Teil widersprüchliche Gefühle und Gedanken brauchen unter diesen Umständen nicht geleugnet zu werden. So ist es möglich, die vielfältigen Aspekte des Selbst zu entdecken und auszuleben, das eigene Ich als Ganzes zu erleben und aufgeschlossen die eigene Komplexität zu akzeptieren. Das ganze Selbst sein zu können, mit aller Reichhaltigkeit und Komplexität, wird dann zu einem bedeutenden Wunsch für die eigene Lebensführung. Aus einer solchen Akzeptanz der eigenen Komplexität und Verbundenheit mit ihr kann eine Harmonie entstehen, in der die verschiedenen Gefühle und Gedanken eine Balance finden können, sodass auch negative Emotionen und Reaktionen ihren Platz finden und nicht verleugnet oder verborgen zu werden brauchen. Das komplexe Zusammenspiel aller Elemente reguliert sich nämlich zum großen Teil selbst. Es braucht nicht ständig von einem Bewusstsein überwacht zu werden, das negative oder aufgeregte Gefühle im Zaum hält, die ansonsten unaufhaltbar eskalieren würden. Es entsteht von ganz allein eine gewisse Ausgeglichenheit innerhalb der Komplexität. Aus dieser Ausgeglichenheit entwickelt sich das Gefühl, dass durchaus auch die eigene Intuition ein verlässliches Instrument sein kann, um Entscheidungen oder Situationen zu meistern. Wenn ich bei einer Entscheidung ein gutes Gefühl habe, kann ich diesem Gefühl einfach auch einmal nachgeben, ohne zuvor alle Zusammenhänge und Gesichtspunkte rational ausgeleuchtet zu haben. Menschen, die ihrem wirklichen Selbst näher kommen, gewinnen nach und nach ein starkes Vertrauen in ihre intuitiven Entscheidungsfähigkeiten.

⇢ Offenheit gegenüber inneren Erfahrungen

Solange Menschen nicht im Einklang mit ihrem wahren Selbst leben, ist die eigene Selbstwahrnehmung stark beeinflusst von dem Bestreben, das Selbstbild, das im Laufe der Zeit errichtet wurde, aufrechtzuerhalten – unabhängig davon, ob dieses Selbstbild zutreffend ist oder nicht. Deshalb werden Erfahrungen, Gefühle, Reaktionen und Erkenntnisse, die dieses Selbstbild bedrohen könnten, häufig ausgeschaltet, indem sie entweder verzerrt oder dem Bewusstsein ganz vorenthalten werden. Diese Abwehrhaltung soll verhindern, dass wir mit Sachverhalten konfrontiert werden, die nicht in unser Selbstbild passen und dieses damit infrage stellen würden. Mit einer Infragestellung des Selbstbildes würde nämlich Ungewissheit über das entsprechende Selbst entstehen. Im Prozess der Selbstentfaltung wird diese Abwehrhaltung schrittweise abgelöst von einer wachsenden Offenheit gegenüber den realen Erfahrungen und einer Annäherung an die eigenen inneren Informationsquellen. Die Angst vor dem, was es unter Umständen zu entdecken gibt, verschwindet immer mehr, und die wirklichen Gegebenheiten werden zunehmend so wahrgenommen, wie sie wirklich sind, und nicht von vornherein festen Kategorien zugeordnet oder so verzerrt, dass sie sich in schon vorhandene Muster einfügen. So können eigene Gefühle und Gedanken zutreffend wahrgenommen und bewusst gestaltet werden. Eine solche Offenheit erlaubt es auch, negative Erfahrungen wahrzunehmen und Widersprüche oder Unklarheiten anzunehmen, ohne das Bewusstsein vor ihnen zu verschließen. Das ist für viele Menschen ein sehr schwieriger Prozess, und die meisten neigen anfangs dazu, problematische Facetten wie bspw. negative Emotionen, die sie zu ahnen beginnen, erst einmal zurückzuweisen. Auch das Erleben des eigenen Organismus wird häufig aus dem Bewusstsein gedrängt. Statt diese Erfahrungen voll zu erleben und anzunehmen, werden z.B. Schmerzen ignoriert oder Erschöpfung als negativer Zustand abgelehnt. Mit zunehmender Offenheit gegenüber den eigenen Erfahrungen können auch solche Aspekte unvoreingenommen erlebt und empfunden werden, sodass ein angemessenes Verhalten möglich ist.

⇢ Offenheit gegenüber äußeren Erfahrungen

Gelangen wir zu einer größeren Offenheit gegenüber den eigenen inneren Vorgängen, können wir uns auch äußeren Vorgängen besser öffnen, sodass ein Umgang mit anderen Menschen, mit Situationen, Problemen und Herausforderungen möglich ist, der wirklich den realen Anforderungen und Tatsachen entspricht. Entscheiden und Handeln werden dann nicht vor allem durch eine feste vorgefertigte Meinung oder von einem gewohnten Denkmuster bestimmt, sondern von den jeweiligen Aufgaben und der konkreten Sachlage.

Aufgeschlossenheit gegenüber inneren und äußeren Erfahrungen prägt darüber hinaus in besonderem Maße die Haltung gegenüber anderen Menschen. Wer seine eigenen Erfahrungen akzeptieren und ausleben kann, entwickelt im Zuge dessen zudem eine höhere Aufnahmebereitschaft und Akzeptanz gegenüber den Erfahrungen anderer. So fällt es leichter, auch fremden Personen offen und anerkennend gegenüberzutreten und zu akzeptieren, wie sie sind.

···› *Selbstvertrauen*

Die einzelnen Stationen des Prozesses der Selbstentfaltung laufen zusammen in der Entwicklung eines tiefen Selbstvertrauens. Das Vertrauen in sich selbst und die Wertschätzung des komplexen Prozesses, der das Leben ausmacht, wachsen mit der Zeit. So können in der Folge die eigenen Emotionen unvoreingenommen und ohne Angst empfunden werden, die persönlichen Wertvorstellungen entwickeln sich zu den wirklich entscheidenden Kriterien der Lebensführung, und man kann die eigene Individualität und vielfältige Komplexität frei ausleben. Denn Menschen, die ihr wahres Selbst leben, entwickeln eine grundlegende Zuversicht zu sich selbst in der Begegnung mit dem Leben. Sie spüren eine große Sicherheit hinsichtlich ihrer eigenen Fähigkeit, das Leben zu meistern – egal, was oder wen es für sie bereithält. Ihr authentisches Selbst ist ihre Versicherung; es ist die Kraft, die alles im Leben zusammenhält. Von dort aus stehen alle Möglichkeiten offen, und auch Veränderungen, Fehler, Irrtümer oder Niederlagen sind keine existenzielle Bedrohung, da sie als Teil eines komplexen, facettenreichen Ganzen zur eigenen Persönlichkeit dazugehören, statt ihr feindlich gegenüberzustehen. Wer das Selbst lebt, das er in Wahrheit ist, erfährt in seinem Leben eine außerordentliche Bereicherung, erhält größere Freiräume und Entwicklungsmöglichkeiten und damit eine reiche Erfüllung. Und ein erfülltes Leben und ein in seiner Komplexität entfaltetes, authentisches Selbst sind für viele Menschen letzten Endes das, was ihrem Leben einen spürbaren und lebbaren Sinn gibt.

···› *Souveränität*

Der Weg zum authentischen Ich ist ein Reifeprozess, der dazu führt, dass mehr und mehr die komplexen Zusammenhänge der eigenen Persönlichkeit erkannt und bewusst erlebt werden, sodass authentisches, selbstbestimmtes und eigenverantwortliches Entscheiden und Handeln möglich ist. Im Verlaufe dessen kann ein Zustand innerer Ausgeglichenheit und Gelassenheit erreicht werden, der auch nach außen hin deutlich wahrnehmbar ist. Menschen, die ihr Leben auf diese Weise führen, vermitteln durch ihre besondere Ausstrahlung, dass sie mit sich und ihrem Leben im Reinen sind. Sie begegnen ihrem Leben mit Zuversicht und großer Sicherheit. Ihre gefestigte Persönlichkeit lässt sie aufgeschlossen und mit Interesse und Toleranz anderen Menschen und neuen Herausforderungen gegenübertreten. – Sie verwirklichen all das, was in dem Begriff der persönlichen Souveränität vereint ist.

Die Einsichten, die aus der Betrachtung des Prozesses der persönlichen Entfaltung hervorgegangen sind, manifestieren die grundlegende Erkenntnis, die sich letztlich in allen Bereichen der in diesem Buch dargestellten Auseinandersetzung mit dem Prinzip Souveränität gezeigt hat: Der Kern persönlicher Souveränität kann nur in der eigenen authentischen und selbstbestimmten Persönlichkeit liegen. Alle Erläuterungen, Beispiele und untersuchten Aspekte lassen sich auf diesen zentralen Punkt zurückführen. Die eigene Persönlichkeit ist der Maßstab und der Ausgangspunkt für souveränes Verhalten und Handeln. In ihr setzen sich die einzelnen Facetten, die Souveränität ausmachen, zusammen. Die konkrete Umsetzung – das souveräne Verhalten und Handeln – vollzieht sich dementsprechend immer ganz individuell, da sich jede authentische Persönlichkeit durch Individualität auszeichnet. So lässt sich auch kein allgemein gültiger Maßnahmenkatalog formulieren, der jedem Menschen einen Leitfaden an die Hand gibt, wie er am schnellsten zu einer souveränen Persönlichkeit reifen kann. Der Weg zur Souveränität führt ausschließlich über die Auseinandersetzung mit dem eigenen Ich und der Verwirklichung des authentischen und autonomen Selbst. Von welcher Tragweite diese zentrale Herausforderung ist und welche Wirkungskraft ihre Bewältigung hat, haben die Ausführungen dieses Buches anschaulich illustriert.

Wer aufmerksam, offen und mit echtem Interesse seinem Leben begegnet – seiner Umwelt, seinen Mitmenschen und sich selbst –, wer fähig und bereit ist, über sich selbst und die eigene Lebensführung zu reflektieren, wer anderen Menschen und den eigenen Erfahrungen aufgeschlossen gegenübertreten kann und sein Leben bewusst, aktiv und im Einklang mit seinem Inneren gestaltet – der beschreitet bereits den Weg zu einer souveränen Persönlichkeit. Und wer diesem Weg dann beharrlich folgt, sich auch von Widrigkeiten nicht beirren lässt, wird früher oder später nicht nur über wirkliche Souveränität verfügen können, sondern auch ein Leben führen, das Zufriedenheit, Erfüllung, Sinn und persönliches Glück bereithält. Und diese Möglichkeit eines entfalteten, authentischen und selbstbestimmten Lebens steht letztlich jedem Menschen offen, denn sie ist tief in der eigenen Persönlichkeit verankert, und die Verwirklichung dieser Möglichkeit vollzieht sich in einem ganz individuellen Prozess, der auf den persönlichen Gegebenheiten und Voraussetzungen basiert. – Und hierin liegt die wohl wichtigste Erkenntnis der zurückliegenden Überlegungen: Da der Weg zu einer souveränen Persönlichkeit und zu einem erfüllten Leben immer dem eigenen Selbst entspringt, steht dieser Weg wirklich jedem Menschen offen. Es ist zwar ein Weg, der nicht immer einfach zu bewältigen ist und in dessen Verlauf auch Schwierigkeiten und echte Herausforderungen zu erwarten sind, sodass manch einer ihn vielleicht nicht gehen wird. – Doch jeder, der sich bewusst und entschlossen dazu entscheidet, kann diesen Weg beschreiten.

Gertrude Stein, Johnny Cash, Coco Chanel, Edzard Reuter und Rosa Parks – so unterschiedlich die Charaktere der in diesem Buch angeführten Beispiele souveräner Persönlichkeiten auch sind, verbindet sie alle doch eine ganz spezielle Gemeinsamkeit: Sie alle haben sich entschieden, ihren ganz individuellen und selbstbestimmten Weg zu gehen. Die hier exemplarisch vorgestellten fünf Menschen haben im Laufe ihres Lebens ihr jeweils authentisches Selbst gefunden. Und keiner von ihnen zeigte sich, einmal an jenem besagten Punkt angekommen, bereit, sich jemals wieder allein von der Außenwelt steuern zu lassen. Vielmehr drängt sich der Eindruck auf, dass ein Mensch, der einmal zu seinem authentischen Selbst vorgedrungen ist, später gar nicht mehr anders kann, als weiterhin mit vollem Bewusstsein zu leben. Alles andere wäre gleichbedeutend mit einem Rückfall auf eine frühere Persönlichkeitsebene und damit nicht mehr akzeptabel und auch längst nicht mehr zufrieden stellend. Wer seine persönliche Souveränität einmal gefunden hat, will diesen im eigenen Wesen verankerten Reichtum bewahren und wird ihn auch gegen Angriffe der unterschiedlichsten Art schützen.

Stein, Cash, Chanel, Reuter und Parks haben unter erschwerten Bedingungen ihre eigene Balance gefunden und dauerhaft gehalten. Sie sind nicht in allen Bereichen ihres Lebens vorbildlich und sie sind schon gar nicht perfekt oder vollkommen – doch handelt es sich um Menschen, die ihr *eigenes* Leben gelebt haben bzw. leben. Sie praktizieren Souveränität im hier definierten Sinne. – Diese Beispiele sollen uns dennoch nicht als simple Vorbilder dienen. Vielmehr zeigen sie, dass es für jeden von uns möglich ist, persönliche Souveränität zu erreichen. Alter, Geschlecht, Beruf – Dispositionen gleich welcher Art spielen dabei letztendlich keine Rolle. Was als erstes zählt, das sind die Entscheidung und ein Wille, der von innen kommt. Ganz von selbst kommt ein Prozess von dieser Tragweite sicher nicht in Gang. Es braucht einen Anstoß, den das vorliegende Buch geben möchte. Was geschieht, dafür sind allein Sie selbst verantwortlich.

Anmerkungen

1 Zur Bedeutung der Metaphern siehe: Fuchs, H. & Huber, A.: *Metaphoring. Komplexität erfolgreich managen.*
2 Rogers, C.R.: *Der neue Mensch.* S. 71
3 Rogers, C.R.: *Der neue Mensch.* S. 69
4 Frankl, V.E.: *Der Mensch auf der Suche nach Sinn.* S. 100
5 Frankl, V.E.: *Der Mensch auf der Suche nach Sinn.* S. 100
6 Frankl, V.E.: *Der Mensch vor der Frage nach dem Sinn.* S. 141
7 Frankl, V.E.: *Der Mensch vor der Frage nach dem Sinn.* S. 147
8 Frankl, V.E.: *Der Mensch vor der Frage nach dem Sinn.* S. 157
9 Vgl. Frankl, V.E.: *Der Mensch vor der Frage nach dem Sinn.*
10 Rogers, C.R.: *Der neue Mensch.* S. 183ff.
11 Rousseau, J.-J.: *Emile oder Über die Erziehung.* S. 116
12 Vgl. Sprenger, R.K.: *Aufstand des Individuums. Warum wir Führung komplett neu denken müssen.* S. 143ff.
13 Stein, G.: *Familiäre Werte und effektives Management.* S. 174. In: Drucker, P.F. & Paschek, P. [Hg.]: *Kardinaltugenden effektiver Führung.*
14 Aurel, Marc: *Selbstbetrachtungen.* S. 73
15 Quelle unbekannt, zitiert nach Etrillard: *Spitzengespräche.* S. 38-39
16 Eine ausführliche Darstellung zum Thema Ziele findet sich u.a. bei Tracy, B.: *Ziele – setzen, verfolgen, erreichen.*
17 Ruut Veenhoven (geboren 1942) studierte Soziologie und ist außerdem anerkannter Sozial-Psychologe und Sexualwissenschaftler. Zurzeit lehrt er als Professor für „social conditions for human happiness" an der Erasmus Universität in Rotterdam. Er leitet die „World Database of Happiness" und ist Herausgeber des „Journal Of Happiness Studies".
18 stern.de vom 27.1.2003. www.stern.de/wissenschaft/gesund_leben/aktuell/502966.html?eid=503001&nv=cb
19 Vgl. Goleman, D.: *EQ2. Der Erfolgsquotient. Emotionale Intelligenz in der Praxis.* S. 87
20 Vgl. Rogers, C.R.: *Entwicklung der Persönlichkeit.* S. 46
21 Vgl. Metzler, A.: *Alternatives Denken. Vom fremden Chaos zu eigener Struktur.*
22 Der französische Schriftsteller (rumänischer Herkunft) Eugène Ionesco wurde insbesondere durch seine zahlreichen Theaterstücke bekannt, in denen er sich immer wieder – unter Einfluss des berühmten Psychiaters C.G. Jung – mit dem Unterbewusstsein des Menschen beschäftigte.
23 Rogers, C.R.: *Entwicklung der Persönlichkeit.* S. 173
24 Das Prinzip der Fokussierung auf die eigenen Talente und Stärken wurde sehr anschaulich beschrieben bei: Christiani, A. & Scheelen, F.M.: *Stärken stärken.*
25 Siehe hierzu auch: Christiani, A. & Scheelen, F.M.: *Stärken stärken.*
26 Ob Talente nun tatsächlich angeboren sind oder sich erst innerhalb der ersten Lebensjahre entwickeln, bleibt in der Forschung umstritten und konnte bisher nicht zweifelsfrei geklärt werden. Es wird jedoch davon ausgegangen, dass zumindest eine gewisse Disposition für besondere Fähigkeiten (die sich dann als Talente zeigen) genetisch bedingt ist.
27 Die über 11 US-Städte verteilte Johnson O'Connor Research Foundation widmet sich seit 1922 hauptsächlich der Erforschung der menschlichen Fähigkeiten. Das besondere Angebot des Instituts beinhaltet einen wissenschaftlich fundierten Begabungstest für alle Interessierten. Hierbei wird ausdrücklich betont, dass auch ein höheres Alter nicht davon abhalten sollte, einen solchen Test durchzuführen, weil sich durch eine Bewusstwerdung der eigenen Begabungen zu jedem Zeitpunkt des Lebens Möglichkeiten für die Persönlichkeitsentwicklung ergeben. – Informationen über das Institut sowie die erwähnte Studie finden Sie unter: www.jocrf.org/index.html.
28 Die Grundfähigkeiten des Menschen sind den Berichten der renommierten Johnson O'Connor Research Foundation entnommen und finden sich hier in eigener Übersetzung. Die Originalquelle findet sich unter: www.jocrf.org
29 Watzlawick, P.; Beavin, J.H. & Jackson, D.D.: *Menschliche Kommunikation. Formen, Störungen, Paradoxien.*
30 Alain: *Die Pflicht glücklich zu sein.* S. 200
31 Alain: *Die Pflicht glücklich zu sein.* S. 201

32 Rabulistik ist letztendlich der Fachausdruck für nichts anderes als Wortverdreherei und insofern ein Euphemismus für rhetorische Manipulation durch eine in geschickter Weise beredt-spitzfindige Argumentation, die einen Sachverhalt in einer gewünschten, aber nicht der Wahrheit entsprechenden Weise darzustellen vermag.
33 Montaigne, Michel De: *Essays.* S. 725
34 Aurel, Marc: *Selbstbetrachtungen.* S. 83
35 Alain: *Die Pflicht glücklich zu sein.* S. 158
36 Vgl. www.stimme.at, „Das Netzwerk der Stimmberufe"
37 Vgl. www.stimme.at, „Das Netzwerk der Stimmberufe"
38 Molcho, S.: *Körpersprache.* S. 9
39 Vgl. Alain: *Das Glück ist hochherzig.* S. 141
40 Goleman, D.: *Emotionale Intelligenz – EQ.*
41 Der Fall Elliot und die Schlussfolgerungen werden von Antonio R. Damasio in seinem Buch *Descartes' Irrtum. Fühlen, Denken und das menschliche Gehirn* ausführlich beschrieben. – Nach eingehenden Untersuchungen des Patienten Elliot, bei denen Damasio zahlreiche Vergleiche mit anderen Patienten konstruierte, war es möglich, eine bestimmte Gehirnregion für die Herstellung der Verbindung von Emotionen (also Gefühlen) und Denken ausfindig zu machen. Eben diese Gehirnregion war bei Elliot durch den Tumor zerstört.
42 Vgl. Alain: *Das Glück ist hochherzig.* S. 139
43 Vgl. Alain: *Die Pflicht glücklich zu sein.* S. 190
44 Goethe, J.W. von: *Werke.* Hamburger Ausgabe in 14 Bänden, Bd. 1. S. 136
45 Vgl. Institut für Arbeits- und Sozialhygiene: PREVENT-Studie zur Gesundheit von Führungskräften, 2004
46 Agamben, G.: *Die souveräne Macht und das nackte Leben.* S. 626
47 Alain: *Die Pflicht glücklich zu sein.* S. 170
48 Vgl. Kirchner, B.: *Benedikt für Manager.* S. 16ff
49 Vgl. Fromm, E.: *Die Furcht vor der Freiheit.*
50 Weitere Ausführungen zur allgemeinen, oft irrtümlich verwendeten Konnotation des Begriffs „Kreativität" finden sich bei: Hentig, H. von: *Kreativität – Hohe Erwartungen an einen schwachen Begriff.*
51 Vgl. Hentig, H. von: *Kreativität – Hohe Erwartungen an einen schwachen Begriff.*
52 Guilford, J.P.: *Kreativität.* In: Mühle, G. & Schell, Chr.: *Kreativität und Schule.* S. 33
53 Vgl. Rogers, C.R.: *Entwicklung der Persönlichkeit.* S. 84-127
54 Goleman, D.: *Emotionale Intelligenz – EQ.* S. 149
55 Goleman, D.: *Emotionale Intelligenz – EQ.* S. 152
56 Goleman, D.: *Emotionale Intelligenz – EQ.* S. 152
57 Goleman, D.: *Emotionale Intelligenz – EQ.* S. 147
58 Gordon, Th.: *Managerkonferenz.* S. 99ff.
59 Gordon, Th.: *Managerkonferenz.* S. 100
60 Watzlawick, P.: *Die erfundene Wirklichkeit.* S. 91
61 Vgl. Gordon, Th.: *Managerkonferenz.* S. 207ff.
62 Vgl. Gordon, Th.: *Managerkonferenz.* S. 210
63 Vgl. Gordon, Th.: *Managerkonferenz.* S. 210
64 Vgl. Gordon, Th.: *Managerkonferenz.* S. 225
65 Vgl. Märtin, D.: *Small Talk – Die hohe Kunst des kleinen Gesprächs.* S. 15ff.
66 Vgl. Gordon, Th.: *Managerkonferenz.* S. 128ff.
67 Höffe, O.: *Lexikon der Ethik.*
68 Goleman, D.: *Emotionale Intelligenz – EQ.* S. 192
69 Detaillierte Darstellungen zum Problem der Widerstände und Blockaden finden Sie u.a. in: Sher, B.: *Wishcraft.* S. 227ff.
70 Vgl. Metzler, A.: *Alternatives Denken: Vom fremden Chaos zu eigener Struktur.*
71 Naisbitt, J.: *Megatrends. Zehn Perspektiven für den Weg ins nächste Jahrtausend.*
72 Goeudevert, D.: *Der Horizont hat Flügel.* S. 27 f.
73 Postman, N.: „Wir informieren uns zu Tode." In: *Die Zeit* Nr. 41 vom 2.10.1992
74 Postman, N.: „Wir informieren uns zu Tode." In: *Die Zeit* Nr. 41 vom 2.10.1992
75 Vgl. Postman, N.: „Wir informieren uns zu Tode: Postman in einem Interview mit Stefan Kornelius." In: *Internet World,* Heft Juni 1999, S. 28-30
76 Postman, N.: „Wir informieren uns zu Tode." In: *Die Zeit* Nr. 41 vom 2.10.1992
77 Vgl. Märtin, D.: *Gut ist besser als perfekt.* S. 149ff.
78 Degner, M. & Pabel, F.R.: *Lebendiges Wissensmanagement – Vernetztes Denken in einer sich ändernden Geschäftswelt.*
79 Kierkegaard, S.: *Die Krankheit zum Tode.* S. 27
80 Vgl. Rogers, C.R.: *Entwicklung der Persönlichkeit.* S. 167.
81 Rogers, C.R.: *Entwicklung der Persönlichkeit.* S. 115
82 Rogers, C.R.: *Entwicklung der Persönlichkeit.* S. 120f.
83 Rogers, C.R.: *Entwicklung der Persönlichkeit.* S.114ff. & S. 164ff.
84 Rogers, C.R.: *Entwicklung der Persönlichkeit.* S. 128

Vertiefende und weiterführende Literatur

Agamben, G.: *Die souveräne Macht und das nackte Leben.* – Frankfurt/M.: Edition Suhrkamp, 2002

Alain: *Das Glück ist hochherzig.* – Frankfurt/M.: Bibliothek Suhrkamp, 1987

Alain: *Die Pflicht glücklich zu sein.* – Frankfurt/M.: Suhrkamp, 1982

Amon, I.: *Die Macht der Stimme.* – Frankfurt/M: Ueberreuter, 2000

Argyle, M.: *Körpersprache und Kommunikation.* – Paderborn: Junfermann, 2002

Aristoteles: *Rhetorik.* – München: Fink, 1995

Augustinus, A.: *De magistro.* – Ditzing: Reclam, 1998

Aurel, M.: *Selbstbetrachtungen.* Augsburg: Bechtermünz, 1996

Braun, R.: *Die Macht der Rhetorik: besser reden – mehr erreichen.* Frankfurt/M.: Ueberreuter, 2001

Bredemeier, K.: *Schwarze Rhetorik: Macht und Magie der Sprache.* – Zürich: Orell Füssli, 2002

Brinnin, J.M.: *Die dritte Rose: Gertrude Stein und ihre Welt.* – Frankfurt/M.: Suhrkamp, 1991

Charles-Roux, E.: *Chanel – ihr Leben in Bildern.* – München: Knesebeck, 2005

Christiani, A.: *Persönliche Überzeugungskraft, 4 Audio-CDs.* – Starnberg: Christiani Unternehmer AG, 2004

Christiani, A. & Scheelen, F.M.: *Stärken stärken. Talente entdecken, entwickeln und einsetzen.* – München: Redline Wirtschaft bei Verlag Moderne Industrie, 2002

Cialdini, R.B.: *Die Psychologie des Überzeugens.* – Bern: Hans Huber, 2002

Ciaramicoli, A.P. & Ketcham, K.: *Der Empathie-Faktor: Mitgefühl, Toleranz, Verständnis.* – München: dtv, 2001

Cicero, A. & Kuderna, J.: *Clevere Antworten auf dumme Sprüche: Killerphrasen kunstvoll kontern.* – Paderborn: Junfermann, 2001

Cicero, A. & Kuderna, J.: *Die Kunst der „Kampfrhetorik": PowerTalking in Action.* – Paderborn: Junfermann, 2000

Cicero, M.T.: *Über den Redner.* – Ditzingen: Reclam, 1976

Correll, W.: *Motivation und Überzeugung in Führung und Verkauf.* – Landsberg: mvg, 2000

Covey, S.R.: *Der Weg zum Wesentlichen.* – Frankfurt/M.: Campus, 2000

Csikszentmihalyi, M.: *Flow. Das Geheimnis des Glücks.* – Stuttgart: Klett-Cotta, 2004

Dahms, C. & Dahms, M.: *Schlagfertig sein in Rede und Verhandlung.* – Wermelskirchen: Dahms, 1996

Damasio, A.R.: *Descartes' Irrtum: Fühlen, Denken und das menschliche Gehirn.* – München: List, 1994

Degner, M. & Pabel, F.R.: Lebendiges Wissensmanagement – Vernetztes Denken in einer sich ändernden Geschäftswelt. In: Schmidt, R.: *Information Research & Content Management: Orientierung, Ordnung und Organisation im Wissensmarkt; 23. Online-Tagung der DGI und 53. Jahrestagung der Deutschen Gesellschaft für Informationswissenschaft und Informationspraxis e. V.* – Frankfurt/M.: DGI, 2001 – S. 84 -90

Dilts, R.B.: *Die Magie der Sprache. Angewandtes NLP.* – Paderborn: Junfermann, 2001

Dobler, F.: *Johnny Cash ... und die seltsame und schöne Welt der Countrymusik.* – München: Heyne, 2004

Drucker, P.F. & Paschek, P. [Hg.]: *Kardinaltugenden effektiver Führung.* – Frankfurt/M.: Redline Wirtschaft bei Ueberreuter, 2004

Ebeling, P.: *Das große Buch der Rhetorik.* – Wiesbaden: Englisch, 1988

Elertsen, H. & Hartig, W.: *Moderne Rhetorik – Rede und Gespräch im technischen Zeitalter.* – Heidelberg: Sauer, 1986

Enkelmann, N.B.: *Charisma. Beruflichen und privaten Erfolg durch Persönlichkeit.* – München: mvg, 2003

Enkelmann, N.B. & Rückerl, T.: *Die Macht des Vertrauens: Erfolg durch positive Gesprächsführung.* – Paderborn: Junfermann, 2004

Etrillard, S.: *Gekonnt gekontert: souverän, schlagfertig und fair in jeder Situation.* – Hamburg: Hoffmann und Campe, 2004

Etrillard, S.: *Spitzengespräche: faire Kommunikation durch gekonnte Gesprächsführung; ein Arbeitsbuch.* – Paderborn: Junfermann, 2003
Etrillard, S.: *Spitzengespräche im Verkauf: in 8 Schritten sicher zum Verkaufserfolg.* – Paderborn: Junfermann, 2004
Etrillard, S.: *Vertriebsmotivation und Vertriebssteuerung: So bringen Sie Ihren Vertrieb auf Vordermann.* – Göttingen: BusinessVillage, 2004
Etrillard, S.: *Erfolgreich verkaufen an anspruchsvolle Kunden: Premiumkunden und Best Ager begeistern.* – Göttingen: BusinessVillage, 2004
Etrillard, S.: *Selbst-PR für Verkäufer.* – Wiesbaden: Gabler, 2005
Etrillard, S.: *Die Magie der Effektivität: Effektiv handeln – erfolgreich sein.* – Göttingen: BusinessVillage, 2004
Etrillard, S.: *30 Minuten für intelligente Schlagfertigkeit.* – Offenbach: Gabal, 2004
Etrillard, S.: *Erfolgsrhetorik, 4 Audio-CDs.* – Bergisch-Gladbach: Verlagskontor, 2004
Etrillard, S.: *Selbst PR – Klappern gehört zum Handwerk, 1 Audio-CD.* – Bergisch-Gladbach: Verlagskontor, 2004
Etrillard, S.: *Die Magie der Effektivität, 4 Audio-CDs.* – Bergisch-Gladbach: Verlagskontor, 2005
Etrillard, S.: *Erfolgsfaktor Souveränität, 1 Audio-CD.* – Bergisch-Gladbach: Verlagskontor, 2005
Etrillard, S.: *Erfolgsfaktor Überzeugungskraft, 1 Audio-CD.* – Bergisch-Gladbach: Verlagskontor, 2005
Etrillard, S.: *Erfolgsfaktor Mitarbeitermotivation, 1 Audio-CD.* – Bergisch-Gladbach: Verlagskontor, 2005
Etrillard, S.: *Erfolgsfaktor Verhandlungsgeschick, 1 Audio-CD.* – Bergisch-Gladbach: Verlagskontor, 2005
Etrillard, S.: *Kleine Katastrophenkunde – 88 Praxistipps für gelungene Kommunikation.* – Paderborn: Junfermann, 2005
Etrillard, S. & Marx-Ruhland, D.: *Erfolgreich Führen durch gelungene Kommunikation: Die sieben Grundregeln für perfekte Gesprächsführung.* – Göttingen: BusinessVillage, 2005
Fast, J.: *Versteckte Signale: Körpersprache im Beruf.* – München: Econ, 1997
Fey, G.: *Gelassenheit siegt!* – Regensburg: Fit for Business, 2004
Finlayson, A.: *Gute Frage: 1000 Fragen, die in jeder beruflichen Situation weiterhelfen.* – Frankfurt/M.: Redline Wirtschaft bei Ueberreuter, 2005
Fisher, R., Ury, W. & Patton, B.: *Das Harvard-Konzept: Der Klassiker der Verhandlungstechnik.* – Frankfurt/M.: Campus, 2004
Fischer, R. & Brown, S.: *Gute Beziehungen: Die Kunst der Konfliktvermeidung, Konfliktlösung und Kooperation.* – München: Heyne, 1996
Frankl, V.E.: *Der Mensch auf der Suche nach Sinn.* 1 Cassette. – Olten: Walter, 2002
Frankl, V.E.: *Der Mensch vor der Frage nach dem Sinn.* – München: Piper, 2005
Fuchs, H. & Huber, A.: *Metaphoring. Komplexität erfolgreich managen. – Offenbach: Gabal, 2002*
Fromm, E.: *Die Furcht vor der Freiheit.* – München: dtv, 1998
Goethe, J.W. von: *Goethes Werke: Hamburger Ausgabe in 14 Bänden, [1]: Gedichte und Epen.* – München: Beck, 1981
Goeudevert, D.: *Der Horizont hat Flügel: Die Zukunft der Bildung.* – München: Ullstein, 2002
Goleman, D.: *Emotionale Intelligenz.* – München: dtv, 2004
Gordon, T.: *Familienkonferenz: die Lösung von Konflikten zwischen Eltern und Kind.* – München: Heyne, 2003
Gordon, T.: *Managerkonferenz: Effektives Führungstraining.* – München: Heyne, 2005
Grimm, B.A.: *Ethik des Führens.* – München: Langen Müller, 1994
Guilford, J.P. & Hoepfner, R.: *Analyse der Intelligenz.* – Weinheim: Beltz, 1976
Guilford, J.P.: Kreativität. In: Mühle, G. & Schell, C. [Hrsg.]: *Kreativität und Schule.* – München: Piper, 1971
Härter, G. & Öttl, C.: *Schlagfertig.* – München: Gräfe und Unzer, 2004
Hartig, W.: *Moderne Rhetorik und Dialogik.* – Heidelberg: Sauer, 1993
Hartig, Willfred: *Modernes Verhandeln.* – Heidelberg: Sauer, 1995
Hentig, H. von: *Kreativität – Hohe Erwartungen an einen schwachen Begriff.* – Weinheim: Beltz, 2000
Hofmeister, R.: *Handbuch der Redekunst: Rhetorik.* – Weyarn: Seehamer, 1999

Hofmeister, R.: *Rhetorik: Alles, was Sie wissen müssen.* – München: Weltbild, 2001
Höffe, O.: *Lexikon der Ethik.* – München: Beck, 2002
Höhler, G.: *Warum Vertrauen siegt.* – Berlin: Ullstein, 2005
Holzheu, H.: *Ehrlich überzeugen: Aktiv zuhören, souverän verhandeln, sicher gewinnen.* – München: Econ, 1998
Horx, M.: *Das Zukunftsmanifest – Wie wir uns auf das 21. Jahrhundert vorbereiten können.* – München: Econ, 1997
Institut für Arbeits- und Sozialhygiene: *PREVENT-Studie zur Gesundheit von Führungskräften,* 2004
Jonas, H.: *Das Prinzip Verantwortung. Versuch einer Ethik für die technologische Zivilisation.* – Frankfurt/M.: Suhrkamp, 2000
Karrass, G.: *Geschickt verhandeln, erfolgreich abschließen.* – München: Heyne, 1989
Kellner, H.: *Rhetorik: hart verhandeln – erfolgreich argumentieren.* – München: Carl Hanser, 2000
Kirchner, B.: *Benedikt für Manager: die geistigen Grundlagen des Führens.* – Wiesbaden: Gabler, 2004
Kierkegaard, S.: *Die Krankheit zum Tode.* – Jena: Diederichs, 1924
Kohlmann-Scheerer, D.: *Kontern – aber wie?* – Offenbach: Gabal, 2001
Lay, R.: *Dialektik für Manager: Methoden des erfolgreichen Angriffs und der Abwehr.* – Berlin: Ullstein, 2004
Lay, R.: *Führen durch das Wort.* – München: Econ, 2002
Leeds, D.: *Die Kunst der Kommunikation: erfolgreiche Gesprächsführung im Geschäftsleben.* – Zürich: Orell Füssli, 1988
Leisi, I. & E.: *Sprach-Knigge oder Wie und was soll ich reden?* – Tübingen: Gunter Narr, 1992
Lemmermann, H.: *Lehrbuch der Rhetorik: Redetraining und Übungen.* – München: mvg, 1993
Märtin, D.: *Gut ist besser als perfekt: Die Kunst, sich das Leben leichter zu machen.* – München: dtv, 2003
Märtin, D.: *Small Talk – Die hohe Kunst des kleines Gesprächs.* – München: Heyne, 1999
Metzler, A.: *Alternatives Denken: vom fremden Chaos zu eigener Struktur.* – Göttingen: BusinessVillage, 2005
Mohler, A.: *Die 100 Gesetze überzeugender Rhetorik.* – Berlin: Ullstein, 1996
Molcho, S.: *Körpersprache.* – München: Goldmann, 1996
Montaigne, M. De: *Essais.* – Zürich: Manesse, 1985
Mühlisch, S.: *Mit dem Körper sprechen.* – Wiesbaden: Gabler, 2000
Müller, H.: *Gesprächstraining: Dialektik für Manager.* – Zürich: Orell Füssli, 1997
Naisbitt, J.: *Megatrends. Zehn Perspektiven für den Weg ins nächste Jahrtausend.* – München: Econ, 1992
Neumann, R. & Ross, A.: *Der perfekte Auftritt.* – Hamburg: Murmann, 2004
Nix, U.: *Überzeugend und lebendig reden: so steigern Sie Ihre persönliche Ausstrahlungskraft.* – München: mvg, 1995
Nützi, R.: *Am Anfang steht das Wort: die eisernen Gebote der Kommunikation.* – Zürich: Orell Füssli, 2003
Parks, R.: *My Story.* – New York: Dial Books, 1992
Pöhlmann, S. & Roethe, A.: *Die Streitschule: Trainieren Sie Ihre Kommunikations- und Konfliktfähigkeit.* – Paderborn: Junfermann, 2001
Pöhm, M.: *Das NonPlusUltra der Schlagfertigkeit: die besten Techniken aller Zeiten.* – München: mvg, 2002
Postman, N.: Wir informieren uns zu Tode. In: *Die Zeit* Nr. 41 vom 2.10.1992
Postman, N.: Wir informieren uns zu Tode: Postman in einem Interview mit Stefan Kornelius. In: *Internet World,* Heft Juni 1999, S. 28-30
Prost, W.: *Mit Dialektik überzeugen: wie Sie Gespräche und Verhandlungen optimieren.* – Wiesbaden: Gabler, 1996
Quintilianus, M.F.: *Ausbildung des Redners, in 2 Bdn., Bd. 1, Buch 1-6.* – Darmstadt: Wissenschaftliche Buchgesellschaft, 1995
Quintilianus, M.F.: *Ausbildung des Redners, in 2 Bdn., Bd. 2, Buch 7-12.* – Darmstadt: Wissenschaftliche Buchgesellschaft, 1995
Quernheim, P. von: *Überzeugen können: Der Königsweg der Rhetorik und Dialektik.* – München: Langen-Müller/Herbig, 1992
Reiter, W.: *Die Kunst, sich selbst ein Bein zu stellen: 50 Erfolgsfallen und wie man sie umgeht.* – Hamburg: Hoffmann und Campe, 2004

Rogers, C.R.: *Der neue Mensch.* – Stuttgart: Klett-Cotta, 2003
Rogers, C.R.: *Entwicklung der Persönlichkeit.* – Stuttgart : Klett-Cotta, 2004[15]
Rosenberg, M.B.: *Gewaltfreie Kommunikation: Aufrichtig und einfühlsam miteinander sprechen.* – Paderborn: Junfermann, 2001
Rousseau, J-J.: *Emile oder Über die Erziehung, hrsg. von Ludwig Schmidts.* – Paderborn: Schöningh, 1998
Rhode, R., Meis, M.S. & Bongartz, R.: *Angriff ist die schlechteste Verteidigung: Der Weg zur kooperativen Konfliktbewältigung.* – Paderborn: Junfermann, 2003
Ruhleder, R.H.: *Rhetorik & Dialektik: Redegewandtheit, Körpersprache – Überzeugungskunst.* – Bonn: Verlag für die Deutsche Wirtschaft, 2002
Sabin, S.: *Gertrude Stein.* – Reinbek: Rowohlt, 1996
Scheerer, H.: *Mit Worten führen: Oder: Reden müssten man können.* – Offenbach: Gabal, 2002
Scherer, H. (Hrsg.): *Von den besten profitieren: Erfolgswissen von 12 bekannten Managementtrainern.* – Offenbach: Gabal, 2001
Schmidt, R.: *Information Research & Content Management: Orientierung, Ordnung und Organisation im Wissensmarkt; 23. Online-Tagung der DGI und 53. Jahrestagung der Deutschen Gesellschaft für Informationswissenschaft und Informationspraxis e.V.* – Frankfurt/M.: DGI, 2001
Schopenhauer, A.: *Die Kunst Recht zu behalten – in achtunddreißig Kunstgriffen dargestellt.* – Frankfurt/M.: Insel, 1995
Schopenhauer, A.: *Die Kunst zu beleidigen oder kleines Brevier sprachlicher Grobheiten.* – München: Beck, 1995
Schorkopf, H.: *Reden, frei, verständlich, wirksam.* – Freiburg: Haufe, 1993
Schulz von Thun, F.: *Miteinander reden.* – Reinbek: Rowohlt, 2001
Seiwert, L.: *Das Bumerang-Prinzip, dont hurry, be happy: in 5 Schritten zum Lebenskünstler.* – München: Gräfe und Unzer, 2003
Seiwert, L.: *Life leadership: sinnvolles Selbstmanagement für ein Leben in Balance.* – Frankfurt/M.: Campus, 2001
Sher, B.: *Wishcraft: Lebensträume und Berufsziele entdecken und verwirklichen.* – Osnabrück: Edition Schwarzer, 2004
Sprenger, R.K.: *Aufstand des Individuums: Warum wir Führung komplett neu denken müssen.* – Frankfurt/M.: Campus, 2004
Stangl, A.: *Führen muss man können.* – München: Econ, 1994
Stein, G.: Familiäre Werte und effektives Management. In: Drucker, P.F. & Paschek, P. [Hg.]: *Kardinaltugenden effektiver Führung.* – Frankfurt/M.: Redline Wirtschaft bei Ueberreuter, 2004
Stone, D., Patton, B. & Heen, S.: *Offen gesagt!: Erfolgreich schwierige Gespräche meistern – Das Harvard-Gesprächsprojekt.* – München: Goldmann, 2000
Thiele, A.: *Die Kunst zu überzeugen.* – Berlin: Springer, 2002
Thiele, A.: *Argumentieren unter Stress.* – Frankfurt/M.: Frankfurter Allgemeine Buch, 2004
Thiele, A.: *Wie Manager überzeugen: Ein Coaching für Ihre externe Kommunikation.* – Frankfurt/M.: Frankfurter Allgemeine Buch, 2005
Tracy, B.: *Das Maximum-Prinzip.* – Frankfurt/M.: Campus, 2003
Tracy, B.: *Ziele – setzen, verfolgen, erreichen.* – Frankfurt/M.: Campus, 2004
Ueding, G.: *Klassische Rhetorik.* – München: Beck, 2000
Ueding, G.: *Moderne Rhetorik.* – München: Beck, 2000
Ueding, G.: *Grundriss der Rhetorik.* – Stuttgart: Metzler, 1994
Watzlawick, P.: *Die erfundene Wirklichkeit: Wie wissen wir, was wir zu wissen glauben? Beiträge zum Konstruktivismus.* – München: Piper, 2004
Watzlawick, P., Beavon, J.H. & Jackson, D.D.: *Menschliche Kommunikation: Formen, Störungen, Paradoxien.* – Bern: Hans Huber, 2000
Weisbach, C-R.: *Professionelle Gesprächsführung.* – München: dtv, 2003
Zielke, W.: *Sprechen ohne Worte: Körpersprache verstehen und einsetzen.* – München: Moderne Verlagsgesellschaft, 1987